安徽省一流教材建设项目成果

安徽省大规模在线开放课程（MOOC）示范项目配套精品教材

# 太极拳

主编　余千春

北京出版集团
北京出版社

图书在版编目（CIP）数据

太极拳 / 余千春主编． -- 北京 ：北京出版社，
2023.7
ISBN 978-7-200-18212-5

Ⅰ．①太… Ⅱ．①余… Ⅲ．①太极拳－普及读物
Ⅳ．① G852.11-49

中国国家版本馆 CIP 数据核字（2023）第156802号

**太极拳**
**TAIJI QUAN**

余千春　主编

出　版　北京出版集团
　　　　　北 京 出 版 社
地　址　北京北三环中路6号
邮　编　100120
网　址　www.bph.com.cn
总发行　北京出版集团有限责任公司
经　销　全国各地书店
印　刷　三河市九洲财鑫印刷有限公司
版印次　2023 年 7 月第 1 版第 1 次印刷
开　本　787 毫米 × 1092 毫米　1/16
印　张　21.5
字　数　508 千字
书　号　ISBN 978-7-200-18212-5
定　价　68.00 元

# 编 委 会

主　编　余千春

副主编　滕玉竹　王　雪　张忠兴

摄　影　余千春　兰金凤

# 前言

　　本教材是安徽省 2021 年省级质量工程项目"省级一流教材建设项目"，也是安徽省大规模在线开放课程（MOOC）示范项目"太极拳""太极剑"的配套教材。

　　由于太极拳运动技术繁杂，练习量大，一直是学生学习的难点，也是大学体育中的难点。近年来，我国高等院校都面临着教学资源匮乏等困难。太极拳课程教学存在的主要问题有：招生数量急剧增加，造成教师工作负荷过重；太极拳技术动作复杂难以掌握，学生在没有动作体会和运动记忆的情况下单纯观摩教师示范，难以"消化"；教材内容枯燥无味，教学模式单一；体育课时安排较少，教学内容多；学生练习量不够，教学效果受到影响。目前大学体育太极拳教材已无法满足教学需要，而教材对于高校太极拳教学具有十分重要的作用。因此，根据教学实际情况，结合课程建设要求，编写一本线上与线下相结合、具有信息时代特征的太极拳教材，对开展公共体育教学改革，提高教学质量，推进高校体育混合式教学模式的顺利实施，具有十分重要的意义。

　　本教材是在作者主编的《高校体育俱乐部》校本教材基础上，结合当前太极拳教学改革的实际情况，针对高校太极拳教学的需要编写的，具有以下特色：

　　一是我们构建了立体多维的太极拳课程教材体系。太极拳课程除了采用线上线下相结合的教学模式，还特别注重课内与课外相结合，通过发挥优秀学生的榜样作用，大大激发学生学习兴趣，培养和锻炼了学生的独立思考能力和创新思维。

　　二是以太极拳活动为载体，增强文化自信。党的二十大报告指出，坚持和发展马克思主义，必须同中华优秀传统文化相结合。我们以太极拳为载体，使学生直观、深入地了解中华优秀传统文化，感受中华传统文化的独特魅力，提高了学生的精神境界和综合素质水平。

三是始终秉持"育人"理念。在线上线下教学全过程中，秉持"全员、全程、全方位"的育人理念，真正做到"野蛮其体魄、文明其精神"。

四是教材内容体系的完整性。针对本校应用实际，结合大学生学习的需要，教材中将开展太极拳教学的内容如数收编，太极拳套路多达6项，突破了传统太极拳教材的内容数量，突出了实用性。将各部分单元内容进行了精简，使语言表达更为通俗易懂、文字阐述更为简洁明了。

五是教材内容的科学性。针对以前教材使用过程中出现的问题进行了修正和调整，吸收各个项目最新的科学研究成果，使新版教材更加科学规范，同时咨询了多名行业专家的指导和建议，在编写过程中，我们参阅了国内外文献、教材和专著，从中汲取了有益的思想和方法。

六是教材内容的多媒体性。为了更好地提高教学质量，本教材根据教学内容的需要，配套了相应的电子教案和资源库，做到纸质教材与电子教案相结合。

在高校中全面推广太极拳教学，是一种有益的改革尝试。太极拳教学配套的《太极拳》教材，有助于对学生开展兴趣式、启发式、探究式教学，满足学生不同类型、不同层次的需要；有助于学生发挥积极性和主观能动性，提升自我意识、团队意识、合作意识；有助于学生养成良好体魄，锤炼坚强意志和品格，实现人的全面发展。

# 目录

# 第一章
## 太极拳的基本知识

太极拳，世界级非物质文化遗产，是一种内外兼修、刚柔相济，集颐养性情、强身健体、技击对抗等多种功能于一体的中国传统拳术。太极拳是东方文化的瑰宝，是极富中国传统民族特色元素的文化形态。太极拳基于太极阴阳之理念，用意念统领全身，通过入静放松、以意导气、以气催形的反复习练，达到修身养性、陶冶情操、强身健体、益寿延年的目的。

太极拳的基本知识

### 一、太极拳的起源

"太极"一词源自《易传·系辞上》，含有至高、至极的意思。太极拳早期曾称为"长拳""棉拳""十三势""软手"。太极拳的起源有多种不同的说法，有说源自唐朝的许宣平，也有说源自元明清时期的张三丰、陈王廷和王宗岳等。陈氏太极拳最早传习于河南温县陈家沟，其创编人是陈王廷，现传各式太极拳均源自陈氏太极拳。陈王廷，陈家沟陈氏第九代人，出生于明万历二十八年（1600年），陈王廷所传授下来的有五路拳、五路捶、一百〇八式长拳，双人推手和刀、枪、剑、棍、锏、双人粘枪等器械。河南省温县陈家沟，位于温县城东五六公里处的清风岭中段。距陈家沟西北不远处有道教圣地阳落山"二仙庙"，西南一百公里处有少林寺，道教文化、佛教文化与儒教文化都在这里汇集。明朝初年，陈家沟陈氏始祖陈卜从山西迁徙到此，便带有家传武术。古时这里沟壑交错、兵匪出没，兵匪经常骚扰百姓，村民为了保卫桑梓成立了武学社，自此陈家沟人习武成风。特殊的人文地理环境和厚重的中华传统文化氛围对陈王廷创编陈氏太极拳产生了深远影响。

## 二、太极拳的发展

太极拳先在陈家沟陈氏家族经历了百余年传承，而后逐渐衍生出杨氏、武氏、吴氏、孙氏、和氏等多家流派。到了陈氏十四世陈长兴和陈有本时，二人由博返约，分别创编出陈氏太极拳大架一路、二路和小架一路、二路。自陈长兴起开始向外传播，当年杨露禅慕名来到这里，找到了当地赫赫有名的拳师陈长兴。杨露禅在陈家沟勤学苦练18年，成为陈氏门人中的佼佼者。后来杨露禅在北京教拳时，因弟子多为王公贵族，自认体贵而实身弱，不耐艰苦，他遂将陈氏太极拳中跳跃、震足、窜蹦等动作除去，使姿势较为简单易练，这既适合穿长衫、留辫子的人练习，又有益于健身养生；后由其子、孙辈一再修订，渐成独具特色之杨氏太极拳。杨氏太极拳派生出了吴氏太极拳，吴氏太极拳由北京大兴人吴全佑编创，后经其子吴鉴泉发展完善。陈清平的弟子和兆元创造了被称为"代理架"的和式太极拳，和式太极拳走架以轻灵圆活、柔中求刚的准则促进周身协调，步活身敏，柔顺自然。武禹襄在赵堡随陈清平学拳之后则开创了武氏太极拳，武禹襄凭借深厚的家学渊源、敏锐的信息捕捉能力和超常的坚韧精神，依照王宗岳《太极拳论》，结合陈清平所授理法，潜心研练，细心揣摩，历经十数载修订与完善，研创出一套独具风格的拳势套路，即武氏太极拳。此外，武氏太极拳派生出孙氏太极拳。孙禄堂结合形意拳、八卦掌于1918年创孙氏太极拳后，于1928年将其带到中央国术馆，使其得到广泛传播。孙氏太极拳最为突出的特点体现在步法上，具体体现在拳架上，它从外形上给人一种架势小巧而紧凑的感觉。太极拳发展至今，逐渐经历了由复杂到简单，由含蓄到外显的演变过程。在社会环境的变迁下，太极拳及太极拳流派的形成，既是客观历史的需要，也是时代发展之所需。它顺应时代潮流，并以其独特的健身养生价值得到繁荣发展。

新中国成立后，教育事业和体育事业不断发展，太极拳也因此获得了更加广阔的发展空间。20世纪50年代，为了增进人民健康，国家将传统的杨氏太极拳一百〇八式套路缩短为八十八式。此外，在此基础上，著名武术家李天骥先生抽出基本动作创编了一套二十四式太极拳。目前在国内外最普及的就是二十四式简化太极拳，其挂图和书籍出版了数百万册。为了进一步丰富提高太极拳，1976年原国家体委又组织专家在二十四式太极拳基础上创编了四十八式太极拳。其中，动作的衔接保留了二十四式太极拳的立圆抱球，又增加了平圆抹掌，在整体运动风格上传承了二十四式太极拳的特点。为满足1990年亚运会武术比赛的需要，1988年原国家体委又组织专家，以杨氏太极拳为主基调，同时选用陈氏太极拳的发劲、吴氏太极拳的细腻、孙氏太极拳的开合，创编了一套四十二式太极拳套路。太极拳不仅在国内得到普及，而且传播到国外，走向国际化，世界影响力也在与日俱增，逐渐成为中华文化国际传播的一张名片。目前，太极拳已传播到150多个国家和地区，这充分展现了太极拳的发展成果。

## 三、太极剑的起源和发展

剑是中华武术的重要组成部分，在中国传统武术中有着很高的地位，为兵器之神，有君子之风。自古行侠者佩剑而行，文雅高尚者佩剑，将军统帅佩剑，由此可见剑是武术文化的精髓，是衡量功夫境界高深的尺码。剑术起源于商殷以前，当时古人用的是一种两面有刃、短茎无柄，可握于掌中，凭腕力直刺前方的短剑。剑术的最初形式是格斗，而不是演练。春秋战国时期击剑之风盛行，挺剑杀人的击剑格斗常常造成惨重的伤亡。人们在剑术实战中认识到击剑的残酷性，因此在演练中逐渐以竹代剑。经过人们的长期探索，这种友好的剑术交流方式逐渐为后代接受和仿效，形成了近代相击形式的短兵运动。近代剑术的流派、套路灿若星河，如三才剑、七星剑、八仙剑、峨眉剑、青萍剑、通备小剑、螳螂剑、太极剑、达摩剑、武当剑、青龙剑等。剑术在当代更有创新和发展，使剑术演练成为套路运动体系中颇具魅力的一个项目。

太极剑是太极拳运动的一个重要内容，它兼有太极拳和剑术两种风格特点：一方面它要像太极拳一样，表现出轻灵柔和，绵绵不断，重意不重力的特点；另一方面它还要表现出优美潇洒、剑法清楚、形神兼备的剑术演练风格。剑，为古兵器之王，在太极拳械中的各种传统器械之中，太极剑为首要之械。太极剑，以太极拳的拳架及步法为基础，配合剑术的点、刺、撩、斩、崩、劈、截、插、削、扫、抹、挂等二十余种剑法，通过巧妙的组合与变化，形成风格独特、别具一格的剑术套路。太极剑造型端丽，身剑合一，虚实协调，气劲顺遂，松活弹抖，螺旋缠绕，快慢相间，刚柔相济，闪展腾挪，运剑似行云流水，发劲则气势如虹，与太极拳的特点、风格一脉相承，有着鲜明的技击性、健身性和艺术性。

太极剑是随着太极拳的起源而出现的。陈氏太极剑是各式太极剑中流传最早的剑术。陈微明著的《太极剑》是一套较早见的太极剑术。1957 年，原国家体委组织专家在杨氏太极剑的基础上编写了《三十二式太极剑》，极大地推动了太极剑的普及与发展。在国内外各种形式的太极剑竞赛活动十分频繁的形势下，迫切需要规范化的竞赛套路，为此1992 年原国家体委组织专家编制了《四十二式太极剑竞赛套路》，进一步推动和促进了太极剑的发展。《四十二式太极剑竞赛套路》创编时听取了各方面专家的意见，吸收了传统太极拳、太极剑套路的精华，内容充实、风格突出、动作规范、结构严谨、布局合理，同时也增加了难度，能较全面地锻炼身体。《四十二式太极剑竞赛套路》的动作数量、组别、时间均符合竞赛规则要求，适了在同等条件下进行比赛。

## 四、太极拳的理论思想

太极始于无极，分两仪。由两仪分三才，由三才显四象，演变八卦。太极拳以太极理论为拳理，遵循太极动静之理，以阴阳开合、虚实变化运转周身，从而实现拳术与太极的完美融合。许多太极拳家都有传世之作。主要的拳论有王宗岳的《太极拳论》《十三势歌》，陈鑫的《陈氏人极拳图说》，武禹襄的《十二势行动要解》《太极拳解》，等等。众多太极拳家的著作，建构了太极拳的理论体系。王宗岳的《太极拳论》开篇即言"太极者，无极而生，阴阳之母也"，阐明了太极理论在太极拳体系中的重要地位。从身形上说，它要求"立如秤准，活似车轮"，立身中正是太极拳的基本要求。在动作变化过程中它要求"往复须有折叠，进退须有转换"。王宗岳强调"由着熟而渐悟懂劲，由懂

劲而阶及神明"。着熟是一个分解的过程，要求分清方向、虚实、动静；懂劲是将动静、虚实、方向，包括身体的感受融为一体的过程，它要求以静制动，以柔克刚，避实就虚，借力发力，主张一切从客观出发，随人则活，由己则滞。"彼未动，己先动""后发先至"，将对手引进，使其失重落空，或者分散转移对方力量，乘虚而入，全力还击。太极拳技击法皆遵循阴阳之理，以"引化合发"为主要技击过程。技击中，由听劲感知对方来力大小及方向，"顺其势而改其路"，将来力引化掉，再借力发力。而神明阶段则需要放弃动静、虚实、阴阳，到达无物无象、无牵无挂的状态。

太极拳的文化特性在于太极拳所确立的传统"太极""阴阳"哲学中的辩证法思想。太极是中国古代最具特色和代表性的哲学思想之一。最早借太极拳技术动作用以表达太极八卦和五行思想的是杨派的拳家。杨澄甫著《太极拳体用全书》中记载："长拳者，如长江大海，滔滔不绝也。掤、捋、挤、按、采、挒、肘、靠，此八卦也。进步、退步、左顾、右盼、中定，此五行也。合之则为十三势也。"其所树立的文化主体是以太极拳技术表现中的对立统一的关系为依据，而具体定义于刚柔、虚实、动静、快慢等内容，则是以顺应阴阳变化规律为前提的。太极藏象论认为：太极拳的每一动作都涉及脏器，掤对应肾，捋对应心，挤对应肝，按对应肺，采对应大肠，挒对应脾，肘对应胃，靠对应胆。太极拳理论与中医脏腑学说融为一体。太极拳同时汲取了儒家及道家文化并应用于自身的理论体系中。太极拳站桩要求心中无思无虑，肢体松静自然，貌似全"无"，其实"有"在其中，一切听任自然，也就使道家的"无为"思想在站桩训练中得到了充分的体现。太极拳要求的"中正安舒，支撑八面，不偏不倚，不丢不顶"，体现了一种做人的准则。而太极拳的"听劲、化劲"所体现的核心思想是教人尊敬对手，全身心地观察对手，做到无我的境界，使太极拳具有儒雅的文化特质。

太极起止见金刚，一阴一阳化无常。千锤百炼方知晓，攻防自如势里藏。接引进转掤捋按，采挒肘靠彼难挡。击蓄留停掌分寸，听彼与己论短长。静如泰山动似电，声东击西兵法详。太极拳在世界范围内的广泛传播，已经吸引了庞大的习练人群，并彰显出巨大的发展潜力，成为代表中国形象的文化符号。

## 五、练习太极拳的方法和原理

习练太极拳绝不能一蹴而就，必须经过逐步学习，长期修炼，循序而进，方能达到高深境界。在太极拳的修炼过程中，由于各种条件的不同，习练者思想意识不同，形成了各自独特的形式与方法。这其中既有相通也有侧重，但普遍适用的原则要求是让人以自身修炼达到自我完善、追求人生的真善美。然而习练太极拳者成千上万，不知其要点者甚多，其主要表现在随随便便、人动亦动、人云亦云、不按规矩、不知要求，虽长期修炼但收效甚微。

守规矩才叫练功，不守规矩到老一场空。错修错练者，正理不明，根源不透，偏执一边，虽练太极，但性理不合，神气不交，纵行修为，终无所成。或者只知拳论中之言语，但未能彻底明其精微，当止不止，不当止而止之。或用旁门小技，以为见功，而世人多得

相互传授，终生不悟，寻枝摘叶，迷惑后人，以错传错，遂成风俗而迷失真理。更有道听途说，口耳之学传于无知之徒。虽练太极，却未入太极之门，"斯技旁门甚多"。因此，初练者宜端正方向，以立根基，不使动向散乱。最忌粗心浮气，精神不专，不专心细学，眼不顾手，手不顾脚，上中下不能合一。

习练太极能守规矩，按照规矩去练，做到分而有数，变而有象，列而有位，散而有质，苦下功夫，方能从规律中得到应有的效果。追溯太极之源，无象太极之本，无位太极之真，无质太极之妙，随心所欲。要达此境，必须着熟、气顺、神行，方得其妙。

太极者，无极而生，阴阳之母，动静之机。练习太极要明理、人行、合道、悟道、得道。事物发展要符合规律，不违背自然法则，是谓人道、合道。前人留下的太极拳拳谱、剑谱等资料，是经验积累的总结，是我们学习研究太极拳的宝贵理论，是我们学好太极拳的助力。初学太极就必须掌握这些正确理论和训练方法，熟练它的运动规则，融会贯通，逐步深入。如果太极拳没有精妙技击功能，充其量只是健身操，一定不能引发人们学习太极拳的兴趣。技击是太极拳作为一种拳术最基本的组成成分，但多年来并不为人所熟知。凡技击，不外乎制约与反制约。制约谓之攻，反制约谓之守。能攻善守，攻守平衡者方能所向无敌。

太极由实践中来，还需回到实践中去，才能最大限度地保持其发展的活力。历史发展到今天，太极以其修身养性健体的特殊功用为提高现代人身体素质、提升现代人生活质量做出了应有的贡献。而太极的技击及其训练方法亦可为现代竞技体育项目提供借鉴之处。也只有这样，太极才能在新的历史机遇面前获得更广阔的发展空间，为人类的文明发挥更积极的作用。

# 第二章

## 太极拳的基本功和基本动作

太极拳的基本功和基本动作一般包括肩、臂、腰、腿、手、步以及跳跃、平衡等练习。通过基本功和基本动作的练习可使身体各部位得到较全面的训练，并能较快地发展太极拳的专项身体素质，为提高技术水平打下良好的基础。

太极拳的基本动作 1

## 第一节　肩臂练习

肩臂练习主要是增进肩关节韧带的柔韧性，加大肩关节的活动范围，发展臂部力量，为学习和掌握各种拳、掌等手法提供必要的专项素质。

### 一、压肩

（1）面对肋木或一定高度的物体，距离一大步，两脚左右分开，与肩同宽或稍宽（图2-1）。

（2）两手抓握肋木，上体前俯（挺胸、塌腰、收髋）并做振压肩动作。也可以两人对面站立，互相扶按肩部，做体前屈的振压肩动作（图2-2）。

动作要点：两臂、两腿要伸直，振幅应逐步加大，压点集中于肩部。增加助力时应由小到大。

图2-1　　　　　　　　　　　　　　　　图2-2

## 二、单臂绕环

（1）成左弓步站立，左手叉腰（也可两脚开立，左手叉腰），右臂垂于体侧（图2-3）。

（2）右臂由上向前、向下、向后绕环。练习时，左右臂交替进行。做左臂绕环时，换右弓步站立（图2-4、图2-5）。

动作要点：臂伸直，肩放松，划立圆，逐渐加速。

图2-3　　　　　　　　　　图2-4　　　　　　　　　　图2-5

## 三、双臂绕环

（1）两脚开立，与肩同宽，两臂垂于体侧（图2-6）。

（2）前后绕环：左右两臂依次做绕环。左臂由下向前、向上、向后做向前绕环，右臂由上向后、向下、向前做向后绕环。然后再做反方向的绕环（图2-7）。

（3）左右绕环：左右两臂同时向右、向上、向左、向下划立圆绕环，然后再反方向划立圆绕环（图2-8）。

动作要点：绕环时，两臂尽量贴近耳朵，幅度尽量大。

图 2-6　　　　　　　　　　　图 2-7　　　　　　　　　　　图 2-8

## 第二节　腿部练习

主要发展腿部的柔韧性、灵活性和力量等素质。

### 一、压腿

主要是拉长腿部的肌肉和韧带，加大髋关节的活动范围。

面对肋木或一定高度的物体，并步站立（图 2-9）。

（1）正压腿：左腿提起，脚跟放在肋木上，脚尖勾起，踝关节屈紧，两手扶按膝上或脚尖。两腿伸直，立腰，收髋，上体前屈，并向前、向下做压振动作。练习时，左右腿交替进行（图 2-10、图 2-11）。

动作要点：直体向前、向下压振。逐渐加大振幅，逐步提高腿的柔韧性。先以前额、鼻尖触及脚尖，然后过渡到下颔触及脚尖。

（2）侧压腿：侧对肋木或一定高度的物体，右腿支撑，脚尖稍外撇。左腿举起，脚跟搁在肋木上，脚尖勾起，踝关节紧屈。右臂屈肘上举，左掌附于右胸前。两腿伸直，立腰、开髋，上体向左侧压振。练习时，左右交替进行（图 2-12、图 2-13）。

动作要点：同正压腿。

（3）后压腿：背对肋木或一定高度的物体，并步站立。两手叉腰或扶一定高度的物体，右腿支撑，左腿举起，脚背搁在肋木上，脚面绷直，上体后屈并做压振动作。练习时，左右交替进行（图 2-14）。

动作要点：两腿挺膝，支撑腿全脚着地，脚趾抓地，挺胸、展髋、腰后屈。

（4）仆步压腿：两脚左右开立，右腿屈膝全蹲，全脚着地，左腿挺膝伸直，脚尖里扣。

然后两手分别抓握两脚外侧，成左仆步。接着右脚蹬地，右腿伸膝，重心左移，左膝弯曲，转成右仆步。练习时，左右仆步可交替进行（图2-15、图2-16）。

动作要点：挺胸、塌腰，左右移动不要过快。沉髋，使臀部尽量贴近地面移动。

图 2-9

图 2-10

图 2-11

图 2-12

图 2-13

图 2-14

图 2-15

图 2-16

**二、搬腿**

主要是增进腿部的柔韧性，加大髋关节的活动幅度，提高腿部上举力量。

（1）正搬腿：左腿屈膝提起，右手握住左脚，左手抱膝。然后，左腿向前上方举起，挺膝，脚外侧朝前。也可由同伴托住脚跟上搬。练习时，左右交替进行（图2-17、图2-18）。

图 2-17

图 2-18

图 2-19

动作要点：挺胸、塌腰、收髋。

（2）侧搬腿：右腿屈膝提起，右手经小腿内侧，向下托住脚跟。然后将右腿向右上方搬起，左臂上举亮掌。也可由同伴托住脚跟向侧搬腿（图2-19）。

动作要点：同正搬腿。

**三、劈腿**

主要是加大髋关节的活动幅度，增进腿部的柔韧性，劈腿练习可结合压腿和搬腿进行。

（1）竖叉：两手左右扶地或两臂侧平举，两腿前后分开成直线。前腿后侧着地，脚尖勾起；后腿的内侧或前侧着地（图2-20、图2-21）。

动作要点：挺胸、立腰、沉髋、挺膝。

图 2-20

图 2-21

（2）横叉：两手在体前扶地或两臂侧平举，两腿左右分开成直线，脚内侧着地（图2-22）。

动作要点：同竖叉。

图 2-22

四、踢腿

踢腿是腿部练习中的重要内容，可以较集中地反映出腿部的柔韧性、灵敏和控制力量的训练水平。

两脚并立，两手立掌，两臂侧平举（图2-23）。

（1）正踢腿：左脚向前上半步，左腿支撑，右脚脚尖勾起向前额处猛踢，两眼向前平视。练习时，左右交替进行（图2-24、图2-25）。

动作要点：挺胸、直腰，踢腿时，脚尖勾起绷落或勾起勾落。收髋猛收腹，踢腿过腰后加速，要有寸劲。

图 2-23                    图 2-24                    图 2-25

（2）斜踢腿：右脚向前半步，右腿支撑，左脚勾紧脚尖向异侧耳际猛踢。两眼向前平视，练习时，左右腿交替进行（图2-26、图2-27）。

动作要点：同正踢腿。

图2-26                                     图2-27

（3）侧踢腿：右脚向前上半步，脚尖外展，左脚脚跟稍提起，身体略右转，左臂前伸，右臂后举。随即，左脚脚尖勾紧向左耳侧踢起，同时右臂屈肘上举亮掌，左臂屈肘立掌于右肩前或垂于裆前。眼向前平视，踢左腿为左侧踢；踢右腿为右侧踢。练习时，左右腿交替进行（图2-28、图2-29）。

动作要点：挺胸、直腰、开髋、侧身、猛收腹。

图2-28                                     图2-29

（4）外摆腿：右脚向右前方上半步，左脚尖勾紧，向右侧上方踢起，经面前向左侧上方摆动，直腿落在右腿旁，眼向前平视，左掌可在左侧上方拍击左脚背外侧（击响），也可不做击响。练习时，左右交替进行（图2-30、图2-31）。

动作要点：挺胸、塌腰、松髋、展髋。外摆幅度要大，成扇形。

图2-30                                   图2-31

（5）里合腿：右脚向右前方上半步，左脚脚尖勾起里扣，并向左上方踢起，经面前向右侧上方直腿摆动，落于右脚外侧。右手掌可在右侧上方迎击左脚掌（击响），也可不做击响动作。眼向前平视，练习时，左右腿交替进行（图2-32、图2-33）。

动作要点：挺胸、直腰、松髋、合髋。里合幅度要大，成扇形。

图2-32                                   图2-33

## 第三节　腰部练习

腰是贯通上下肢节的枢纽，俗话说："练拳不练腰，终究艺不高。"在手、眼、身法、步法四个要素中，腰是较集中地反映身法技巧的关键。

### 一、前俯腰

（1）并步或者开步（双脚打开与肩同宽）站立，两手手指交叉，直臂上举，手心朝上，上体前俯，两手尽量贴地，然后两手松开，抱住两脚跟腱逐渐使胸部贴近腿部，持续一定的时间再起立（图2-34至图2-36）。

（2）还可以向左或向右侧转体，两手在脚外侧贴触地面（图2-37、图2-38）。

动作要点：两腿挺膝伸直，挺胸、塌腰，收髋，并向前折体。

图2-34

图2-35

图2-36

图2-37

图2-38

二、甩腰

开步站立，两臂上举，然后以腰、髋关节为轴，上体做前后屈和甩腰动作，两臂也跟着甩动，两腿伸直（图2-39、图2-40）。

动作要点：前后甩腰要快速，动作紧凑而有弹性。

图2-39

图2-40

三、涮腰

（1）两脚开立，略宽于肩，两臂自然下垂（图2-41）。

（2）以髋关节为轴，上体前俯，两臂随之向左前下方伸出。然后向前、向右、向后、向左翻转绕环，然后换方向进行（图2-42、图2-43）。

动作要点：尽量增大绕环幅度。

图2-41

图2-42

图2-43

## 第四节　太极拳和太极剑的基本动作

### 一、剑的规格和各部位名称

太极拳的基本动作2

#### （一）剑的规格

剑的长度：以直臂垂肘，反手持剑的姿势为准，剑尖不得低于本人的耳上端（图2-44）。

剑的重量：包括剑穗，成年人组男子不得轻于0.6千克，成年女子不得轻于0.5千克；少年儿童不受限制。

剑身的硬度：剑垂直倒置，剑尖触地，剑尖至剑柄20厘米处（测量点），距地面的垂直距离，不得少于10厘米。

#### （二）剑的各部位名称

剑尖：剑身最前端尖锐部位。剑刃：剑身两侧锐利部位。剑锋：在剑身前端剑尖与剑刃之间锋利部分。剑脊：剑身中突线部位。剑面：剑脊两侧平面部位。护手：剑身与剑柄之间用以护手的部位，又称剑格。剑柄：位于护手后部，手握持剑部位。剑首：剑柄后部端顶部位。剑穗：又称剑花，是剑的附饰物（图2-45）。

图2-44

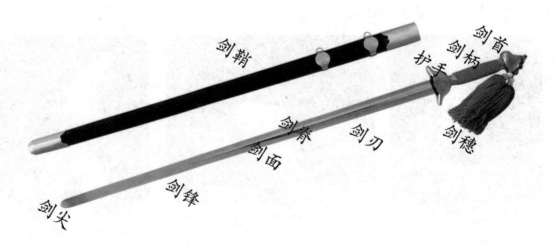

图2-45

二、基本手型、手法

（一）基本手型

（1）拳：四指伸直并拢，依次卷握，大拇指横扣在食指和中指的第二指节。要求：拳面要平，拳背和手腕要平。在击打时拳要握紧握实，平时练习时可以放松一点，中空一指（拳中能容纳1根食指）。拳心向下称为平拳，拳眼向上称为立拳（图2-46、图2-47）。

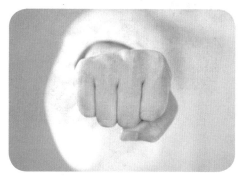
图2-46

图2-47

（2）掌：五指自然伸直，微分，虎口撑圆，掌心微含（图2-48）。

（3）勾：五指第一指节并拢，屈腕（图2-49）。

图2-48

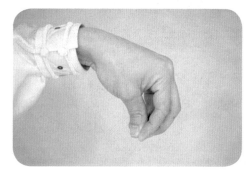
图2-49

（4）剑指：食指与中指伸直并拢，其余三指屈于手心，拇指压在无名指与小指第一指节（图2-50）。

（二）基本手法

太极剑的手法指握剑的方法，一般有两种握剑的方法。

（1）持剑：手心贴紧护手，食指附于剑柄，拇指和其余手指扣紧护手，剑脊轻贴前臂后侧（图2-51、图2-52）。

（2）握剑：

①正握：立剑（刃向上下），小指侧刃在下（图2-53）。

②反握：立剑，小指侧刃在上（图2-54）。

③俯握：平剑（刃向左右），手心向下（图2-55）。

④仰握：平剑，手心向上（图2-56）。

动作要点：握剑时应注意手腕要松，手指要活，手心要空。握剑以拇指、中指、无名指为主，食指、小指配合，随动作变化灵活掌握，时握时松，顺其自然。

图 2-50

图 2-51

图 2-52

图 2-53

图 2-54

图 2-55

图 2-56

三、基本步型和步法

（一）基本步型

（1）弓步：前腿屈膝前弓，膝盖和脚垂直，膝盖的投影点不超过脚尖，脚尖正对，另一腿自然伸直，脚尖内扣，朝斜前方45度，两脚全脚着地，左腿在前称为左弓步，右腿在前称为右弓步，弓步刚开始练习时可以蹲高一点，水平提高后再蹲低一点（图2-57、图2-58）。

动作要点：挺胸，立腰，前腿弓，后腿绷。

图 2-57

图 2-58

（2）马步：两脚开立下蹲，间距约三脚，两膝与脚尖同方向，不可超过脚尖（图2-59、图2-60）。

动作要点：挺胸、塌腰、两脚脚后跟外蹬，身体重心落于两腿之间。

图 2-59

图 2-60

（3）仆步：一腿屈膝全蹲，脚尖外展；另一腿伸直，脚尖内扣，两脚全脚着地。左腿伸直的为左仆步，右腿伸直的为右仆步（图2-61、图2-62）。

动作要点：仆步时，折叠腿的大腿后部与小腿后部要贴近。仆步时，两脚的全脚要着地，膝关节要外展。

图2-61

图2-62

（4）虚步：一腿屈膝支撑体重，脚尖外展，另一腿微屈，脚尖点地，重心落在后腿上。左脚在前称为左虚步，右脚在前称为右虚步，虚步和弓步一样，刚开始练习时可以蹲高一点，水平提高后再蹲低一点（图2-63、图2-64）。

动作要点：挺胸、塌腰、沉髋、直背，上体微前倾。

图2-63

图2-64

（5）歇步：两腿交叉，屈膝全蹲，前脚脚尖外撇，全脚着地；后脚脚尖在前，脚跟离地，臀部接近脚跟（图2-65、图2-66）。

动作要点：歇步时，两腿要交叉并屈膝全蹲，臀部要坐于小腿接近脚后跟处。

图 2-65　　　　　　　　　　　　　　　　图 2-66

（6）丁步：一腿屈膝半蹲，重心在屈膝腿上，另一腿以脚前掌虚点于支撑脚内侧（图2-67、图2-68）。

动作要点：丁步时，要蹲至大腿接近水平，脚掌要着地，两腿内侧要贴近。

图 2-67　　　　　　　　　　　　　　　　图 2-68

（7）独立步：一腿直立，另一腿屈膝上提，大腿高于水平，脚尖自然下垂（图2-69、图2-70）。

动作要点：立身中正，虚腿屈膝平胯，姿势尽量放松。

图2-69　　　　　　　图2-70

（8）平行步：两脚分开，脚尖朝前，屈膝沉身或自然直立，两脚外缘同肩宽（图2-71、图2-72）。

动作要点：挺胸、直背。

图2-71　　　　　　　图2-72

（二）主要步法

（1）上步：上步时脚尖、膝盖、肩三点一线，转腰，蹬脚跟，移重心，同时到位。重心后坐，脚尖外展45～60度，后脚经过支撑脚内侧向前弧形迈步，右脚向右前方上步，左脚向左前方上步，双脚走两条平行线（图2-73至图2-75）。

图2-73　　　　　　　图2-74　　　　　　　图2-75

（2）退步：前脚经过支撑脚内侧弧形向后退步，左脚向后退时稍向左，右脚向后退时稍向右（图2-76至图2-78）。

图2-76　　　　　　　图2-77　　　　　　　图2-78

（3）行步：两腿微屈，两脚沿直线或弧线连续上步，重心不得起伏（图2-79至图2-81）。

动作要点：转换进退，虚实分明，轻灵稳健。前进时，脚跟先着地；后退时，前脚掌先着地，不可重滞突然。重心移动平稳、均匀、清楚。两脚距离和跨度要适当，脚掌和脚跟跟转要适度。膝部要松活自然，直腿时不可僵挺。

图 2-79

图 2-80

图 2-81

四、主要腿法

（1）分脚：支撑腿微屈，另一腿屈膝提起。然后小腿上摆，腿自然伸直，脚面展平，脚不得低于腰部（图 2-82、图 2-83）。

图 2-82

图 2-83

（2）蹬脚：支撑腿微屈，另一腿屈膝提起，脚尖上翘，以脚跟为力点向外蹬出，蹬出腿自然伸直，脚不得低于腰部（图 2-84、图 2-85）。

图 2-84

图 2-85

（3）摆腿：支撑腿微屈，摆动一腿从另一侧经胸前向外做扇形摆动，摆幅不少于135度，脚面展平，不得低于肩部（图 2-86 至图 2-88）。

图 2-86

图 2-87

图 2-88

（4）振腿：支撑腿微屈，另一腿提起，以全脚掌向地面踏振，劲须松沉（图 2-89至图 2-91）。

（5）后举腿：支撑腿微屈站稳，另一腿在身后向异侧方屈举，脚面自然展平，脚掌向上，上体稍侧倾，并向举腿方向拧腰（图 2-92）。

动作要点：以上各种腿法均要支撑稳定，膝关节不可僵挺；上体维持中正，不可前俯后仰或左右歪斜。

图 2-89

图 2-90

图 2-91

图 2-92

**五、主要剑法**

（1）点剑：立剑自上而下，提腕，使剑尖向前下点，臂自然伸直，力达剑尖（图 2-93 至图 2-95）。

图 2-93 图 2-94 图 2-95

（2）崩剑：立剑自下而上，沉腕，使剑尖向前上崩（图 2-96 至图 2-98）。

图 2-96 图 2-97 图 2-98（侧面）

（3）劈剑：立剑由上向下为劈，力达剑身，臂剑成一直线，抡剑沿身体左（右）侧绕一立圆，然后向下劈（图2-99至图2-101）。

图2-99　　　　　　　图2-100　　　　　　　图2-101（侧面）

（4）刺剑：立剑或平剑向前直出为刺，力达剑尖，臂剑成一直线（图2-102至图2-104）。

图2-102　　　　　　　图2-103　　　　　　　图2-104（侧面）

（5）撩剑：立剑由下向上方撩，力达剑刃前部，正撩剑前臂外旋，手心朝上，贴身弧形撩起。反撩剑前臂内旋，其余均与正撩剑要求相同（图2-105至图2-108）。

图 2-105　　　图 2-106　　　图 2-107（侧面）　　　图 2-108（侧面）

（6）拦剑：平剑由下斜向前上方为拦，腕高不过头，低不过胸（图 2-109 至图 2-111）。

图 2-109　　　　　　图 2-110　　　　　　图 2-111

（7）抹剑：平剑向左（右）弧形抽回为抹，高度在胸腹之间，力达剑刃（图 2-112 至图 2-114）。

（8）绞剑：平剑，手心朝上，以腕关节为轴，使剑尖由右向左划小立圆绕环，力达剑身前部（图 2-115 至图 2-117）。

（9）架剑：立剑，手心朝外，由下向右上方架起，剑高过头，力达剑身中部（图 2-118 至图 2-121）。

图 2-112　　　　　　　图 2-113　　　　　　　图 2-114

图 2-115　　　　图 2-116（侧面）　　　　图 2-117（侧面）

图 2-118　　　　图 2-119　　　　图 2-120　　　　图 2-121（侧面）

（10）带剑：平剑，由前向左（右）侧后回抽为带，力达剑身中部（图2-122至图2-124）。

图2-122　　　　　　　　　图2-123　　　　　　　　　图2-124

（11）斩剑：平剑，手心朝上，由左向右横出为斩，高度在头与肩之间，力达剑身中部（图2-125、图2-126）。

图2-125　　　　　　　　　　　　　　　图2-126

（12）扫剑：平剑，手心朝上，由右向左下方弧形横扫，力达剑身（图2-127、图2-128）。

图2-127　　　　　　　　　　　　　　　图2-128

（13）提剑：立剑，由下向右上方弧形提起，剑柄高不过头，低不过肩（图2-129至图2-131）。

图 2-129　　　　　　　　　　图 2-130　　　　　　　　　　图 2-131

（14）压剑：平剑，手心朝下，由上向下平压，低不过踝，剑尖朝前略低于腕，力达剑身中部（图 2-132、图 2-133）。

图 2-132　　　　　　　　　　　　　　图 2-133

（15）截剑：平剑或立剑，前臂内旋或外旋，剑身斜向下截出，力达剑身（图 2-134、图 2-135）。

图 2-134

图 2-135

（16）托剑：立剑，剑身横置，由下向上为托，剑高过头，力达剑身（图 2-136 至图 2-138）。

图 2-136

图 2-137

图 2-138

（17）云剑：腕关节为轴，在头前上方向左（右）绕环一周为云剑，力达剑身前部（图 2-139 至图 2-142）。

图 2-139

图 2-140

图 2-141

图 2-142

（18）削剑：平剑，自左下方向右上方斜出为削，手心斜向上，剑尖略高于头，力达剑身前部（图 2-143、图 2-144）。

图 2-143

图 2-144

（19）挂剑：立剑，剑尖自前向下，经同侧或异侧贴身立圆挂出，力达剑身前部（图 2-145 至图 2-148）。

图 2-145

图 2-146

图 2-147

图 2-148

（20）推剑：剑身竖直，剑尖朝上，由后向前推出，力达剑身中部（图2-149、图2-150）。

图 2-149

图 2-150

<h2>六、主要平衡</h2>

（1）提膝平衡：支撑腿自然直立，另一腿在体前屈膝提起，膝高过腰，小腿自然下垂内收，脚面展平（图2-151）。

（2）拧身平衡：支撑腿自然直立，另一腿在身后屈膝抬起，脚面展平，脚底斜朝上，上体微前倾，向支撑腿同侧拧转（图2-152）。

图 2-151

图 2-152

## 七、眼法

目视剑（剑指）或动作的方向，做到全神贯注，意动势随，神态自然（图2-153、图2-154）。

图2-153

图2-154

## 八、身型和身法

（1）头：做到虚领顶劲，下颏微内收。

（2）肩：保持松沉。

（3）肘：自然下坠。

（4）胸：自然舒松。

（5）背：自然放松，舒展。

（6）腰：自然放松，以腰为轴带动四肢。

（7）脊：自然正直，勿前挺后弓和侧倾。

（8）臀：要松垂收敛，胯不可左右歪斜。

（9）膝：伸屈要柔和自然（图2-155、图2-156）。

动作要点：端正自然，不偏不倚，舒展大方，旋转松活，不可僵滞浮软，忽起忽落，动作以腰为轴，带动上下，完整贯串。

图2-155　　　　图2-156

# 第三章

## 太极八法五步

第一节　定式动作

**一、起式**

　　身体自然站立，全身放松，意念集中，屈膝松胯。左脚向左侧横跨一步，与肩同宽，两臂由体侧向前、向上平举，与肩齐平。屈膝下蹲，两手缓缓下按至两胯前方，掌心朝下（五指自然伸直，中指领劲），两掌微合。头正颈直，目视前方（图3-1至图3-8）。

**太极八法五步**

图3-1　　　　　　　图3-2　　　　　　　图3-3　　　　　　　图3-4

图 3-5　　　　　　　　　图 3-6　　　　　　　　　图 3-7　　　　　　　　　图 3-8

动作要点：心静体松。立身中正，精神集中，体态安舒。下蹲时气息往下松沉至脚底，两手起为吸，按为呼。

易犯错误：（1）左脚横跨一步后，两脚呈"外八"或"内八"。（2）两脚距离过大或过小。（3）两臂向上平举和缓慢下按时，指尖翘起。

二、　左掤势

身体微右转，右手先下后上划弧至胸前，掌心朝下；左手翻转收至腹前，掌心朝上；两手掌心相对呈抱球状，然后身体左向转正；左臂向前掤出至胸口正前方，右手下按至右胯旁，目视前方，重心偏于右脚（图 3-9、图 3-10）。

图 3-9　　　　　　　　　　　　　　　图 3-10

动作要点：两手抱球后，做掤势动作时，先合后分，左臂拗圆，劲在手臂，右手下按至右胯旁，右手臂同时撑圆，抱球时吸气，掤出时呼气。

易犯错误：（1）两手抱球时手臂离身体过近。（2）右手下按离身体过远，不在胯旁。（3）左臂位置过高，不在胸口正前方。

### 三、右捋势

左手逆缠，右手顺缠，左掌向前舒指，右掌翻转；左掌心向下，右掌心向上；往左上方拉伸两手掌相合，然后身体微右转，双手走右下弧，以腰胯带双臂往下、往外合劲划弧捋带；目视前方（图3-11、图3-12）。

图 3-11　　　　　　　　　　　　图 3-12

动作要点：捋劲在掌心，以腰带臂，向下、向外捋带，两目平视，忌低头，重心偏移至左脚，往上拉伸时吸气，往下捋带时呼气。

易犯错误：（1）没有用腰发力，腰与手臂动作分开。（2）向下捋时身体过于转向右后方。（3）重心有起伏。

### 四、左挤势

两手走上划弧，掌心朝里，掌根相合至右肩前，然后右手翻掌，掌心朝外；身体微左转，两掌掌根相叠收至胸前，随后向前横挤，左手在外，左掌心朝内，右手在里，右掌心朝外；目视前方（图3-13、图3-14）。

图 3-13　　　　　　　　　　　　图 3-14

动作要点：挤劲在手背。两掌掌根相叠，向前横挤，同时腰胯微往下松沉，气沉丹田，命门后撑。

易犯错误：（1）向前横挤时两手不是掌根相叠。（2）两手里外方向错误。（3）两手挤出去高度过高，超过胸口高度。

**五、双按势**

两掌叠掌翻转交叉，右掌从左掌上抹出，右手在上，左手在下；掌心朝下，往两侧分开，与肩同宽；眼睛随视右手中指，双手向下、向前划弧推按，目视前方（图 3-15 至图 3-18）。

图 3-15　　　　　图 3-16　　　　　图 3-17　　　　　图 3-18

动作要点：双手微相合，下按在腰胯前方时呼气，然后吸气手往上提，再前按至胸口正前方时呼气；腰背部用劲，气沉丹田，百会上领。

易犯错误：（1）翻掌方式不对。（2）翻掌后，左手在上，右手在下。（3）双手下按的位置不对，没有按至腰胯前方。

## 六、右采势

身体微左转，松左胯，左手先逆后顺，右手先顺后逆，双手抓握旋腕，然后身体右转，松右胯，双拳随转体走下弧，采捋至右胯旁，目视右前方（图3-19、图3-20）。

图3-19          图3-20

动作要点：采劲时，两手旋转抓握，向下、向外发力，眼睛目视前方，余光看手，重心偏左，双手握拳时为吸气，下捋时呼气。

易犯错误：（1）抓握时两手拳面方向不对，没有做到左手拳面向上，右手拳面向下。（2）采捋后身体过于转向右后方。（3）身体重心有起伏。

## 七、左捌势

两拳变掌，右顺左逆端好，两手掌根相合，在一个平面上，两手间距一个前臂的距离，与胸口同高；随后身体左转，两掌旋腕随转体向外、向左横向捌带，左手置于身体左前方，右手置于身体正前方，两手间距与肩同宽，右掌心朝上，左掌心朝下，目视前方（图3-21、图3-22）。

图 3-21

图 3-22

**动作要点**：捯劲贯于两肱，两臂旋转，横向发力，重心偏右，两掌合时为吸气，捯出时为呼气。

**易犯错误**：（1）两手高度没有与胸同高。（2）两手间距过宽或过近，没与肩膀保持同宽。（3）两手掌心朝向不对。

## 八、左肘势

身体微左转，左手先逆后顺握拳，收于腰际，拳心朝上；身体右转，左肘顺势向左前方撞击与右掌相合，左拳拳心朝下，贴于胸口，目视正前方（图 3-23 至图 3-25）。

图 3-23

图 3-24

图 3-25

动作要点：肘击以腰胯旋转带动，重心偏左脚，左手握拳收回时吸气，肘击时呼气。

易犯错误：（1）左肘没有同右掌相合。（2）左拳拳心没有朝下。（3）身体没有转动。

### 九、右靠势

身体左转，重心移至右脚，右手变拳屈臂，用右肩臂向右前靠击，右拳拳面朝下，下置于右肩前，拳眼朝内，合劲右靠，置于右膝上方，左拳变掌，掌心朝右下，置于右肩前；目视肩靠方向（图3-26、图3-27）。

图 3-26

图 3-27

动作要点：靠劲在肩臂。右臂撑圆，腰胯旋转发劲，肩臂向右前方靠击，两胯撑圆，重心偏右。

易犯错误：（1）身体没有转动。（2）右拳拳面没有朝下。（3）左手掌心没有置于右肩前。

### 十、右掤势

身体左转，右手由上而下先逆后顺缠收至腹前，左手自下向上划弧至胸前，两掌心相对呈抱球状；身体向右转正，右臂向前掤出，置于胸口正前方，左手下按至左胯旁；目视前方（图3-28、图3-29）。

图 3-28                            图 3-29

动作要点：掤劲在手臂外侧，右臂掤圆，左手撑圆下按至左胯旁，其他同左掤势。

易犯错误：（1）两手抱球时手臂离身体过近。（2）左手下按离身体过远，不在胯旁。（3）右臂位置过高，不在胸口正前方。

### 十一、左将势

同右将势。身体微右转，右掌向前舒指，左掌翻转，双手合于右前上方，掌心相合；身体左转，以腰胯带臂走下弧，向外、向下合劲划弧将带；目视前方（图3-30至图3-33）。

图 3-30          图 3-31          图 3-32          图 3-33

动作要点：将劲在掌心，以腰胯带臂，向下、向外将带；立身中正，不可弯腰低头，两目平视，重心偏右。

易犯错误：（1）没有用腰发力，腰与手臂动作分开。（2）向下捋时身体过于转向左后方。（3）重心有起伏。

## 十二、右挤势

同左挤势，身体微右转，两掌手腕相叠收至左肩前，随后向前横挤，右手在外，右掌心朝内，左手在里，左掌心朝外；双臂撑圆，目视前方（图3-34至图3-37）。

图3-34　　　　　　图3-35　　　　　　图3-36　　　　　　图3-37

动作要点：挤劲在手背。两掌根相叠，向前横挤；身体同时往下松沉，命门后撑。

易犯错误：（1）向前横挤时两手不是掌根相叠。（2）两手里外方向错误。（3）两手挤出去高度过高，超过胸口高度。

## 十三、双按势

两掌翻掌左手在上，左掌从右掌上抹出，右手在下，随后分开，掌心向下，眼睛随看左手中指；回正，随后两掌由前往后、向下、向前划弧推按；两掌微相合，目视前方（图3-38至图3-41）。

图3-38　　　　　　图3-39　　　　　　图3-40　　　　　　图3-41

动作要点：两掌推按时劲达腰背，重心同时往下松沉。

易犯错误：（1）翻掌方式不对。（2）翻掌后，右手在上，左手在下。（3）双手下按的位置不对，没有按至腰胯前方。

## 十四、左采势

同右采势，右手先逆后顺，左手先顺后逆，身体右转，松右胯，双手抓握旋腕；然后身体左转，松左胯，双拳随身体走下弧采至左胯旁，目视前方（图3-42、图3-43）。

图3-42　　　　　　　　　　　　　　　图3-43

动作要点：两手抓握，向下、向外发劲；眼睛平视，余光看手，重心偏右。

易犯错误：（1）抓握时两手拳面方向不对，没有做到右手拳面向上，左手拳面向下。（2）采挒后身体过于转向左后方。（3）身体重心有起伏。

## 十五、右挒势

同左挒势，两拳变掌，左顺右逆端好，掌根相合在一个平面上，间距一个前臂的距离，随后身体右转，两掌旋腕随转体向外、向右横向挒带，左掌置于胸口正前方，左掌心朝上，右掌置于身体右前方（身体45度角位置），右掌心朝下；目视前方（图3-44、图3-45）。

动作要点：挒劲贯于两肱，两臂旋转，横向发力，重心偏左。

易犯错误：（1）两手高度没有与胸同高。（2）两手间距过宽或过近，没与肩膀保持同宽。（3）两手掌心朝向不对。

图3-44　　　　　　　　　　　图3-45

## 十六、右肘势

身体微右转，右手先逆后顺握拳，收于腰际，拳心朝上；身体左转，右肘顺势向身体右前方撞击，与左掌相合；右拳拳心朝下，贴于胸口，目视正前方（图3-46至图3-49）。

图3-46　　　　　　　图3-47　　　　　　　图3-48　　　　　　　图3-49

**动作要点：** 肘击以腰胯旋转带动，肘要平，力从左脚起，腰胯旋转发劲，重心偏右脚。

**易犯错误：** （1）右肘没有同左掌相合。（2）右拳拳心没有朝下。（3）身体没有转动。

## 十七、左靠势

身体右转，重心移至左脚；左手变拳屈臂撑圆，用左肩臂向前靠击，拳面朝下，拳心朝内合劲左靠，左拳置于左膝上方；右拳变掌，掌心朝左下，置于左肩前，目视左前方（图3-50至图3-52）。

图3-50　　　　　　　　　　图3-51　　　　　　　　　　图3-52

**动作要点：** 靠劲在肩臂，臂撑圆，腰胯旋转，肩臂靠击；目视左肩前方，重心偏左。

**易犯错误：** （1）身体没有转动。（2）左拳拳面没有朝下。（3）右手掌心没有置于左肩前。

# 第二节 活步动作

## 一、进步左右掤势

身体右转（约45度角），右脚尖外摆，两掌两侧分开后，右手转手心向上后摆，再转手心向下，左手摆置右腹前，手心向上，两手右侧抱球，收左脚，然后左脚向前30角度上步，并随重心前移成左弓步，左臂由下向前掤出，掌心朝里，右手下按至右胯旁；目视前方。随向右掤势转换时，身体重心后坐，左脚尖外摆，左手逆缠翻掌，掌心朝下，然后重心移至左脚，跟右步，双手抱球，然后上右步，其余动作与左掤势动作相同，唯方向相反（图3-53至图3-60）。

图 3-53

图 3-54

图 3-55

图 3-56

图 3-57

图 3-58

图 3-59　　　　　　　　　　　　　　　图 3-60

动作要点：步法移动要轻灵平稳，眼神跟着手走，手臂前掤要撑圆，上下肢协调一致，周身一体。

易犯错误：（1）重心有起伏变化。（2）右侧抱球时，两手上下位置错误。（3）弓步膝盖超过脚尖。

二、退步左右捋势

接上势，双手翻掌相合往前上方送出，然后重心后移，身体微左转，以腰胯旋转带臂，两掌向下、向左划弧捋带，右脚尖随之起来脚跟着地，然后两手翻转相合往左上方送出，随后身体微右转，右脚收回往右后方撤步，同时，两手向下，向右划弧捋带，重心移至右脚，左脚跟起来脚尖着地。与左捋势动作完全相同，唯方向相反（图 3-61 至图 3-66）。

图 3-61　　　　　　　　　　图 3-62　　　　　　　　　　图 3-63

| 图 3-64 | 图 3-65 | 图 3-66 |

动作要点：身体要中正，收步、退步轻灵稳健，重心后移与下捋要一致，眼神与动作协调配合，下捋时不可低头。

易犯错误：（1）动作不协调，手部与腿部动作没有同步进行。（2）重心不稳，易晃动。（3）下捋时低头。

### 三、左移步左挤势

重心移至右腿，左脚往右脚跟内侧收回，然后向左侧开步，前脚掌着地，随后重心移至左腿，右脚并步发劲，腰胯左转，两掌根相叠经胸前向左侧横挤，略低于肩，左手在外，掌心朝内，右掌在里，掌心朝外，目视左侧（图 3-67 至图 3-70）。

| 图 3-67 | 图 3-68 | 图 3-69 | 图 3-70 |

动作要点：腰胯转动要充分，并步与左挤势要同时完成，脚尖朝前，两脚间距10～20厘米，身体往下松沉，不可前倾。

易犯错误：（1）向左侧横挤时两手里外的顺序不正确。（2）没有带动腰胯发力。（3）横挤高度超过肩。

### 四、左移步双按势

两手掌心朝上，往两侧平划弧打开，眼睛随看右手中指，然后两手相合于胸前，身体左转，左脚向左侧开步，脚跟着地，脚尖朝左侧，然后重心移至左腿，右脚跟步，脚尖着地，两脚前后间距约20厘米，同时两掌微合经胸前按出，目视前方（图3-71至图3-76）。

图 3-71

图 3-72

图 3-73

图 3-74

图 3-75

图 3-76

动作要点：身体转动要充分，右脚跟步与双按掌要同步，左膝微弯曲，重心同时往下松沉。

易犯错误：（1）往两侧平划弧打开时，两手掌心没有朝上。（2）按掌与跟步没有同步。（3）跟步后全脚掌着地，两脚距离过大或过小。

### 五、右移步右挤势

右脚向右侧开步，前脚掌着地，随后重心移至右腿，左脚并步发劲，腰胯右转同时两掌相叠经胸前向右侧横挤发力，略低于肩，右手在外，掌心朝内，左手在里，掌心朝外；目视右侧，两脚尖朝身体正前，间距 10 ～ 20 厘米（图3-77至图3-80）。

图 3-77　　　　　图 3-78　　　　　图 3-79　　　　　图 3-80

动作要点：身体腰胯转动要充分，左脚并步发劲与右挤势同时完成，同时身体重心要往下松沉。

易犯错误：（1）向右侧横挤时两手里外的顺序不正确。（2）没有带动腰胯发力。（3）横挤高度超过肩。

### 六、右移步双按势

双手掌心朝上，往两侧平划弧打开，眼睛随看左手中指，然后两手相合于胸前，身体右转，右脚向右侧开步，脚跟着地，脚尖朝右侧，随后重心移至右腿，左脚跟步，脚尖着地，两脚前后间距20厘米左右，同时两掌微合经胸前按出；目视前方（图3-81至图3-86）。

图 3-81　　　　　　　图 3-82

图 3-83 　　　　　　　图 3-84 　　　　　　　图 3-85 　　　　　　　图 3-86

动作要点：身体转动要充分，左脚跟步与双按掌要同步；身体重心往下松沉。

易犯错误：（1）往两侧平划弧打开时，两手掌心没有朝上。（2）按掌与跟步没有同步。（3）跟步后全脚掌着地，两脚距离过大或过小。

## 七、退步左右采势

左脚跟向里辗转落下，重心移至左脚，右脚尖里扣，身体左转转正。两手平置于胸前，掌心朝下，随后身体左转，左脚向左后30度角撤步，同时随重心后移，两掌变拳由前向下采拉，右拳心向上，左拳心向下，目视前方，右脚尖离开地面往里合。右采势动作与左采势动作相同，双拳先变掌后握拳往右下方采拉时左脚跟离开地面，脚尖着地里合，目视前方，左拳心向上，右拳心向下（图3-87至图3-92）。

图 3-87 　　　　　　　　　图 3-88 　　　　　　　　　图 3-89

图 3-90 图 3-91 图 3-92

动作要点：退步时身体移动要中正平稳，切忌低头弯腰，重心后移与两手抓握下采要同步。

易犯错误：（1）动作不协调，手部与腿部动作没有同步进行。（2）重心不稳，易晃动。（3）下采时低头。

## 八、进步左右捯势

左脚摆脚外撇，活步向前，脚尖朝外，重心沉于右脚，两脚跟分于两侧，身体微左转，两拳变掌向左侧捯带，右掌置于身体正前方，掌心朝上，左掌置于身体左前方，掌心朝下朝外，两掌间距一个前臂距离，目视正前方，左手略低于肩，右手与肩同高。右捯势动作与左捯势动作完全相同，唯方向相反（图 3-93 至图 3-97）。

图 3-93 图 3-94

图 3-95　　　　　　　　　图 3-96　　　　　　　　　图 3-97

动作要点：左右捋势重心要稳，身体转体左右捋势要同步，两臂撑圆相合，不可散乱。

易犯错误：（1）弓步膝盖前倾，上体未保持正直。（2）重心起伏变化。（3）两掌间距没有控制在一个前臂距离。

### 九、右移步右肘势

接上势，重心移至右脚，左脚上前至右脚内侧并步，身体右转，右脚往右侧横开步，脚跟先着地，右掌变拳收于腰际，拳心朝上，屈臂用右肘向右侧撞击，拳心向下，与肩同高，同时左脚跟步发劲，重心偏右脚，两脚尖朝身体正前方，左掌向右侧划弧合击于右臂外侧，目视肘击方向（图 3-98、图 3-99）。

图 3-98　　　　　　　　　　　图 3-99

动作要点：并步与右肘撞击要协调同步，两脚间距 10 ～ 20 厘米，右肘要平，右拳拳心朝下，腰胯顺肘击方向旋转。

易犯错误：（1）右掌变拳后拳面方向错误。（2）两脚间距过近或者过远。（3）跟步与肘击动作不同步。

### 十、右移步右靠势

右脚向右横开步，脚跟先着地；重心移至右，身体下沉，成大马步靠，左脚尖内扣，右臂撑圆，置于右膝上方；用右肩臂之力旋转向外靠击，拳心朝斜下，左掌附于右肘内侧助力，目视右前方（图 3-100、图 3-101）。

图 3-100　　　　　　　　　　　　　　　　图 3-101

动作要点：步法与右靠势及身体的松沉要协调同步，百会上领，不可低头弯腰。

易犯错误：（1）右臂过直，没有撑圆。（2）两脚脚尖方向错误。（3）低头弯腰。

### 十一、左移步左肘势

右拳变掌翻转，往左侧将带，掌心朝上右脚扣脚，身体左转，左脚脚跟辗转，翘脚尖外摆，左手变拳置于左腰际，拳心朝上；左脚扣脚，移重心至左，随后右脚跟步发劲，左手屈臂用左肘向左侧撞击，拳心朝下，右掌向左侧划弧，合击于左臂外侧，目视左前方（图3-102 至图 3-104）。

图 3-102　　　　　　　　　图 3-103　　　　　　　　　图 3-104

动作要点：并步与左肘撞击要协调同步，两脚脚尖朝身体正前方，间距10～20厘米，左肘要平，左拳拳心朝下，拳面贴紧胸口。

易犯错误：（1）左掌变拳后拳面方向错误。（2）两脚间距过近或者过远。（3）跟步与肘击动作不同步。

**十二、左移步左靠势**

左脚向左横开步，脚跟先着地，重心移至左，身体下沉，成大马步靠，左臂撑圆，置于左膝上方，用左肩臂之力旋转向外靠击，拳心朝斜下，右掌附于左肘内侧助力，目视左前方（图 3-105、图 3-106）。

图 3-105　　　　　　　　　　　　图 3-106

动作要点：步法与左靠势及身体的松沉要协调同步，百会上领，不可低头弯腰。

易犯错误：（1）左臂过直，没有撑圆。（2）两脚脚尖方向错误。（3）低头弯腰。

### 十三、中定左右独立势

接上势，左拳变掌，两手往两侧分开，掌心朝下，右脚向左收半步，成小开步，屈膝松胯，左脚提起成独立步势，左掌由体侧向上挑掌，掌心朝前，不高于眼，右掌按于右胯旁，两臂撑圆，目视前方。左独立势与右独立势动作完全相同，唯方向相反（图3-107至图3-110）。

图3-107　　　　　　图3-108　　　　　　图3-109　　　　　　图3-110

动作要点：独立势要中正安舒，提膝与挑掌协调同步。

易犯错误：（1）收半步后，两脚呈"外八"或"内八"。（2）肘和膝不在同一方向上。（3）前掌超过眼的高度。

### 十四、十字手

右脚尖先落地，两脚自然开立，两掌相叠合于胸前，左手在外，两掌心均朝内，目视前方（图3-111、图3-112）。

动作要点：身体中正，头正肩直，沉肩坠肘，塌腰松胯，精神内敛，呼吸自然。

易犯错误：（1）翻掌方向出现错误。（2）两手下落时指尖翘起。（3）两脚"外八"或"内八"。

### 十五、收式

两掌翻掌分开与肩同宽，掌心朝下，

图3-111　　　　　　图3-112

两手缓缓下落，置于身体两侧，自然下垂，随后左脚收至右脚内侧，成并步站立，目视前方（图 3-113 至图 3-115）。

图 3-113

图 3-114

图 3-115

**动作要点：**身体中正，松肩坠肘，屈膝松胯。

**易犯错误：**（1）全脚掌直接落地。（2）掌心方向错误。

# 第四章

# 二十四式太极拳

## 第一节　二十四式太极拳第一组

### 一、起式

（1）身体自然直立，两脚并拢，手臂自然下垂，双手放在大腿外侧。目视前方（图 4-1）。

（2）左脚向左侧出一步，两脚与肩同宽，脚尖正对前方（图 4-2）。

二十四式太极拳

图 4-1

图 4-2

**动作要点：**头颈保持正直，不可故意挺胸收腹。向左侧出一步时，左脚不可抬起超过右脚踝骨高度，落脚过程先为脚尖着地，过渡至前脚掌，最后到全脚掌着地。

（3）两臂缓缓向上平举，与肩同高，手指自然微屈，手心向下，指尖朝前（图4-3）。

（4）上体保持正直，两腿屈膝下蹲，两掌轻轻下按，两肘下垂与两膝相对，两掌高度位于脐水平处（图4-4）。

图4-3 图4-4

**动作要点：**屈膝下蹲时，膝盖不能超过脚尖，臀部不可向后突出。两掌下按时，要做到沉肩坠肘，不可耸肩，肘尖不可外翻，同时手腕不可向上翘腕或指尖下垂折腕。手臂与身体略成弧形。两臂下落的过程要和身体下蹲的动作保持协调一致。

**易犯错误：**（1）准备姿势时脚没有并拢。（2）屈膝按掌时两肘向外，没有与两膝相对。（3）两掌没有按到腹前。

## 二、左右野马分鬃

（1）身体微向右转，重心移向右腿。同时右手收在胸前平屈，手心向下，左手翻转后手心向上经腹提前向右下划弧放在右手下，两掌相对成抱球状。左脚随之收到右脚内侧，脚尖点地。眼看右手（图4-5、图4-6）。

**动作要点：**掌心相对时，左手位于腰水平处，右手位于胸水平处，两手臂与掌均不可距离身体过近，相距20厘米为宜。

（2）上体左转，左腿向左前方迈出，右脚跟后蹬，右腿伸直，成左弓步。同时双手分别向左上、右下方向分开，左手指尖斜向上，指尖与鼻尖同高，左肘微微弯曲，右手落于右胯旁，手心向下，指尖朝前，右肘也呈微屈状态。视线与左手指尖高度齐平（图4-7、

图4-8）。

图4-5　　　　　　图4-6　　　　　　图4-7　　　　　　图4-8

**动作要点：**两手分开时要保持半弧形，以腰带动身体转动，弓步与分手的速度一致。向左前方迈步的过程中重心不可起伏，落地力度不可过重，左脚脚跟先着地，再踏实，膝盖不可超过脚尖。迈步后，左右脚不可在同一直线上，左右横向距离为10～30厘米左右，右脚后蹬时脚跟外碾，左脚脚尖与膝盖对正朝向左前方。上体与地面垂直，不可前俯后仰。

（3）右腿逐渐屈膝，上体后坐，重心移至右腿，左脚尖翘起微向外撇。身体稍左转，左手翻转后手心向下，在胸前平屈，右手向左上划弧置于左手下方，掌心相对成抱球状，同时右脚收至左脚内侧，脚尖点地（也可不着地）。眼看左前方（图4-9、图4-10）。

**动作要点：**左脚尖向外撇时，角度约为45～60度。

（4）上体右转，右腿向右前方迈出，左脚跟后蹬，左腿伸直，成右弓步。同时双手分别向右上、左下方向分开，右手指尖斜向上，指尖与鼻尖同高，左右肘微微弯曲，左手落于左胯旁，手心向下，指尖朝前，左肘也呈微屈状态。视线与右手指尖高度齐平（图4-11）。

（5）左腿逐渐屈膝，上体后坐，重心移至左腿，右脚尖翘起微向外撇。身体稍右转，右手翻转后手心向下，在胸前平屈，左手向右上划弧置于右手下方，掌心相对成抱球状，同时左脚收至右脚内侧，脚尖点地（也可不着地）。眼看右前方（图4-12、图4-13）。

（6）上体左转，左腿向左前方迈出，右脚跟后蹬，右腿伸直，成左弓步。同时双手分别向左上、右下方向分开，左手指尖斜向上，指尖与鼻尖同高，左肘微微弯曲，右手落于右胯旁，手心向下，指尖朝前，右肘也呈微屈状态。视线与左手指尖高度齐平（图4-14、图4-15）。

**易犯错误：**（1）弓步分靠两手上下分开时，前面的手过高或过低，没有与眼同高，后面的手放在腰间，没有放在胯旁。（2）弓步上步时，后脚跟没有后蹬。

图 4-9

图 4-10

图 4-11

图 4-12

图 4-13

图 4-14

图 4-15

攻防含义：实战姿势，当对方以左直拳进攻时，可左手外接其手腕（图 4-16），上右脚侧身闪进，别其左腿；同时右臂穿、靠于对方腋下，右转腰，向右后旋靠将其摔倒（图4-17）。

图 4-16

图 4-17

### 三、白鹤亮翅

（1）上体微向左转，左手翻掌，掌心向下，右手翻掌，向左上划弧，掌心向上，在胸前成抱球状（图4-18）。

（2）右脚跟进半步，上体微向右转，右脚踏实，上体后坐，重心移至右腿，两手分别沿左下、右上方向微微分开，眼看右手（图4-19）。

**动作要点：**右脚跟进时，距离左脚10厘米左右，同时身体保持平稳，重心不可起伏。抱球与右脚跟进半步的速度保持同步。

（3）左脚向前移，脚尖点地，呈左虚步。身体左转的同时，两手分别向右上左下分开，右手上提并停于右额前，掌心朝向左后方，左手下按于左胯前，掌心向下，指尖朝前。平视前方（图4-20）。

**动作要点：**双臂要呈弧形，保持半圆形。虚步时要求左膝微屈，上体保持正直，不可挺胸、突出臀部，不可前倾后仰。同时，右手不可上提过高（超过头顶），在额前即可。

**易犯错误：**（1）虚步时身体重心落在前腿，没有落在后腿。（2）右手过高或过低，右手应上提停于右额前。（3）右手手心的方向不对，手心应向左后方。

图4-18　　　　　　　　　图4-19　　　　　　　　　图4-20

**攻防含义：**实战姿势，当对方以左摆拳、右勾拳进攻时，可右手向上格挡，左手下拔（图4-21），同时左脚弹踢其裆部、腹部、胸部（图4-22）。

图 4-21

图 4-22

## 第二节　二十四式太极拳第二组

**一、左右搂膝拗步**

（1）右手从体前下落，再由下向后上方划弧至右肩部外侧，臂微屈，手与耳同高，手心向上。左手上起经身体左侧先向上，再向右下方划弧至右胸前，手心向下。同时，上体先微向左转，再微向右转（图 4-23）。

（2）上体左转，左脚往左前方迈出一步，右脚伸直成左弓步。同时右臂屈回，右手由耳侧向前推出，高度平鼻尖。左手向下由左膝前搂过落于左胯旁，指尖朝前。眼见右手手指（图 4-24、图 4-25）。

图 4-23

图 4-24

图 4-25

动作要点：推掌时要沉肩坠肘，下搂与前推的动作要协调同步，手推出以后，身体

不可前倾后仰。弓步时双脚不能在一条直线上，两脚的横向距离不超过30厘米。

（3）上体后坐，重心移至右腿，左脚脚尖翘起向外撇，身体左转，左腿慢慢前弓，重心移至左腿，右脚收至左脚内侧，脚尖点地（图4-26、图4-27）。

（4）同时左手向外翻掌由左后向上划弧至左肩外侧，手心斜向上；右手随转体先向上，再向左下划弧落于左肩前，手心向下，眼看左手。

（5）动作同（2），只是左右相反（图4-28）。

图4-26　　　　　　　　　图4-27　　　　　　　　　　　图4-28

（6）动作同（3）和（4），只是左右相反。上体左转，左脚往左前方迈出一步，右脚伸直成左弓步。同时右臂屈回，右手由耳侧向前推出，高度平鼻尖。左手向下由左膝前搂过落于左胯旁，指尖朝前。眼见右手手指（图4-29至图4-31）。

图4-29　　　　　　　　　图4-30　　　　　　　　　　　图4-31

易犯错误：（1）弓步时双脚在一条直线上，两脚跟横向距离没有保持30厘米。（2）搂膝和推掌没有协调同步。

攻防含义：实战姿势，当对方以左直拳接右直拳进攻时，我右手拍击（图4-32），左手拍击（图4-33），对方以右鞭腿踢我左腿，我左腿回收，左手勾接其右腿（图4-34），上左脚，右掌向前推按其胸部、腹部或头部（图4-35）。

图4-32

图4-33

图4-34

图4-35

## 二、手挥琵琶

（1）右脚跟进半步到左脚后，上体后坐，身体重心移至右腿上，左脚提起略向前移，变为左虚步。脚跟着地，膝盖微屈。

（2）同时左手由左下向上举，高度平鼻尖，掌心向右，臂微屈，右手收回放在左臂肘部里侧，掌心向左（图4-36、图4-37）。

动作要点：沉肩坠肘，胸部放松，身体要平稳自然。右脚跟进半步时，前脚掌先着地，再全脚掌落实。左手向上举时，不要直接向上挑，要由左向上向前，略带弧形。重心移动和左手上举的动作要协调一致。

易犯错误：

（1）虚步时膝部没有稍弯曲。（2）虚步时用脚尖着地，没有用脚跟着地。（3）虚

步时上体前倾或后仰。

图 4-36                    图 4-37

攻防含义：

分两种情况：

（1）对方出左直拳：实战姿势，当对方以左直拳进攻时，我左手抓其手腕，右手抓其肘部，向右拧其手臂（图 4-38）。

（2）对方出右直拳：实战姿势，当对方以右直拳进攻时，我右手抓其手腕，左手抓其肘部，向右拧其手臂（图 4-39）。

图 4-38                    图 4-39

### 三、左右倒卷肱

（1）右手翻掌，手心向上，经腹前由下向后上方划弧平举，臂微屈，左手随之翻掌向上。左脚脚尖点地，眼随着转体先向右看，随后转向前方看左手（图4-40、图4-41）。

动作要点：两臂呈弧形，右手略高于左手，且右手不可完全划至正后方，应划至斜后方，两臂之间成135度。

（2）右臂由右耳侧向前推出，右手心向前，左手回收经左肋外侧向后上划弧平举，右手随之翻掌向上。同时，重心完全移到右腿，左腿轻轻提起，向左后侧方退一步，脚尖先着地，然后慢慢踏实，重心移至左腿上，成右虚步。眼随着转体先向左看，再转向右手（图4-42、图4-43）。

| 图4-40 | 图4-41 | 图4-42 | 图4-43 |

（3）方法同前，只是左右相反。倒卷肱共四次。

动作要点：前推的手不能完全伸直，后退的手也不能直接往回抽，需要走弧线。前推时，要以腰带动身体转动，两手交替的速度要一致。退步时，脚尖先着地，再慢慢踏实，同时扭正前脚。退左脚时略微向左后斜，退右脚时略微向右后斜，避免两脚的轨迹落于一条直线上。退步时，要注意眼神的方向随着转身的动作向左右看（大约转动90度），然后再转向看前手。

易犯错误：（1）手臂后撤时和前臂成直线，应位于侧后方，和前臂成135度。（2）向后退步时重心起伏，忽高忽低。重心要平稳，在一个水平面上。

攻防含义：实战姿势，当我出左直拳被对方右手抓住手腕，我退步回拉的同时，右掌攻击对方的下巴（图4-44）。

图4-44

# 第三节  二十四式太极拳第三组

## 一、左揽雀尾

（1）左脚收至右脚内侧，左脚脚尖点地，右脚尖微向外撇，身体慢慢向右转。右臂屈肘，手心转向下，收至右胸前；左手经腹前划弧至右肋前，手心向上，两手相对成抱球状（图4-45）。

动作要点：抱球时，右腕低于肩、右肘低于腕，左手同脐高，两手臂呈弧形。

（2）左脚向左前方迈出，上体微向左转，右脚跟向后蹬，脚尖微向里扣成左弓步。同时，左臂平屈成弓形，用前臂外侧和手背向左侧推出（向左掤出），高于肩平，手心向后。右手向右下落放于右胯旁，手心向下，眼看左前臂（图4-46）。

动作要点：掤出时，两臂前后均保持弧形，分手与松腰、弓腿必须协调一致。

（3）身体微向左转，左手随之翻掌向下，右手翻掌向上，经腹前向上向前伸至左腕下方。然后两手下捋，上体稍向右转，两手经腹前向右后方划弧，直至右手手心向上，高与肩齐，左手手心向后平屈于胸前，同时重心移至右腿上，眼看右手（图4-47、图4-48）。

动作要点：下捋时，上体不可前倾，臀部不要突出。两臂下捋须随腰旋转，仍走弧线。

图4-45　　　　　　　图4-46　　　　　　　图4-47　　　　　　　图4-48

（4）上体微向左转，右臂屈肘收回，右手附于左手腕里侧（相距5厘米），上体继续左转，同时双手继续向前慢慢挤出，左手手心向后，右手手心向前，左前臂要保持半圆。同时身体重心前移变成左弓步，眼看左手腕部（图4-49、图4-50）。

动作要点：向前挤时，上体要正直，动作要与松腰、弓腿相一致。

（5）右手经左腕上方向前向右伸出，与左手齐平，手心向下，左手随即翻掌向下，两手向左右分开，宽与肩同。身体重心移至右腿，左脚尖翘起，上体后坐，两臂屈肘回收至胸前肚脐的位置，手心均向下，眼看前方（图4-51、图4-52）。

动作要点：两臂屈肘回收时，不能紧贴身体，两肘不可贴于肋部。左脚尖上翘时，左腿微屈膝，不能挺直。

（6）上式不停，重心移至前腿，成左弓步，两手经腹前，向前、向上按出，手腕高与肩平，掌心向前，眼平看前方（图4-53）。

动作要点：两臂随着弓腿，缓缓向前按出，做到手脚协调一致，两手按出后，两肘微屈，不可完全挺直。在做掤、挤等动作时，后脚的脚跟不要随意扭动。

图4-49

图4-50

图4-51

图4-52

图4-53

## 二、右揽雀尾

（1）上体后坐，重心移至右腿，左脚尖往里扣，右脚随着转体稍向外撇。右手向右平行划弧至右侧，再由右下经腹前向左划弧至左肋前，手心向上。左手翻掌向下，平屈于胸前，与右手呈抱球状。同时，重心重新落于左腿，右脚收至左脚内侧，脚尖点地（图4-54、图4-55）。

动作要点：屈膝时，膝盖不能超过脚尖，左脚尖内扣时，以脚跟为轴转动90度，腰向右转90度，右脚外撇45度。

（2）右脚向右前方迈出，上体微向右转，左脚跟向后蹬，脚尖微向里扣成右弓步。同时，右臂平屈成弓形，用前臂外侧和手背向右侧推出（向右掤出），高于肩平，手心向后；左手向左下落放于左胯旁，手心向下，眼看右前臂（图4-56、图4-57）。

图4-54　　　　　　图4-55　　　　　　图4-56　　　　　　图4-57

（3）身体微向右转，右手随之翻掌向下，左手翻掌向上，经腹前向上向前伸至右腕下方；然后两手下捋，上体稍向左转，两手经腹前向左后方划弧，直至左手手心向上，高与肩齐，右手手心向后平屈于胸前，同时重心移至左腿上，眼看左手（图4-58、图4-59）。

（4）上体微向右转，左臂屈肘收回，左手附于右手腕里侧（相距5厘米），上体继续右转，同时双手继续向前慢慢挤出，右手手心向后，左手手心向前，右前臂要保持半圆。同时身体重心前移变成右弓步，眼看右手腕部（图4-60、图4-61）。

图4-58　　　　　　图4-59　　　　　　图4-60　　　　　　图4-61

（5）左手经右腕上方向前向左伸出，与右手齐平，手心向下，右手随即翻掌向下，两手向左右分开，宽与肩同。身体重心移至左腿，右脚尖翘起，上体后坐，两臂屈肘回收至胸前肚脐的位置，手心均向下，眼看前方（图4-62、图4-63）。

（6）上式不停，重心移至前腿，右腿成右弓步，两手经腹前，向前、向上按出，手腕高与肩平，掌心向前，眼平看前方（图4-64）。

图 4-62　　　　　　　　　　图 4-63　　　　　　　　　　图 4-64

易犯错误：（1）下捋时左脚尖抬起，左脚不应离地。（2）前按两手回收时，左脚尖没有翘起。要随着重心后坐，抬脚尖。

攻防含义：

（1）掤的攻防含义

实战姿势，当对方右直拳进攻，我左手拍击，同时上右脚别其左腿，右臂向斜上掤架其右大臂，使其摔倒（图4-65）。

（2）捋攻防含义

实战姿势，当对方右腿在前，以右直拳进攻，我右手外接其右手腕顺势牵拉，同时左手按压其肘部转腰向斜下方捋其右臂（图4-66）。

（3）挤攻防含义

实战姿势，当对方右腿在前，以右直拳进攻，我后闪左手内接抓握其手腕，带推至其肋部，将对方推出（图4-67）。

（4）按攻防含义

实战姿势，对方上右脚以右肘攻击我胸部，我后撤半步，双手下按其前臂，将其推出（图4-68）。

图 4-65　　　　　　　　　　　　　　图 4-66

图 4-67

图 4-68

## 第四节　二十四式太极拳第四组

### 一、单鞭

（1）上体后坐，重心逐渐移至左腿上，右脚尖里扣。同时上体左转，两手向左转（左高右低），直至左臂平举于左侧，右手经腹前划至左肋前（左手心向左，右手心向后上方），眼看左手（图 4-69、图 4-70）。

（2）身体重心移至右腿，左脚向右脚靠拢，脚尖点地。同时右手向右上方划弧至右侧方时变勾手，臂与肩平。左手向下经腹前向右上划弧停于右肩前，手心向后，眼看左手（图 4-71）。

**动作要点：**左脚向右脚靠拢时，两脚平行正对。勾手时注意五指并拢。

（3）上体微向左转，左脚向左侧方迈出，右脚跟后蹬成左弓步。在身体重心移向左腿的同时，左掌慢慢翻转向前推出，手心向前，手指与眼齐平，臂微屈，眼看左手（图 4-72）。

**动作要点：**勾手时，手臂不能太直或太屈，左手翻转向前推出时，左肘与左膝上下相对，弓步要与推掌同步。弓步时，两腿不能在一条直线上，或者左脚落于右脚的右侧使髋拧紧夹胯，应保持左右脚横向距离在 10～15 厘米，左脚位于右脚的左侧。

图 4-69

图 4-70

图 4-71

图 4-72

易犯错误：（1）侧行步时，两脚尖没有正对。（2）上步时距离过大或者过小，没有保持在10～20厘米。（3）侧行步和手臂动作不协调。

攻防含义：实战姿势，对方左直拳打头，我右手外接其手腕后引，同时左手推其下巴（图4-73）。

图 4-73

## 二、云手

（1）身体重心移至右腿，上体右转，左脚尖里扣。左手向下划弧至腹前，再经腹前向右上划弧至右肩前，手心斜向后，同时右手勾手变掌，掌心向右前，眼看右手（图4-74）。

（2）重心左移，上体左转；左手由面前向左侧运转，手心渐渐移向左下方，右手由右下经腹前向左上划弧至左肩前，手心斜向左。同时右脚靠近左脚，成开立步（两脚距离10～20厘米）（图4-75、图4-76）。

图 4-74

图 4-75

图 4-76

（3）右手继续向右侧运转，左手经腹前向右上划弧至右肩前，手心斜向后，右手翻转手心向右，重心右移，上体右转，左脚向左横开一步，前脚掌先落地，后全脚落地（图4-77、图4-78）。

（4）左云收脚，右云开步，左云手脚动作与前面相同。

动作要点：侧行步时，两脚尖需平行向前，不可外撇成八字形或呈弓步状，腰部转动不可过大。仆步时脚尖需内扣，膝部伸直，臀部下沉。

图 4-77

图 4-78

易犯错误:（1）侧行步时，两脚尖没有正对。（2）上步时距离过大或者过小，没有保持在10～20厘米。（3）侧行步和手臂动作不协调。

攻防含义：实战姿势，对方右腿在前，以右摆拳进攻，我以左臂格挡并抓握其手臂，对方左摆拳进攻，我以右臂格挡并抓握其手臂，上右脚别其右腿，向左后方牵拉将其摔倒（图4-79）。

图 4-79

三、单鞭

（1）重心右移，上体右转，左脚跟提起，右手继续向右运转，向右划弧至右前方时翻转成勾手，左手向下经腹前向右上划弧至右肩前，手心向后，眼看左手（图4-80至图4-83）。

图 4-80

图 4-81

图 4-82

图 4-83

（2）上体微向左转，左脚向左侧方迈出，右脚跟后蹬成左弓步。同时左手经面前向左划弧，掌心向后，再经面前翻转向前推出，高与肩平（图4-84、图4-85）。

图4-84　　　　　　　　　　　　　　　　图4-85

动作要点：同本书第74页二十四式太极拳第四组第一式单鞭。

易犯错误：同本书第75页二十四式太极拳第四组第一式单鞭。

攻防含义：同本书第75页二十四式太极拳第四组第一式单鞭。

## 第五节　二十四式太极拳第五组

### 一、高探马

（1）右脚跟上半步，重心移至右腿，右勾手变掌，两手翻转向上，两肘微屈，两臂前后平举，眼看左手。身体微向右转，重心后移，右腿屈坐，右脚踏实，左脚跟渐渐离地，右臂弯曲，右手卷收至头侧（图4-86、图4-87）。

（2）上体微左转，左脚微向前移，脚尖点地，成左虚步，右掌经耳旁向前推出，手心向前，手指与眼同高，左手收至左侧腰前，手心向上，眼看右手（图4-88）。

图4-86　　　　　　　　图4-87　　　　　　　　图4-88

动作要点：上体要自然正直，不挺胸收腹突臀，双肩要下沉，右肘微下垂。右掌弧形前推，并与左手有交叉弧线。

易犯错误：（1）虚步时前腿太直，重心没有落在后腿上。（2）左手收到左腰侧，应该是左侧腰前。（3）左手心向下，没有向上。

攻防含义：实战姿势，对方右腿在前，我以左直拳进攻，对方右手内接我手腕外拧，我顺势向前上半步，右掌推按对方头部（图4-89）。

图 4-89

**二、右蹬脚**

（1）上体稍左转，左脚提起向左前方上步，右手稍向后收，左手手心向上，经右手手臂上方穿出，两手相互交叉（图4-90）。

（2）左脚踏实，重心前移，成左弓步，两手分开自两侧向下划弧，手心斜向下（图4-91）。

（3）右脚向左脚靠拢，脚尖点地，两手由外圈向里圈划弧合抱于胸前，右手在外，掌心均向后，眼看右前方（图4-92）。

动作要点：两掌在胸前须与肩齐平。

（4）两臂左右分开，两手翻转向右前方和左后方划弧分开撑于两侧，两臂平举，腕与肩平。同时重心移于左腿，右腿屈膝提起，向右前方慢慢蹬出，右腿与右臂上下相对，眼看右手（图4-93）。

动作要点：左脚上步与右脚跟提起均须与支撑腿的踝关节同高。提膝时右肘与右膝相对。蹬腿时，右腿侧举不低于腰高，脚尖勾起。两手分开时高不过头，分手与蹬脚须协调一致。

易犯错误：（1）蹬脚时支撑脚不稳，身体后仰。（2）蹬脚时手脚方向不一致，没有做到肘、膝相对。

图 4-90　　　　　　图 4-91　　　　　　图 4-92　　　　　　图 4-93

攻防含义：实战姿势，对方右腿在前，以右直拳进攻，我以十字手上架，同时提右膝顶其腹部（图 4-94），对方收腹回缩，我顺势蹬右脚，右掌劈击（图 4-95）。

图 4-94　　　　　　　　　图 4-95

### 三、双峰贯耳

（1）右腿收回，重心仍在左腿，膝盖提起，左手由后向上向前下落，两手心均翻转向上，落于膝盖两侧（图 4-96）。

（2）两手继续下落，收至腰侧，掌心向上。

（3）右脚向右前方下落，成右弓步。同时两手下垂，慢慢变拳，分别从两侧向上向前划弧至头前成钳形状，拳眼均斜向下，与耳同高，两拳中间距离 10～20 厘米，眼看两拳之间的前方（图 4-97、图 4-98）。

动作要点：右脚落地时右脚跟先落地，重心仍在左脚。两手由膝侧继续划弧下落经过腰侧时，前臂内旋逐渐握拳。两臂弧形外摆基本上不超过体宽，弓腿与贯拳要同时完成。保持头颈正直，松腰。

易犯错误：（1）贯拳时低头，没有目视两拳之间的前方。（2）贯拳时两拳间距过大或过小，没有与头同宽，拳眼没有斜向下。

图 4-96　　　　　　　　　图 4-97　　　　　　　　　图 4-98

攻防含义：对方抓我双肩，我双手由上向两侧拨开，顺势以双拳击打对方太阳穴（图 4-99）。

### 四、转身左蹬脚

（1）重心逐渐移至左腿，右脚尖内扣，两拳变掌，由上向左右划弧分开平举，手心

向前，眼看左手（图4-100）。

（2）重心再移至右腿上，右腿屈膝后坐，左脚收至右脚内侧，脚尖点地。左腿提膝，同时两手由外圈向里圈划弧合抱于胸前，左手在外，手心均向后，眼平看左方（图4-101）。

（3）两臂左右分开平举，两手向左前方和右后方划弧分开，肘部微屈，撑举在身体两侧。同时左脚提起向左前方慢慢蹬出，脚尖回勾，左臂与左腿上下相对，眼看左手及前方（图4-102）。

动作要点：基本动作与右蹬脚相同，方向相反，左蹬脚的方向与右蹬脚成180度。

易犯错误：同右蹬脚。

攻防含义：同右蹬脚。

图4-99

图4-100

图4-101

图4-102

# 第六节　二十四式太极拳第六组

## 一、左下势独立

（1）左腿收回平屈，左脚脚尖自然垂于右腿内侧，上体右转，右手五指捏拢成勾手，左手经头前划弧摆至右肩前，掌心向右，眼看右手（图4-103）。

（2）右腿缓慢屈膝下蹲，左腿向左侧伸出，重心仍在右腿，左脚前脚掌先着地后慢慢过渡到全脚掌着地，左腿伸直，成左仆步。同时左掌沿左腿内侧向前穿出，掌心向前，指尖向左（图4-104、图4-105）。

动作要点：右腿下蹲以后，右脚脚尖微向外撇，左腿伸直时脚尖向内扣，脚掌须全部着地，左脚尖与右脚跟在一条直线上，上体不可过于前倾。

（3）身体重心逐渐移至左腿，以左脚跟为轴，左脚尖向外撤，右腿后蹬自然伸直，右脚脚尖内扣，左腿前弓成左弓步，左手继续前穿向上挑起，右手前臂内旋背于身后，勾尖朝上，眼看左手（图4-106）。

（4）身体重心前移，左腿微屈独立支撑成独立步，右脚脚尖向下。同时右勾手下落变掌，由后下方顺右腿外侧向前摆出，屈右臂立于右腿上方，肘与膝相对，手心向左，高与眼平。左手下按于左胯旁，眼看右手（图4-107）。

动作要点：独立步时必须经过由仆步腿屈膝，靠后腿蹬地帮助完成到弓步的转变，定势时上体正直，独立的腿微屈，右腿提起时脚尖自然下垂。

易犯错误：（1）仆步时脚跟抬起，两脚没有以全脚掌着地。（2）独立式时，右肘与右膝没有肘膝相对。

图 4-103

图 4-104

图 4-105

图 4-106

图 4-107

攻防含义：（1）下势的攻防含义。实战姿势，我右腿在前，对方以左直拳进攻，我右手内接其手臂，上左脚仆步插于对方裆下，左手挑其裆部（图4-108），将其翻倒（图4-109）或者扛起向前、向后摔（图4-110）。（2）独立的攻防含义。实战姿势，对方

右腿在前，以右直拳进攻，我左手内接其手腕向左下方牵拉，提右膝顶其裆部或腹部，右手锁喉（图4-111）。

图4-108

图4-109

图4-110

图4-111

## 二、右下势独立

（1）右脚落于左脚内侧前方，距离左脚约一脚距离，脚尖着地，然后以左脚掌为轴向左转体，左脚微向外撇。同时左手向上平举成勾手，位于身体左侧，与肩同高。右手随着转体向左侧划弧，立于左肩前，掌心向左，眼看左手（图4-112）。

（2）左腿屈膝下蹲，右脚提起向右侧旁开一步，随重心下降右腿伸直，上体右转成右仆步，右手经腹前沿右腿内侧向右穿出，左勾手在身后平举，勾尖向下，眼看右手（图4-113、图4-114）。

图 4-112

图 4-113

图 4-114

（3）重心移至右腿，右脚尖外撇，右腿屈膝前弓成右弓步。右手前穿向上挑起，左手在背后成勾手，勾尖向上，眼看右手（图 4-115）。

（4）身体重心前移，右腿微屈独立支撑成独立步，左脚脚尖向下。同时左勾手下落变掌，由后下方顺左腿外侧向前摆出，屈左臂立于左腿上方，肘与膝相对，手心向右，高与眼平。右手下按于右胯旁，眼看左手（图 4-116）。

动作要点：左腿屈膝下蹲时右脚须提起再伸出，不可不提脚就擦地伸出。

易犯错误：同左下势独立。

攻防含义：同左下势独立。

图 4-115

图 4-116

## 第七节　二十四式太极拳第七组

### 一、左右穿梭

**（一）右穿梭**

（1）身体微向左转，左脚在左前方落下，脚跟着地，脚尖外撇，重心前移，右脚收到左脚内侧，右脚跟离地成丁步。同时两手在左胸前呈抱球状，左手在上，右手在下（图4-117、图4-118）。

动作要点：上步与合抱要协调一致。

（2）上体右转，右脚向右前方上步，重心前移成右弓步，右手向前上方划弧并翻掌架于右额前上方，掌心斜向上，左手先向左下再经体前向前推出，高与鼻尖平，手心向前，眼看左手（图4-119）。

动作要点：手架掌上举时不要引肩上耸，架推掌不能过高，架于额前上方。做弓步时两脚跟的横向距离不少于30厘米，弓步角度应为斜前方30度。

图4-117　　　　　　　　图4-118　　　　　　　　图4-119

**（二）左穿梭**

（1）身体重心后移，右脚尖稍向外撇，同时两手下落，右手下落于头前，左手稍向左划弧外展（图4-120）。

（2）重心移至右腿，左脚跟进，收至右脚内侧，脚尖点地。同时两手在右胸前成抱球状，右手在上，左手在下，眼看右手（图4-121）。

（3）上体左转，左脚向左前方上步，成左弓步，左手由下向前上方划弧并翻掌架于左额前上方，掌心斜向上。右手由上向后下方划弧，经肋前推至体前，高与鼻尖平，手心向前，眼看右手（图4-122、图4-123）。

图 4-120          图 4-121          图 4-122          图 4-123

易犯错误：架推掌过高或过低，应该置于额前上方。

攻防含义：实战姿势，对方以左直拳进攻，我左臂上架其左臂，左脚上半步，右手推其肋骨（图4-124）。

图 4-124

## 二、海底针

（1）右脚向前跟进半步，重心后移至右腿屈坐，左脚稍向前移，脚尖点地，成左虚步。同时上体稍右转，右手下落，经体侧屈臂向后向上提抽起至右耳侧，掌心向左，指尖朝前。左手经体前向下划弧至腹前，掌心向下，眼看前方（图4-125）。

动作要点：提手与后坐须同时完成。

（2）上体微向左转，随着身体左转，右手由右耳旁斜向前下方插出，掌心向左。同时左手经左膝前划弧落于左胯旁，掌心向下，眼看右手（图4-126）。

动作要点：身体须先向右转后向左转，上体不可过于前倾，不可低头或突臀。右手下插时不能做成下劈。左手落于左胯旁时距离左胯约一平拳，左虚步时的前后距离根据支持的腿部力量而定。

易犯错误：（1）上体过分前倾，弯腰驼背。（2）右手插掌做成下劈或砍的动作。

图 4-125                                    图 4-126

攻防含义：（1）对方用右手紧握我手腕，我以弧形动作向前下插掌，借以脱手（图4-127）。（2）对方用右拳向我进攻，我用左手搂开，用右掌插击对方裆部（图4-128）。

图 4-127                                    图 4-128

### 三、闪通臂

（1）上体稍右转，身体恢复正直，左脚收至右脚内侧，然后重心前移，左脚向前迈出，成左弓步；同时右手由体前上提，屈臂上举，掌心外翻，平屈于头侧上方，拇指向下；左手上起经胸前向前推出，高与鼻尖平，手心向前，眼看左手（图4-129至图4-131）。

动作要点：上体保持自然正直，左脚提起时双腿不可挺直，左臂推出时不可完全伸直，背部肌肉要伸展开。推掌、举掌、弓腿三者要协调一致。弓步时两脚跟横向距离约10厘米。

易犯错误：上体前倾，没有自然正直。

图 4-129

图 4-130

图 4-131

攻防含义：实战姿势，对方以左直拳进攻，我右手内接抓其手腕，上左脚，左臂前伸，右手后拉，将其摔倒（图 4-132、图 4-133）。

图 4-132

图 4-133

## 第八节　二十四式太极拳第八组

### 一、转身搬拦捶

（1）重心后移，右腿屈膝后坐，上体右转，左脚尖内扣，重心再转移至左腿上。同时右手向右向下变为拳经腹前划弧至左肋前，拳心向下，左掌上举于头前方，掌心斜向上，眼看前方（图4-134）。

（2）重心在左腿，向右转体，右拳经胸前向前翻转撇出，高与胸平，肘部微屈。左手经右前臂外侧下落，按于左胯旁。同时右脚收至左脚踝关节内侧再向前迈出，脚尖外撇，眼看右拳（图4-135）。

（3）身体重心移至右腿，左脚向前迈出一步。左手上起经左侧向体前平行划弧拦出，同时右拳翻转收到右腰旁，拳心向上，眼看左手（图4-136）。

（4）上体左转，重心前移，左腿屈弓成左弓步，右腿蹬直；同时右拳从腰间向前打出，拳眼向上，高于胸平，左手附于右前臂内侧，掌心向右，眼看右拳及前方（图4-137）。

动作要点：转身搬拳时，重心起伏不可过大。拦掌时左手外旋立掌不可做成左手心朝下手指横向右的按掌，同时右拳要松握，前臂先慢慢内旋后收，再外旋停于右腰旁，拳心向上。弓步打捶时，右拳向前打出，右肩随拳略向前引，沉肩坠肘，右臂微屈。

易犯错误：动作不连贯，重心起伏大。

图4-134

图4-135

图4-136

图4-137

攻防含义：对方右腿在前，以右拳从背后进攻，我转身以右臂格挡，搬开来拳（图4-138），然后上左脚，左掌推拦其肘部，出右拳攻击对方胸腹部（图4-139）。

图 4-138

图 4-139

## 二、 如封似闭

左手翻转向上，由右前臂下向前伸，右拳变掌，掌心向上，两掌在身体前交叉。同时身体后坐，左脚尖翘起，重心移至右腿，眼看前方。两掌慢慢分开，两臂屈收后引至胸前，在胸前翻掌，掌心斜向前下；同时重心前移，左腿屈弓成左弓步，两手向上，经胸前向前推出，高于肩平，与肩同宽，手心向前，眼看前方（图 4-140 至图 4-142）。

动作要点：身体后坐时避免后仰，臀部不可突出。左手前伸时应边翻掌边伸出。两臂随身体回收时，肩、肘部略向外松开，不可直线收回。

易犯错误：（1）两掌回收时，左脚尖没有抬起。（2）上体前倾后仰。

图 4-140

图 4-141

图 4-142

攻防含义：实战姿势，我以右直拳进攻，对方右手外接抓我手腕，我左手由下脱袖破其抓腕（图 4-143），对方以左拳进攻，我重心后移，双手外翻下压控其双臂，按至其腹部下推，使其倒地（图 4-144）。

图 4-143

图 4-144

### 三、十字手

（1）身体重心移至右腿，左脚尖内扣，向右转体。右手随着转体动作向右平摆划弧，与左手成两臂侧平举，肘部微屈；同时右脚尖随着转体稍向外撇，成右弓步（图 4-145）。

（2）重心慢慢移至左腿，右脚尖内扣，右脚随即向左收回半步，两脚逐渐蹬直，与左脚成开立步，两脚距离与肩同宽，脚尖正对前方。同时两手向下经腹前交叉上举，合抱于胸前，两臂撑圆，两腕交搭成十字手，右手在外，手心均向后，眼看前方（图 4-146、图 4-147）。

**易犯错误：**（1）十字手时手腕过高或过低，没有腕同肩高。（2）开立步时两脚没有平行。

图 4-145

图 4-146

图 4-147

**动作要点：**转体成右侧弓步时右脚若没有外摆，会造成右膝过分内扣紧髋。两手分开和合抱时上体勿前倾，站起后身体保持自然正直，头微上顶，下颏稍向后收。两臂环抱时须圆满舒适，沉肩坠肘。收脚合抱时要求右脚收半步，保证双脚与肩同宽，不可直接收成并步站立。

攻防含义：

（1）实战姿势，对方右腿在前，出右拳进攻我头部，我十字手上架，左手抓其手腕，右手抓其肘部，逆时针旋转，将其制服（图4-148）。

（2）右手在内十字手实战姿势，对方右腿在前，出右拳进攻我头部，我十字手上架，右手抓其手腕，左手抓其肘部，顺时针旋转，将其制服（图4-149）。

图4-148　　　　　　　　　　　　　　　　图4-149

### 四、收式

（1）两手向外翻掌，手心向下，左右分开，慢慢下落于两腿外侧，眼看前方（图4-150、图4-151）。

（2）重心移向右腿，左脚向右脚靠拢，立正还原。同时两手掌自然下垂，轻贴大腿两侧，眼看前方（图4-152）。

动作要点：两掌分开下落时要与肩同宽，手腕不可过分上扬，同时要注意全身放松，气徐徐下沉。呼吸平稳后，把左脚收到右脚旁，提左脚时先提脚跟，然后过渡到脚尖，提起的高度不超过右脚踝部，落脚时先落脚尖再到全脚掌，移动要平稳。

图4-150　　　　　　　　　图4-151　　　　　　　　　图4-152

# 第五章

# 四十二式太极拳

## ☯ 第一节　四十二式太极拳第一段 ☯

### 一、起式

（1）身体自然直立，两脚并拢，手臂自然下垂，双手放在大腿外侧，目视前方（图5-1）。

**四十二式太极拳**

（2）左脚向左轻轻开步，相距与肩同宽，脚尖向前（图5-2）。

（3）两手慢慢向前平举，与肩同高，手心向下，两臂相距同肩宽，肘微下垂（图5-3）。

（4）上体保持正直，两腿缓缓屈膝半蹲；两掌轻轻下按，落于腹前，掌与膝相对（图5-4）。

动作要点：（1）预备势时身体舒松自然，立身中正，心理安静，呼吸平顺。（2）开步时身体不要起伏晃动。（3）举臂时提腕，下按时沉腕。（4）屈蹲时弯腿落胯。屈膝敛臀，保持上体端正，屈蹲高度因人而异。（5）动作完成时身体好像端坐在椅子上，两手轻按在腹前桌子上，体重落于两脚后半部。

易犯错误：（1）屈蹲时上体突臀前俯或上体挺腹后仰。（2）屈蹲时身体紧张、憋气。（3）两脚尖外撇成八字。（4）按掌时两掌屈收，贴近身体下按直落。

图 5-1                 图 5-2                 图 5-3                 图 5-4

## 二、右揽雀尾

（1）抱手收脚：右脚尖稍外撇，同时身体微向右转；右臂上抬屈于胸前，手心向下。左手翻转向右划弧至右腹前，手心向上，与右手相对如抱球状，重心移至右腿，左脚收于右脚内侧，目视右手（图 5-5）。

（2）转体上步：上体微左转，左脚向左前方上一步，脚跟轻轻落地（图 5-6）。

（3）弓步左掤：上体继续左转，重心前移成左弓步；同时左臂向前掤出，左手高与肩平，手心向内，指尖向左。右手向下落于右胯旁，手心向下，指尖向前，两臂微屈，目视左前臂（图 5-7）。

图 5-5                 图 5-6                 图 5-7

（4）上体微左转，右脚收至左脚内侧；左臂内旋屈于左胸前，左手翻转向下，与胸同高，指尖向右。右臂向左划弧至左腹前，掌心向上，指尖向左，两掌相对如抱球状，

目视左掌（图5-8）。

（5）转体上步：上体微右转，右脚向右前方轻轻迈出一步，脚跟着地（图5-9）。

（6）重心前移成右弓步，同时右臂掌心向内，高与肩平。左掌向掌心向下，目视右前臂（图5-10）。

图5-8　　　　　　　　　　图5-9　　　　　　　　　　图5-10

（7）翻掌摆臂：上体微右转；右掌前伸，掌心翻转向下。左臂外旋前摆，左掌前伸，掌心翻转向上，伸至右腕内侧下方，目视右掌（图5-11）。

（8）转体后捋：重心后移，上体微左转。双掌向下向后捋至腹前，目随体转（图5-12）。

（9）转体搭手：上体右转，右臂外旋屈肘横于胸前，右掌心向内，指尖向左。左臂内旋，左掌心转向外，掌指附于右腕内侧（图5-13）。

图5-11　　　　　　　　　　图5-12　　　　　　　　　　图5-13

（10）弓步前挤：重心前移成右弓步，两掌同时向前挤出，两臂撑圆，目视前方（图5-14）。

（11）转体平云：重心后移，上体右转，右脚尖上翘；右臂外旋，右掌心翻转向上，自前向右、向后屈肘划平弧至右肩前。左掌指附于右腕内侧随之划弧，目随右掌。上体左转，右脚尖内扣落地，右掌翘腕平旋，屈肘内收至胸前，掌心向左。左掌仍附于右腕内侧，目视右掌（图5-15）。

（12）丁步按掌：上体右转，重心右移，左脚收至右脚内侧，脚尖着地成丁步。右臂内旋，右掌翻转向右前方立掌按出，腕高与肩平，掌心向外，左掌随之翻转向内，指尖仍附于右腕侧，目视右掌（图5-16）。

图5-14　　　　　　　　　　图5-15　　　　　　　　　图5-16

动作要点：（1）右抱球时重心右移，上体右转，右脚尖外撇。左脚提收至右踝内侧。左抱球时重心前移，上体微左转，左脚不动，右脚提收至左踝内侧。（2）上步后重心前移成弓步时，后脚跟可以随之蹬转。原地后坐前弓时，后脚不可随意扭动。（3）掤、捋、挤、按时与前弓后坐、重心移动应上下相随，协调一致，并与腰部旋转相配合，形成上肢、下肢、躯干完整协调的运动。各种手法要明确。转换时要轻灵，运行时要圆活，终点时要两臂相争，躯干伸拔，显示出沉实的内劲。（4）由挤转按时右掌由伸而屈，随腰的转动，松活地由前向后平摆划弧，术语称平云手。右臂相应向外、向内旋转。（5）丁步按掌要舒展、沉实、稳定，按掌方向为右前方（假设起式方向正南，按掌应为西南45度）。

易犯错误：（1）上步时提脚不稳，落脚沉重。（2）弓步时后脚跟不蹬转；或后腿过于弯曲；或后脚外侧离地"拔跟"。（3）腿快手慢，上下不合。（4）后坐时后腿支撑紧张，或上体前俯、后仰，或后脚不断扭动。（5）腰部无旋转，腰肢不合。（6）抱球时紧张夹臂。（7）丁步按掌不明确，按掌一晃而过。（8）按掌时上体未转腰配合，前按做成侧推。

攻防含义：

该动作是由"掤、捋、挤、按"四种方法组成的，其中前三种方法具有杨氏太极拳的特点，第四种"按"的方法则源于吴氏太极拳，下面分别予以讲解。

（1）掤的用法。"掤"为防守方法。甲方左脚向前上步，用左拳向乙方胸部冲击。乙方右脚迅速向后退步闪开甲拳，左脚外摆，左手抓住甲左手腕，右脚向甲方左脚内侧上步，同时左手下采，右前臂上掘甲左肘关节处，使其肘关节受到反作用力而受制。

（2）捋的用法。"捋"为防守反击方法。甲方左脚向前上步，用左拳向乙方胸前冲击。乙方左脚向后退步，用左手刁抓住甲左手腕，用右手粘贴在甲左肘关节处，然后上体左转，右手外旋向后捋拉甲臂，同时右手用力捋按甲肘关节处，使甲方左肘关节受力而受制。

（3）挤的用法。"挤"为进攻或反击方法。接上势（捋的用法），乙方抓住甲方左腕按其肘关节向后捋按；当甲方被牵拉有前倾感时，必向后抽拉左臂并后坐重心，这时乙方右前臂迅速横贴至甲方左大臂上，左手松开甲左手腕，贴于右臂内侧，借甲向后之力，用力将甲挤出，使其失去重心后倒。

（4）按的用法。"按"为反击方法。甲方左脚向前上步，用两掌向乙方胸部推击。乙方两手由上向下按甲双臂，化解甲前冲之力，然后右脚向甲左脚外侧上步，重心前移，两手用力向前将甲推出。

### 三、左单鞭

（1）勾手上步：上体微左转，左脚向左前方上一步，脚跟着地；右掌变勾手，左掌向左划弧至面前，目视左掌（图5-17）。

（2）弓步推掌：上体继续左转；重心前移成左弓步；左前臂内旋，左掌翻转向前推出，掌心向前，腕高与肩平。左勾手伸于侧后方（西南），腕高与肩平，勾尖朝下，目视左掌（图5-18）。

图5-17　　　　　　　　图5-18

动作要点：（1）上步时身体向左转，向左前方（东偏南约30度）上步。（2）推掌时上体继续左转，与弓步同时完成，左肘与右膝上下相对。（3）弓步时，后腿蹬转伸直。

（4）定势时两臂伸张，沉肩坠肘，不可松软，也不可挺直。两腕与肩同高。

易犯错误：（1）上步时上体未转动，形成横开步。（2）弓步前脚方向与推掌方向不符，或后脚未蹬转，形成侧推掌。（3）两臂伸展过直过宽，挺胸耸肩。（4）勾手过高或过低。（5）目光与左掌运转不合。

攻防含义：对方左直拳打头，我右手外接其手腕后引，同时左手推其下巴。

四、提手

（1）转体摆掌：重心后坐，上体右转，左脚尖内扣，左掌向平摆划弧，目视左手（图5-19）。

（2）后坐带掌：重心左移，上体微左转；右勾手变掌，左掌屈肘向左平带（图5-20）。

（3）虚步合掌：上体微右转，右脚提起稍向前活步移动，脚跟落地，脚尖上翘，成右虚步；右掌成侧，立掌举于体前，指尖高与眉齐；左臂屈落，左手也成侧立掌合于右肘内侧，目视右掌（图5-21）。

图5-19　　　　　　　　　图5-20　　　　　　　　　图5-21

动作要点：（1）两掌向卜向左划弧时要边走边分，然后翻转相抱。（2）右脚活步距离不可过大，与抱手同时完成。（3）坐腿分手与转腰相合。（4）腰回转向前与亮掌、虚步同时完成。（5）左脚成虚步时应先以脚前掌为轴扭直，再活步内收点地。（6）定式时两掌上提下按，圆满伸展。

易犯错误：（1）右脚活步过远，上体前俯。（2）定式时两臂过于弯曲，不成弧形；或两臂过于挺直。（3）虚步时挺胸突臀，上体前俯；或挺髋展腹，上体后仰。

攻防含义：此动作为防守反击方法。甲方左脚向前上步，用左拳向乙方胸部冲击。乙方用右手抓甲左手腕并向下按压，同时右脚向前上步，然后左脚向前上步，左手臂从甲左臂下前伸，上挑其肘关节处，使甲肘部受制。

**五、白鹤亮翅**

（1）上体左转，右脚稍后撤，脚尖内扣；两手向左下方划弧，再翻转抱于左胸前，左手在上，两臂微屈成弧形，目视左手（图5-22）。

（2）重心右移，上体右转；两手边合边举至右肩前，目视右手（图5-23）。

（3）上体微左转，左脚稍向内收，脚尖点地成左虚步；两手右上左下划弧分开，右掌提至右额前，掌心向内，左掌按于左胯旁，掌心向下，两臂保持弧形，目平视前方（图5-24）。

图5-22　　　　　　　　　　图5-23　　　　　　　　　　图5-24

**动作要点：**（1）左掌向右平摆和向左屈带时，要与转腰、坐腿的领引带动相配合。（2）提手合掌要与转腰、右脚提落相合。（3）定势时上体伸展，顶头、沉肩、落胯。两臂半屈撑满，两肘内合，指尖上翘。提手方向斜向右前方（西南）约45度。

**易犯错误：**（1）虚步时挺胸突臀，上体前俯；或挺胯挺腹，上体后仰。（2）两臂松软或紧张，弯曲过大。（3）虚步时前膝挺直；后膝过于内扣或外展，与后脚方向不合。（4）身体转动与重心移动不合，造成上体扭摆。（5）手、脚、腰配合不协调，不同时到位。

**攻防含义：**此动作为防守方法。甲方右脚向前上步，用右拳向乙方腹部冲击。乙方右脚向后退步，用左手臂向外格挡甲右臂，使其前冲之力失效；甲方见右拳进攻失效，速用左拳向乙方面部冲击，乙方迅速用右臂向右上挑架开甲方左拳，使其进攻再次失效。

**六、搂膝拗步**

（1）上体微左转；右手随之向左划弧自头前下落，目视右手（图5-25）。

（2）上体右转，随之右手向下、向右、向上划弧至右前方，高与头平；手心斜向上；左手向上、向右、向下划弧至右肋旁，手心向下；左脚收至右脚内侧，目视右手（图5-26）。

（3）上体左转，左脚向前上步，脚跟轻轻落地；右臂屈肘，右手收至耳旁，掌心斜向前；左手向下划弧至腹前，目视前方（图5-27）。

图5-25　　　　　　　　　图5-26　　　　　　　　　图5-27

（4）重心前移，成左弓步；右手成立掌向前推出，指尖高与鼻平；左手由左膝前搂过，按于左胯旁，目视右掌（图5-28）。

（5）重心稍后移，左脚尖外撇，上体左转；右手随之向左划弧；目随右手（图5-29）。

（6）左手向左、向上划弧，举至身体左前方，高与头平，手心斜向上，右手摆至左肋旁，手心向下；右脚收至左脚内侧，目视左手（图5-30）。

图5-28　　　　　　　　　图5-29　　　　　　　　　图5-30

（7）上体右转，右脚向前上步，脚跟轻轻落地；左臂屈肘，左手收至耳旁，手心斜向前，右手向右、向下划弧至腹前，目视前方（图5-31）。

（8）重心前移，成右弓步；左手成立掌向前推出，指尖高与鼻平，右手由右膝前搂过，按于右胯旁，目视左掌（图5-32）。

图5-31

图5-32

动作要点：（1）两掌向下、向左划弧时要边走边分，然后翻转相抱。（2）右脚活步距离不可过大，与抱手同时完成。（3）坐腿分手与转腰相合。（4）腰回转向前与亮掌、虚步同时完成。（5）左脚成虚步时应先以脚前掌为轴扭直，再活步内收点地。（6）定势时两掌上提下按，圆满伸展。

易犯错误：（1）右脚活步过远，上体前俯。（2）定势时两臂过于弯曲，不成弧形；或两臂过于挺直。（3）虚步时挺胸突臀，上体前俯；或挺胸展腹，上体后仰。

攻防含义：以右搂膝拗步为例，右手动作为防守方法，左手动作为反击方法。甲方用左脚向乙方裆部或腹部蹬踢。乙方右手迅速向外格挡甲的左脚，使其进攻失效；然后乙方右脚向前上步，用左掌向甲方胸部或面部推击，使其后倒失去重心。

### 七、撇身捶

（1）重心稍后移，右脚尖外撇，上体右转；左手向左前伸展，手心向下，右前臂外旋，右手向右后方划弧分开，目视左手（图5-33）。

（2）左脚收于右脚内侧；左手握拳，下落于小腹前，拳心向内，拳眼向右，右手向上，向体前划弧，附于左前臂内侧，手心向下，目视左前方（图5-34）。

（3）上体微左转，左脚向左前方上一步，脚跟着地；左拳上举至面前（图5-35）。

（4）重心前移，成左弓步；左拳翻转向前撇打，拳心斜向上，高与头平，右手仍附于左腕前内侧，目视左拳（图5-36）。

图5-33

图5-34

图5-35

图5-36

动作要点：（1）转体分手与重心后移、脚尖外撇协调一致，右手后分时前臂外旋，掌心转向上。（2）左掌握拳应边落边握，至腹前握拳完成，拳心向内。（3）举拳时顶头、抬臂、沉肩。（4）弓步与撇拳方向一致，为右前方（东北）45度，拳与头同高。

易犯错误：（1）动作不协调，脱节，上下不相随。（2）动作重心起伏，俯身突臀，双臂、双腿挺直。

攻防含义：以右撇身捶为例，左手动作为防守方法，右手动作为反击方法。甲方左脚向前上步，用左手从乙方身后抓按乙右肩。乙方迅速用左手压住甲左手，向右后转身，右脚向甲方左脚内侧上步然后重心前移，右手握拳抡起向甲方面部撇打。

## 八、捋挤势

（1）重心稍后移，左脚尖内扣，上体右转；左拳变掌，右掌向右划一平弧，随即收于左前臂内侧（图5-37）。

（2）重心前移，上体继续右转；右掌由左向右前方划弧平抹，掌心斜向下，左掌落于右肘内侧下方，掌心斜向上，目视右掌（图5-38）。

（3）两掌自前同时向下、向后捋，左掌捋至左胯旁，右掌捋至腹前；右脚收至左脚内侧，目视右前方（图5-39）。

图5-37　　　　　　　　　图5-38　　　　　　　　　图5-39

（4）右脚向右前方上步，脚跟着地；同时左前臂内旋，右前臂外旋，两手翻转屈臂上举，收于胸前，手心相对；目视前方（图5-40）。

（5）重心前移，成右弓步；两臂同时向前挤出，两臂撑圆，左掌指贴于右腕内侧，掌心向外，指尖斜向上，右掌心向内，指尖向左，高与肩平；目视右掌（图5-41）。

（6）重心后移，右脚尖内扣，上体左转；右掌翻转向上，左掌划一小弧从右前臂上穿出（图5-42）。

图5-40　　　　　　　　　　图5-41　　　　　　　　　　图5-42

（7）重心前移，上体继续左转；左掌自右向左方划弧平抹，掌心斜向下，右掌收于左肘内侧下方，掌心斜向上，目视左掌（图5-43）。

（8）两掌自前同时向下、向后捋，右掌捋至右胯旁，左掌捋至腹前；左脚收至右脚内侧，目视左前方（图5-44）。

（9）左脚向左前方上一步，脚跟着地；同时右前臂内旋，左前臂外旋，两手翻转屈臂上举收于胸前，手心相对，目视前方（图5-45）。

（10）重心前移，成左弓步；两臂同时向前挤出，两臂撑圆，右掌指贴于左腕内侧，掌心向外，指尖斜向上，左掌心向内，指尖向右，高与肩平，目视左掌（图5-46）。

图5-43　　　　　　图5-44　　　　　　图5-45　　　　　　图5-46

动作要点：（1）转体扣脚幅度不要超过45度，后移重心也不宜过大。后手向后收引时划一小弧。（2）抹掌时后手自前臂上方穿出，随即弧形平摆至侧前方。同时弓腿转

腰，协调一致。（3）收手、穿掌、抹掌应连贯灵活，腰、腿、手相互配合，同时完成。（4）将手收脚应配合腰的旋转。（5）搭手时两臂要旋转，大臂要上举，前臂屈横于胸前，两肘撑开，掌心相对。上步时注意与转腰相配合，边转腰边出脚，脚跟落地与转体搭手同时完成。（6）弓步前挤，方向为斜前方（东南／东北）45度。两臂要撑圆。

易犯错误：（1）划弧时手动腰不动。（2）弓步时两足别扭。（3）将的过程两手变形。（4）手脚脱节，有的腿已坐实，两手还在移动；有的两手已动，但腿未动。（5）将时身体不转动。（6）抬肘。（7）挤时两手过高过低。

攻防含义：以左将右挤式为例，将的动作为防守反击方法，挤的动作为反击方法。甲方左脚向前上步，用左拳向乙方腹部冲击，乙方迅速左转身，左脚向后退步闪开甲左拳。同时左手抓握甲左手腕，右手粘贴甲左肘关节处，然后再重心后坐，上体左转，左手外旋向左后将拉甲臂，右手用力将按甲左肘关节处，使甲左关节受力。

**九、进步搬拦捶**

（1）重心后移，左脚尖外撇，上体左转；左掌向下划弧，掌心向上，右掌向右前方伸展，掌心斜向下，头部随上体转动（图5-47）。

（2）重心前移，右脚收于左脚内侧；左掌向左划弧，再向上卷收于体前，掌心向下，右掌变拳向下划弧收于腹前，拳心向下，目向前平视（图5-48）。

（3）右脚向前上步，脚跟着地，脚尖外撇；右拳随之经左臂内侧向前翻转搬出，拳心向上，高与胸平，左掌顺势按至左胯旁，目视右拳（图5-49）。

图5-47

图5-48

图5-49

（4）重心前移，上体右转；右前臂内旋，右拳向右划弧至体侧，左前臂外旋，左掌向左、向前划弧至体前，目视左掌（图5-50）。

（5）左脚经右脚内侧向前上一步，脚跟落地；右拳收于右腰间，拳心向上，左掌翻转向下，拦于体前 （图 5-51）。

（6）重心前移，成左弓步；右拳向前打出，拳眼转向上，高与胸齐，左掌收于右前臂内侧，目视右拳（图 5-52）。

| 图 5-50 | 图 5-51 | 图 5-52 |

**动作要点：**（1）分手时两掌立圆对称划弧，动作要舒展圆活。（2）握拳时右掌边落边握拳，拳心向下。（3）搬拳高与胸齐。右脚上步时脚尖外撇，脚跟轻着地，膝关节微屈，上体侧向前方。（4）右拳屈收时上体右转，前臂内旋，拳心转向下，经体右侧划弧，再外旋收到腰间，拳心转向上。（5）拦掌时左臂外旋，左掌经左侧向前划弧，至体前内旋，掌心转向侧下方。左脚上步与拦掌应同时到位。（6）打拳后右肩略偏前，沉肩沉肘，顶头含胸，上体伸展。（7）弓步宽度适当，约 20 厘米。

**易犯错误：**（1）搬拳时上体转动过大，身体正对前方。（2）搬拳上步时上体前俯，右膝挺直。（3）收脚收拳时两臂抡摆过大，动作僵硬。（4）拦掌上步时腿快手慢，上下不合。（5）弓步时两脚踩在一条线上，步幅太窄，身体紧张。（6）打拳时顺肩过大或不足。

**攻防含义：**搬、拦两个动作为防守方法，捶的动作为进攻方法。甲方左脚向前上步，用左拳冲击乙方胸部。乙方迅速用右拳由左向右下压甲方左前臂，右脚向前上步，脚尖外摆；甲方见左拳进攻失效，速用右拳再次向乙方胸部冲击；乙方速用左前臂由左向右拦格甲右臂，再向左下按压甲右臂，同时左脚向前上步，重心前移，用右拳向甲方胸、腹部冲击，使甲方失去重心后倒或胸骨受损。

**十、如封似闭**

（1）左掌从右前臂下穿出，掌心向上，右拳随之变掌，掌心也转向上（图 5-53）。

（2）上体后坐，重心后移，左脚尖上翘；两掌分开并屈臂内旋，收至胸前，与肩同宽，掌心斜相对（图 5-54）。

（3）两掌翻转向下，落至腹前，目视前方（图5-55）。

（4）重心前移，右脚收至左脚侧后方，脚尖点地，与左脚相距约10厘米，成右丁步；两掌向前按出，与肩同宽，掌心向前，腕高与肩平，目视两掌（图5-56）。

图5-53

图5-54

图5-55

图5-56

动作要点：（1）穿掌后两掌交叉，掌心转向上。（2）两掌向后引收时，两臂边屈边内旋，两手翻转分开，经胸前收至腹前。（3）重心后移要充分，屈腿落胯，膝、髋关节松活；上体保持中正自然。（4）按掌时重心前移，随之收右脚。右脚前掌落于左脚侧后方，长、宽约20厘米，脚尖斜向前方，成右丁步。（5）定势时上体中正，两臂要伸张舒展。

易犯错误：（1）坐腿时上体前俯、紧张，或重心升高，上体后仰。（2）两手向后引收时，手向上扬卷，两肘只屈不收。（3）丁步时两腿虚实不清。（4）丁步按掌时手快脚慢，不同步到位。

攻防含义：此动作为防守反击方法。甲方左脚向前上步，用左掌向乙方胸部推击。乙方右脚向后退步，左手上挑，粘贴甲左臂，右手迅速按压甲左手腕上将其左手锁住，然后左右手依次粘贴甲左臂外侧，重心前移，后腿蹬直用力将甲向后推出。

# 第二节　四十二式太极拳第二段

## 一、开合手

（1）右脚掌、左脚跟为轴，依次向右碾，两脚踏实；两掌翻转掌心相对，指尖向上，屈收至胸前，两掌左右分开，与肩同宽，目视前方（图5-57）。

（2）重心移向左腿，右脚跟提起；同时，两掌相合，与头同宽，掌心相对，目视两掌中间（图5-58）。

图5-57

图5-58

动作要点：（1）转身时，右脚跟内转落实，然后左脚尖内转90度，上体右转，两脚平行成并步。（2）开手时两手先屈收胸前，立掌相对，与头同宽，然后左右分开。整个过程与转体同时完成。（3）合手时沉腕舒掌，掌心保持相对；胸部微缩，同时呼气。（4）合手时重心偏于左腿，右脚跟提起，成右丁步。

易犯错误：（1）身体转动中，上体摇摆，步法生硬、断劲，重心移动过大。（2）开手、合手时发生指腕松软、扬肘耸肩、挺胸翻掌等现象。

攻防含义：（1）开手：此势具有解脱反击作用。例：甲方至乙方身后用双臂合抱乙方。乙方两臂迅速屈肘向外撑开甲双臂，使甲搂抱失败。（2）合手：甲方左脚向前上步，用双拳或双掌向乙方耳部横击。乙方左脚迅速向后退步，闪开甲双拳，然后用双手由外向内合甲双手，使其进攻失效。

### 二、右单鞭

（1）身体稍右转，右脚向右横开一步，脚跟着地；两臂内旋，两掌虎口相对，掌心向外，目视左掌（图5-59）。

（2）重心右移，成右侧弓步（横裆步）；两掌向左右分开，平举于身体两侧，掌心转向外，掌指向上，目视左掌（图5-60）。

图5-59

图5-60

动作要点：（1）开步翻掌时，向右转体约30度，两臂微伸，掌心转向前。（2）开步要轻灵，脚跟先着地，出脚方向为西偏北30度。（3）分掌时两臂由屈而伸，两掌外撑，掌心转向外。（4）侧弓步时上体端正，右脚尖稍外展，右腿屈弓，左腿伸直，右膝与右脚上下相对。

易犯错误：（1）侧弓步时右腿屈弓过于内扣或外展，上体扭转，膝与脚尖方向不符。（2）侧弓步左腿过屈，两腿虚实不清。（3）开步时脚前掌先着地，或脚跟擦地而出。（4）分掌时两臂前推平摆分开；或两臂一高一低，一直一屈。（5）上体前俯或侧倾。

攻防含义：同左单鞭。

三、肘底捶

（1）重心左移，右脚尖内扣，上体稍左转；右前臂外旋，掌心转向上，右掌向内掩裹划弧至右肩前，左掌向左、向下划弧，目视右掌（图5-61）。

（2）重心右移，上体右转，左脚收至右脚内侧；右掌翻转屈收至右胸前，掌心向下，左前臂外旋，左掌心转向上，经腹前向右划弧，与右掌上下相对，两臂相抱如"抱球"状（图5-62）。

（3）上体左转，左脚向左前方摆脚上步，脚跟着地，脚尖外撇；左掌经右前臂下向上、向左划弧，掌心向内，高与头齐，右掌经左胸前划弧下落至右胯旁，目视左掌（图5-63）。

图5-61　　　　　　　图5-62　　　　　　　图5-63

（4）上体继续左转，重心前移，右脚前跟半步，脚前掌落在左脚后面；左臂内旋，掌心转向外，左掌向左、向下划弧至体左侧，右臂外旋，右掌向右、向前划弧至体前，高与头齐，掌心斜向上，目视前方（图5-64）。

（5）重心移至右腿，右脚踏实，左脚向前进步，脚跟着地，脚尖上翘，成左虚步；左掌收经左腰际成侧立掌，再经右腕上向前劈出，指尖高与眉齐，右掌握拳，拳眼向上，收至左肘内侧下方，目视左掌（图5-65）。

动作要点：（1）整个动作要连贯，以腰部旋转带动两掌。（2）跟步时上体左转；上步时上体向右转。（3）劈掌时左掌外旋收至腰间，掌心向上，再

图5-64　　　　　　　图5-65

内旋成侧立掌前劈，力点在掌沿。同时，腰部要轻轻旋转配合。

易犯错误：（1）摆脚上步方向不对，做成绕弧向南上步。（2）跟步做成向后撤步。（3）劈掌做成横摆掌。（4）腰的旋转与手法配合不协调。（5）定势过于松软或紧张。（6）虚步时挺膝、挺胸、俯身、突臀。

攻防含义：左掌随摆步向体前掤架对方；右掌随跟步向前擒握对方；最后左掌穿伸向前劈打对方。

### 四、转身推掌

（1）左脚撤至右脚后，脚前掌着地；右拳变掌上举，腕高与肩平，掌心向上，左掌翻转下落至右胸前，掌心向下，目视右掌（图5-66）。

（2）以右脚跟、左脚掌为轴，向左转身约90度，转身后重心仍在右腿；转动中，右掌稍卷收，左掌稍下落，目视前方（图5-67）。

（3）左脚向前偏左上步，脚跟落地；右掌屈收至右耳侧，掌心斜向前下方，左掌向左划弧，目视前方（图5-68）。

（4）重心前移，转腰顺肩，右脚收至左脚内侧后方，脚前掌着地，成右丁步；右掌顺势向前推出，掌心向前，指尖与鼻尖相对，左掌经左膝上搂过，按于左胯旁，目视右掌（图5-69）。

图5-66　　　　　　图5-67　　　　　　图5-68　　　　　　图5-69

（5）以左脚跟、右脚掌为轴，向右后转身，转身后重心仍在左腿；左臂外旋向左前方上举，掌心向上，高与头平，右掌下落至左胸前，掌心向下，目视左掌（图5-70）。

（6）右脚向前偏右上步，脚跟落地；左掌卷收至左耳侧，掌心斜向前下，右掌下落至腹前，目视前方（图5-71）。

（7）重心前移，转腰顺肩，左脚收至右脚内侧后方，成左丁步；左掌顺势向前推出，掌心向前，指尖与鼻尖相对，右掌经右膝上搂过，按于右胯旁，目视左掌（图5-72）。

图 5-70　　　　　　　　　图 5-71　　　　　　　　　图 5-72

动作要点：（1）本势取自孙氏太极拳倒卷肱。转身上步方向应为侧前方（西北/西南），行进路线成 W 形。（2）碾脚转身时前脚以脚跟为轴，后脚以前脚掌为轴，依次转动。重心在两脚间可适度移动，但不能引起身体晃动。（3）收掌时屈臂卷肱，不要屈腕卷掌。（4）推掌方向向前，分别为正北、正南；下手搂膝停于胯旁，不要过高过远。（5）转身、上步要轻灵连贯。（6）收脚跟步与推掌同时完成。丁步后脚收至支撑脚侧后方约 20 厘米。

易犯错误：（1）转身上步时突然加速。（2）碾步时重心移动过大，动作摇晃停顿。（3）丁步时两脚过近，影响碾脚转动。（4）上步向正前方，行进不成 W 形，做成原地转动。（5）推掌时只弓腿不及时收脚，做成弓步推掌。

攻防含义：甲方用手或右脚向乙方左肋或腰部击来，乙方则向左转身以左手由右向左搂开甲方手臂（或脚），上左步，以右掌击甲方胸部。

五、玉女穿梭

（1）上体右转，左脚向左撤半步；左臂外旋，左掌向右划弧至右胸前，掌心转向上，右掌经左前臂上方向前伸探至体前，掌心斜向下，腕高与肩平，目视右掌（图 5-73）。

（2）上体左转，重心移至左腿，右脚收至左脚内侧，脚尖点地，两掌同时自前向下、向后捋，左掌捋至左胯旁，右掌捋至腹前，目随两手（图 5-74）。

（3）右脚向右前方上步，脚跟着地；两前臂旋转，两掌上举合于胸前，右掌心向内，指尖向左，左掌心向外，掌指附于右腕内侧，目视右掌（图 5-75）。

（4）重心前移，上体右转，左脚随之跟至右脚内侧后方，脚前掌着地；右掌自左向前划平弧，掌心转向上，右掌随之转动，目随右掌（图 5-76）。

图 5-73　　　　　　　　图 5-74　　　　　　　　图 5-75　　　　　　　　图 5-76

（5）重心后移，左脚落实，上体左转，右脚再向右前方上一步，脚跟着地；右掌屈肘内旋向右、向后划平弧，而后右掌翘腕至右肩前上方，掌心斜向上；左掌随之划弧后收于左腰际，目视前方（图 5-77）。

（6）重心前移，成右弓步，上体右转；右掌上架于右额前上方，掌心斜向上，左掌前按至体前，掌心向前，指尖与鼻尖相对，目视左掌（图 5-78）。

（7）重心后移，右脚内扣抬起，上体左转；右前臂外旋，右掌翻转下落于体前，掌心向上，右腕高与肩平，左掌向右划弧后收至右肘内侧，掌心向下，目视右掌（图 5-79）。

（8）重心前移，右脚落实，上体继续左转；左掌从右前臂上穿出，并自右向左划弧抹掌，右掌收于左肘内侧下方，两掌心上下斜相对，目视左掌（图 5-80）。

（9）上体右转，左脚收至右脚内侧；两掌自前同时向下、向后将，右掌将至右胯旁，左掌将至腹前，目随两掌（图 5-81）。

（10）重心后移，上体右转，左脚再向左前方上一步；左掌屈肘内旋向左、向后划平弧，而后左掌翘腕至左肩前上方，掌心斜向上；右掌随之划弧后收于右腰际，目视前方（图 5-82）。

（11）重心前移，成左弓步，上体左转；左掌上架于左额前上方，掌心斜向上，右掌前按至体前，掌心向前，指尖与鼻尖相对，目视右掌（图 5-83）。

图 5-77　　　　　　　　图 5-78　　　　　　　　图 5-79　　　　　　　　图 5-80

图 5-81                    图 5-82                    图 5-83

动作要点：（1）本势动作要连贯圆活，行进方向为之字形。（2）转体撤步探掌时，左脚向左（东）撤步，脚前掌内侧先着地。（3）上步搭手时，上步方向为斜前方（西北／西南），搭手时两手合于左（右）胸前。（4）平云手自左（右）肩前开始向前划平圆，收至右（左）肩前，两掌随转腰云摆，两臂要有伸屈，肩、肘、腕要松活。（5）上步收掌时两手分开，一掌屈收至腰间，另一掌屈臂内旋上举，与头同高，掌心转向前上方。（6）弓步与推掌方向皆为斜前方（西北／西南）45度。拗弓步宽度约30厘米。

易犯错误：（1）转体向左侧开步做成向左前（东南）上步。（2）定势时弓步太窄、上体歪扭。（3）推掌与弓步方向不合。（4）平云手时上体前俯后仰；或耸肩扬肘。

攻防含义：以左玉女穿梭为例，上架臂动作为防守方法，前推掌动作为进攻、反击方法。甲方右脚向前上步，用左掌或左拳向乙方头部劈击。乙方右手臂迅速上架，挡住甲来掌；右脚向前上步，重心前移，后腿蹬直，同时左掌向甲方胸部推击，使其失去重心后倒或内脏受伤。

六、右左蹬脚

（1）重心后移，左脚尖内扣，上体右转；左臂外旋，左掌翻转落于体前，掌心向上，腕高与肩平，右掌向左划弧后收全左肘内侧，掌心向下，目视左掌（图5-84）。

（2）重心前移，上体左转；右掌从左前臂上方穿出，向上、向右划弧展开，左掌向下、向左划弧至腰侧，头随上体转动。

（3）上体右转，右脚收至左脚内侧；右掌向下向左、向上划弧，左掌向左、向上、向右划弧至胸前两腕交叠，两掌交叉合抱，右掌在外，掌心均向内，目视右前方。

（4）左腿微屈站稳，右腿屈膝提起，右脚向右前方（约30度）慢慢蹬出，脚尖上勾，脚跟高过腰部；两掌分别向右前方和左方划弧分开，掌心向外，腕与肩平，两臂伸展，肘微屈，右臂与右腿上下相对，目视右掌（图5-85）。

图5-84

图5-85

（5）右腿屈收，右脚向右前方落下，脚跟着地；右前臂外旋，右掌心转向上，稍向内收，左掌下落，经腰间向前、向上划弧伸至右肘内侧，掌心向下，目视右掌。

（6）重心前移，右脚落实，上体右转；左掌从右前臂上方穿出向上、向左划弧展开，右掌向下、向右划弧至腰侧，头随上体转动（图5-86）。

（7）上体左转，左脚收至右脚内侧；左掌向下、向右、向上划弧，右掌向右、向上、向左划弧至胸前两腕交叠，两掌交叉合抱，左掌在外，掌心均向内，目视左前方。

（8）右腿微屈站稳，左腿屈膝提起，左脚向左前方（约30度）慢慢蹬出，脚尖上勾，脚跟高过腰部；两掌分别向左前方和右方划弧分开，掌心向外，腕高与肩平，两臂伸展，肘微屈，左臂与左腿上下相对，目视左掌（图5-87）。

图 5-86                                                             图 5-87

动作要点：（1）本势分掌有两种：弓腿分掌时两掌交错同向划圆；蹬脚分掌时两掌对称反向划圆。两种分掌皆要舒展圆活，与转腰旋臂相结合；举手高度不过头。（2）抱掌时两臂圆满外撑。（3）蹬脚时上体保持端正，沉肩含胸，两臂舒展，掌心皆向外，指尖向上。前掌分掌方向与蹬脚方向相同，约为斜前方30度到45度。（4）右蹬脚后落脚上步方向与蹬脚方向相同，两脚保持适当（约20厘米）宽度。

易犯错误：（1）蹬脚分掌时出现低头弯腰；上体后仰；两腿弯曲；前臂与蹬脚方向不符；两掌高度不等；臂过屈过直；两臂挺胸分展大开等现象。（2）蹬脚高度不足，重心不稳。

攻防含义：分掌动作为防守方法，蹬脚动作为进攻方法。甲方右脚向前上步，用左拳向乙方右耳侧横击。乙方右手臂迅速向外推挡甲来拳，然后抬起右脚向甲方胸部蹬踢，使其失去重心后仰或倒地。

### 七、掩手肱捶

（1）左小腿屈收，左脚落于右脚内侧，两臂外旋，两掌掩合于头前，与头同宽，掌心向内，目视两掌（图5-88）。

（2）左脚尖上翘，脚跟擦地向左开步，上体稍右转；两臂内旋，两掌翻转下落，上下交叉相叠于小腹右侧，左掌压于右掌背上，掌心均向下，目视两掌（图5-89）。

（3）上体转正，重心移于两腿之间；两掌向两侧分开，高与肩平，前臂内旋，掌心转向外，目视前方。（图5-90）。

图5-88　　　　　　　　　　图5-89　　　　　　　　　　　　　图5-90

（4）重心右移，上体微右转，两臂外旋，肘内合，左掌摆至体前，掌心向上，高与肩平，右掌变拳，屈臂合于胸前，拳心向下，目视左掌（图5-91）。

（5）重心左移，上体左转，转腰顺肩，成左弓步；右拳旋转向前方冲打，拳心转向下，左掌后收，掌心贴于左腹部，指尖向右，目视右拳（图5-92）。

图5-91　　　　　　　　　　　　　　　　　图5-92

动作要点：（1）收脚掩手时左脚不落地，两手合于头前，封闭遮掩。（2）擦步时左脚跟内侧贴地侧伸，方向西南，上体稍右转，重心稍降。（3）转体分手时，重心左移

成偏马步，上体舒松，重心稍升，两臂内旋向两侧平举。（4）合肘握拳时掩手蓄力。重心右移成偏马步，上体右转，缩胸弓背，合肘翻掌，两臂外旋拧劲。左臂伸于体前，左掌拢指突掌，虎口张开；右臂屈肘紧肋，右手握拳向外翻拧，合于左肘内侧，蓄力待发。

易犯错误：（1）发劲时僵硬紧张，没有爆发力和弹性。（2）发力限于右臂，与腰、腿、躯干脱节。（3）合肘掩手过于放松，拧裹蓄力不足。（4）冲拳走弧线，形成撩拳。（5）冲拳前，右拳再次后收蓄力，形成断劲。

攻防含义：此势是代表陈氏太极拳风格特点的进攻发力动作。甲方左脚向前上步，用右拳向乙方胸部冲击。乙方左手迅速向右格托甲右臂，左脚向前上步，身体右转，右手握拳抱于胸前，重心前移，右拳向甲方胸腹部冲击。

**八、野马分鬃**

（1）上体左转，右拳变掌向下划弧至腹前，掌心向下，左掌以拇指为轴，四指顺时针向下转动（图5-93）。

（2）重心右移，上体右转，右臂内旋，右掌翻转向外，并向上、向右划弧，屈臂置于右肩前，拇指向下，四指尖向左，左臂外旋，掌心转向内，掌指背贴于右前臂内侧，随之划弧，两臂撑圆，目视右掌（图5-94）。

（3）重心左移，上体左转；右臂外旋，左臂内旋，两掌成横掌，掌心向左前方，指尖向外，横捋于腹前，腰腹弹性发力，目视两掌（图5-95）。

（4）重心右移，腰向右回转；两掌自右向左划弧，成俯掌，左前右后，置于腹前，指尖皆向前，目视右掌（图5-96）。

（5）重心后移，左腿屈膝提起；左臂外旋，左掌向左、向下、向右、向前上划弧翻转，掌心向上托于左膝上方，右掌向下，向右上划弧横于体右侧，掌心向外，目视前方（图5-97）。

（6）左脚向前上步，重心前移，成左弓步；左掌前穿靠，掌心向上，指尖向前，右腕高与肩平，右掌撑至身体右方，掌心向外，指尖斜向上，腕高与肩平，目视左掌（图5-98）。

（7）重心后移，左脚尖外撇，上体左转，左臂内旋，左掌心翻转向外，并稍屈臂外撑，右臂亦外旋，右掌稍下落内收，目视左掌（图5-99）。

（8）重心前移，上体左转，右腿屈膝向前提收；右掌向下划弧，经体侧前举，托于右膝上方，掌心向上，左掌左摆横于体侧，掌心向外指尖斜向上，目视右掌（图5-100）。

（9）右脚向前上步，重心前移，成右弓步；右掌向前穿靠，掌心向上，指尖向前，腕高与头平，左掌撑至身体左方，掌心向外，指尖斜向上，腕高与肩平，目视右掌（图5-101）。

图 5-93

图 5-94

图 5-95

图 5-96

图 5-97

图 5-98

图 5-99　　　　　　　　　图 5-100　　　　　　　　　图 5-101

　　**动作要点：** （1）本势应充分展现陈氏太极拳缠绕折叠的特点。冲拳后转体缠手，上体稍放松，右腕及腰相应向右转一小弧，然后上体左转，右拳变掌拢指翘腕，虎口张开，前臂外旋，向下划弧。左手贴腹，向下屈腕转指。同时腰肌、腹肌左侧提，右侧下降，腰、腹、臂皆处于扭转缠绕状态。（2）撑臂缠手时，左臂外旋，掌背贴住右腕，小指向上拧劲；右臂翻转内旋，屈臂外撑，右掌翘腕横于右肩前，拇指根用力向下拧转，四指并拢伸直。同时右脚跟内转，向右拧腰，沉肩、含胸、吸气。（3）横掌时上体左转，两掌同时拧转，向下、向左划弧横于腹前，左前臂和右上臂贴近上体，腰肌、腹肌向右扭转发力制动，随之重心稍下降，伴以短促呼气，周身动作一瞬间缠紧停顿。（4）横掌以后，腰、腹、臂放松，身体弹性缓解，上体折叠回旋，再继续向左转腰摆掌，这种由劲力紧松造成的弹性往复和动作断续称为折叠。（5）提脚时脚尖勿翘、勿拖，脚收于支撑腿腓骨前，支撑腿半屈。（6）上步时前臂稍向后收引。（7）穿靠时前臂外旋前伸，四指并拢向前，拇指外张；后臂内旋平举于体侧，翘腕横掌外撑，掌心向外。

　　**易犯错误：** （1）缠手时两臂松懈无力，腰腹肌不配合。（2）横掌时双手向下拍打。（3）横掌时限于两臂发力，与腰、腿脱节。（4）两脚外侧拔根离地或任意扭动。（5）折叠时身体不放松，两臂往复摆动过大。（6）提脚做成独立步。（7）穿靠时上体转动过大，步型做成侧弓步。

　　**攻防含义：** 此势是代表陈氏太极拳风格特点的动作。以左式动作为例，左手动作为防守方法，右手动作为反击方法。甲方左脚向前上步，用左拳向乙方胸部冲击。乙方迅速左转身，用左手刁抓甲方左手腕，然后右脚向甲方左腿外侧上步，重心前移，右手从甲方腋下向胸前穿掌。

# 第三节 四十二式太极拳第三段

## 一、云手

（1）重心左移，右脚尖内扣，上体左转；右前臂内旋，右掌翘腕右旋，向左摆至右肩前，左掌微向左撑，掌心向左，目视右掌（图5-102）。

（2）重心右移，上体右转，左脚跟随之碾动；右掌翻转向外，横掌右摆至身体右侧，左掌自左向下，经腹前向右划弧，掌心随之翻转向上，目随右掌（图5-103）。

图5-102

图5-103

（3）重心左移，上体左转；左掌掌心向内；自右向上、向左，经面前划弧云转，指尖与眉同高，右掌向下经腹前，向左划弧云转，掌心由外转向内，目随左掌（图5-104）。

（4）上体继续左转，右脚收于左脚内侧落地，两脚平行向前，相距10～20厘米；两掌云至身体左侧逐渐翻转，左掌心转向外，右掌云至左肘内侧，掌心转向内，目视左掌（图5-105）。

（5）重心右移，上体右转；右掌自左经面前向右划弧云转，指尖高与眉齐，左掌向下经腹前向右划弧云转，目视右掌（图5-106）。

（6）上体继续右转，左脚向左侧开步，脚尖仍向前；两掌云至身体右侧，渐翻转，右掌心转向外，左掌云至右肘内侧，掌心转向内，目视右掌（图5-107）。

（7）重心左移，上体左转；左掌经面前向左划弧云转，右掌向下经腹前划弧向左云转，目随左掌（图5-108）。

（8）上体继续左转，右脚收于左脚内侧落地，两脚平行向前，相距10～20厘米；

两掌云至身体左逐渐翻转，左掌心转向外，右掌云至左肘内侧，掌心转向内，目视左掌（图5-109）。

（9）上述动作再重复一次，唯最后收并右脚时，脚尖内扣约45度落地。

图 5-104　　　　　　图 5-105　　　　　　图 5-106

图 5-107　　　　　　图 5-108　　　　　　图 5-109

动作要点：（1）左摆掌时以腰带臂，摆掌幅度约45度。（2）转体翻掌时右掌沉腕绕转划一小弧，前臂内旋，右掌翻转向外，横掌右摆，至体侧时再沉腕转成立掌。同时左脚脚跟稍内转，脚尖向南。（3）云手时以腰带臂，腰领手追。两臂保持半屈，两手交错立圆划弧。上手不高于头，下手不低于裆。眼光随上手转移。（4）开步、并步时脚移动要轻灵柔缓，以脚前掌先落地，再随重心移动踏实全脚。重心要保持平稳，身体勿起伏、摇晃。并步后两脚成小开步。（5）翻掌勿突然。手经过体前以后逐渐旋臂翻掌，与移脚

同时完成。腰、手、脚要协调一致。（6）最后一次并步收脚时右脚前掌内扣落地。

易犯错误：（1）云手与转腰脱节，腰不领转，两臂弧立摆动。或转腰过于超前，上体扭晃。（2）收脚翻掌时突然加速。（3）转体翻掌时右腕僵硬不松活。（4）云手时上手抬肘耸肩，掌指松软。或紧张屈臂夹腋，离头太近。（5）收脚并步后两脚尖外撇成八字形。或两脚并紧无间距。（6）上体前俯、挺胸、突臀。

攻防含义：此势为防守方法。甲方左脚向前上步，用左掌向乙方面部冲击。乙方右脚向右侧迈出一步，用右手臂向右格挡甲左臂，甲方见右手进攻失效，迅速用右拳冲击乙腹部。乙方再用左臂向右格挡甲右臂，使其进攻再次失效。

#### 二、独立打虎

（1）重心右移，左脚向身后撤一步，右腿屈膝前弓；左掌掌心翻转向上、向下划弧，收于腹前，右掌掌心翻转向下，经左前臂上方穿出，向前伸探至体前，腕高与肩平，目视右掌（图5-110）。

（2）重心左移，上体左转，右脚尖内扣；两掌向下，经腹前向左划弧，视线随上体转动（图5-111）。

（3）两掌逐渐握拳，左拳经体侧屈臂上举至左额前上方，拳心向外，拳眼斜向下，右拳屈臂收于左胸前，拳心向内，拳眼朝上；左腿微屈站稳，右腿屈膝提起，右脚收至裆前，脚尖上翘并内扣；头转向右前方，目平视前方（图5-112）。

动作要点：（1）左脚向右后方撤步，方向为西北45度。（2）提脚独立时重心后移，右腿先上举后屈膝，右脚划一弧线盘收于裆前。（3）独立步取自吴氏太极拳。大腿高提，膝关节外展，小腿内盘，脚尖上翘，大腿小腿折收角度小于90度。（4）分手时上体左转，两手在向下划弧中，左快右慢，逐渐分开。（5）定势时上体伸展，斜向东方。左拳架于左额前上方，右拳屈收于体侧，距左肋约一拳宽，两拳拳眼上下相对。两臂半屈撑满。头转看东方。

图5-110

图5-111

图5-112

易犯错误：（1）独立时提脚沉重，拖地、蹬地；或站立不稳，上体紧张、摇晃。（2）独立步右腿屈收不足，右脚伸展过远；或右腿直接屈提，右脚未划弧盘收。（3）撤步时两脚前后交叉绕步；右掌伸展不足。（4）分手与抲手混淆；或分手时未向左转体。

攻防含义：此势具有吴氏太极拳的风格特点。以左式动作为例，上肢动作为防守方法，左腿动作为反击方法。甲方左脚向前上步，用右拳向乙方头部劈打。乙方迅速用左臂上架甲方右臂。甲方见右手进攻失效，速用右拳冲击甲腹部。乙方再用右手由右向左推甲左臂，然后用右脚向左勾踢甲腿，使其身体失去重心向左侧倒地。

## 三、右分脚

（1）上体微右转，左脚内收，脚尖下垂；两拳变掌叠抱于胸前，右掌在外，掌心皆向内，目视右前方（图5-113）。

（2）右脚脚面展平，脚尖向右前上方慢慢踢出，高过腰部；两掌同时向右前方和左方划弧分开，掌心皆向外，指尖向上，腕高与肩平，两臂撑举，肘关节微屈，右臂与右腿上下相对，目视右掌（图5-114）。

图5-113           图5-114

动作要点：（1）抱掌时两臂环抱，两掌斜交叉，右掌在外，腕高与肩平；分掌时前臂内旋，两掌翻转向外，弧形分展，弧顶高不过头。两臂微屈，分展角度约135度。肩、肘、腕皆下沉，胸内含。（2）分脚方向为斜前方东偏南约30度，右手与右脚方向相合。（3）定势时上体与两臂皆要舒展伸拔，重心稍上升，保持稳定。

易犯错误：（1）分脚时出现低头弯腰、上体后仰、两腿弯曲、手脚方向不符、两掌

一高一低、两臂过直过屈、挺胸开臂过大等现象。（2）分脚高度不够，重心不稳。

攻防含义：此势中分脚动作为进攻方法，分掌动作为防守方法。甲方左脚向前上步，用左拳向乙方面部冲击。乙方用右分掌向外格挡甲方左臂，左腿屈膝提起，向甲方面部或胸部，使其身体失去重心后倒。

### 四、双峰贯耳

（1）右腿屈膝，小腿回收，脚尖下垂；两臂屈肘外旋，在胸前相合，两掌经面前划弧平行下落于右膝上方，掌心翻向上，目视前方（图5-115）。

（2）右脚向前落步，脚跟着地；两掌分落于腰侧逐渐握拳，拳心向上，目视前方（图5-116）。

（3）重心前移，成右弓步；两拳同时经两侧向前上方划弧贯打，高与耳齐，相距同头宽，拳眼斜向下，两臂半屈成钳形，目视前方（图5-117）。

图5-115　　　　图5-116　　　　图5-117

动作要点：（1）收脚时小腿屈收，大腿仍要稳住，两掌翻转相并，相距约10厘米。（2）落脚时支撑腿屈蹲，重心下降，右脚下落经左踝内侧上步，脚跟轻轻着地。（3）弓步贯拳方向与右分脚相同，斜向前方东偏南30度。两臂半屈成弧，两拳钳形相对，相距同头宽。

易犯错误：（1）贯拳时扬肘、耸肩、低头。（2）落脚沉重直落。

攻防含义：此动作为进攻方法。甲方左脚向前上步，用双掌向乙方胸腹部推击，乙方两手由上向下按分甲双臂化解其前冲力，然后右脚向前上步，重心前移，两手松开甲臂，迅速用双拳向甲方耳部贯击。

### 五、左分脚

（1）重心后移，右脚尖外撇，上体右转；两拳变掌左右分开，掌心皆向外，目视左掌（图5-118）。

（2）重心前移，左脚收于右脚内侧，上体微左转；两掌从左右两侧向下、向内划弧，至腹前相交，举抱于胸前，左掌在外，掌心皆向内，目视左前方（图5-119）。

（3）右腿微屈站稳，左腿屈膝提起，左脚尖向左前上方（与起式方向成90度）慢慢踢出，脚面展平，高过腰部；两掌向左前和右方划弧分开，掌心向外，腕与肩平，两臂撑举，肘关节微屈，左臂与左腿上下相对，目视左掌（图5-120）。

图5-118　　　　　　　　图5-119　　　　　　　　图5-120

动作要点：（1）转体、后移重心、右脚尖外撇三者要协调一致，并与分掌相配合。（2）分脚方向为正东（与起式方向成90度）。（3）抱掌时两臂半屈撑圆，左掌在外。

易犯错误：同右分脚。

攻防含义：同右分脚。

### 六、转身拍脚

（1）左腿屈收下落，身体以右脚掌为轴顺势向后转身，左脚尖随转体内扣落地；两掌从两侧向腹前划弧下落，前臂外旋，掌心斜相对，头随身体转动（图5-121）。

（2）重心左移，身体继续右后转（侧对上势左分脚方向），右脚随之转正，脚尖点地；两掌交叉，右掌在外举抱于胸前，日视右前方（图5-122）。

（3）左腿支撑，右脚向上踢摆、脚面展平；两前臂内旋，掌心转向外，右掌向前击拍右脚面，高与头齐，左掌向后划弧分开，平举于身体左方，腕高与肩平，目视右掌（图5-123）。

动作要点：（1）落脚与合胯转身同时进行；两掌随之收合下落，以助身体顺势转动。

（2）落脚时脚尖内扣，脚前掌先落地，然后全脚踏实，重心移向左腿，右脚跟提起碾动。

（3）分掌踢脚同时进行，上体松正，用右手迎拍右脚面，准确响亮，方向朝东。（4）拍脚时可以快速用力击拍；也可以松柔缓慢地轻拍。

图 5-121

图 5-122

图 5-123

易犯错误：（1）落脚、合手与转身脱节，先交叉落脚，后合手转身。（2）落地前，左脚先外摆，再内扣，以加大转身助力。（3）拍脚时低头弯腰；后手屈举；击拍落空；支撑腿过屈等现象。

攻防含义：甲方用脚进攻乙方下盘，乙方两掌下落拨开甲方来招，利用转体换招，既攻又守；接着甲方向乙方胸腹部攻击，而被乙方合掌化招，随即将甲方来招分开，同时右脚由下向上踢出，右掌向前下击其头面部。

七、进步栽捶

（1）左腿屈膝，右腿屈收，右脚前落，脚尖外撇，上体右转，重心前移；两前臂外旋，左掌向上、向右划弧，掌心转向右，右掌翻转下落至腰间，掌心向上，随上体转动（图5-124）。

（2）左脚向前上一步，脚跟着地，上体微左转；右掌向右、向上划弧，屈肘握拳收于右耳侧，拳心向下，左掌向下划弧落于腹前，目视前下方（图5-125）。

（3）上体左转，稍向前俯身，重心前移，成左弓步；右拳向前下方打出，高与腹平，拳面向前下方，拳眼向左，左拳自左膝上方搂过，按于左胯旁，目视右拳（图5-126）。

动作要点：（1）右脚下落时先屈收小腿，然后支撑腿弯曲，重心下降，右脚前落上步，脚跟着地，脚尖外撇。（2）两臂交叉摆动同搂膝拗步一样，须与转腰相配合。（3）右手握拳时边屈臂边握拳，收于头侧，拳眼向内，拳心向前。（4）栽拳时右肩略偏前；拳略高于膝；上体舒展顺直，前倾不超过 45 度；弓步宽度约 20 厘米。

图 5-124　　　　　　　　　图 5-125　　　　　　　　　图 5-126

易犯错误：（1）落脚沉重直落。（2）摆臂与转体脱节。（3）握拳时屈腕。（4）栽拳时上体弓腰驼背。

攻防含义：以左式动作为例，左手动作为防守方法，右手动作为反击方法。甲方用右脚向乙方腹部蹬踢。乙方迅速用左手搂挡甲右腿，左脚向前上步，重心前移，左拳由上向甲方裆部击打。

八、**斜飞势**

（1）重心后移，左脚尖外撇，上体左转，右拳变掌向上。向右划弧，左掌向左划弧，两掌分开（图 5-127）。

（2）右脚收于左脚侧，左掌向上、向右划弧，屈臂于胸前，掌心斜向下右掌向下、向左划弧，屈臂于腹前，掌心斜向上，两臂交叉相抱，左前臂在上，目视左掌（图 5-128）。

（3）上体微右转，右脚向右侧开步，脚跟落地，目视左掌（图 5-129）。

（4）重心右移，上体左转，成右侧弓步（横裆步），右肩向右倾靠；两掌分别向右前上方和左前下方撑开，右掌略高于头，掌心斜向上，左掌与胯同高，掌心斜向下，目随左掌（图 5-130）。

图 5-127

图 5-128

图 5-129

图 5-130

　　动作要点：（1）转体分手时右拳变掌向上、向右划弧，左掌向下、向左划弧。（2）开步抱掌时，右脚向右侧（东偏南30度）开步，脚跟先落地，同时两臂斜上斜下交叉。（3）侧弓分靠时，右臂先向体前挑举，随之上体侧倾，右肩领先，两臂斜向分展。右臂外旋，右掌心斜向上；左臂内旋，左掌斜向下撑。两臂分展角度约120度。（4）斜身分靠时上体侧倾，头与躯干保持顺直舒展，含胸拔背，沉肩顶头。本势取自吴氏太极拳，要求上体斜中寓正，以肩为力点，向右靠撞。（5）侧弓步时右膝与右脚上下相对。

易犯错误：（1）开步时脚跟擦地；或做成转体上步。（2）抱掌时两腋留有空隙，做成抱球。（3）侧弓（横裆）步时，两脚外撇过大成丁字。右膝内扣，与右脚方向不一致。（4）斜靠时上体侧屈。（5）分靠时力点不准，做成挥臂外掤。（6）展臂时挺胸直臂，两臂展成一条斜线。

攻防含义：此势是代表吴氏太极拳风格特点的动作，以右式动作为例，左手动作为防守方法，右手动作为反击方法。甲方左脚向前上步，用左拳向乙方胸部冲击。乙方身体左转，用左手刁抓甲方左手腕，右脚向甲方左腿内侧上步，右手臂贴在其左肩上，重心前移，用右掌插其面部，右肘向前靠其肩部，使甲方失去重心侧倒。

**九、 单鞭下势**

（1）重心左移，上体左转，右脚跟稍外展；左掌变勾手，提至身体左侧，腕与肩同高，右掌向左划弧，经头前摆至左肘内侧，目随右掌（图5-131）。

（2）左腿全蹲，右腿铺直，上体右转，成右仆步；右掌下落经腹前顺右腿侧向右穿出，掌心由内转向外，指尖向右，目视右掌（图5-132）。

图5-131

图5-132

动作要点：（1）勾手摆掌时左手上提变勾，右掌内旋右摆，上体左转，右脚跟稍向外蹚转。（2）穿掌时右掌下落外旋，掌心向外，由屈而伸至右踝内侧。两臂伸展，肘微屈；勾手高与头齐，勾尖向下。

易犯错误：（1）仆步时左腿屈蹲不足；低头、弯腰、抬臀。（2）仆步时右腿侧伸不直，脚外侧离地拔跟，左腿脚跟离地。（3）后臂勾手过低。

攻防含义：此势中右手动作为防守方法，右手动作为反击方法。甲方左脚向前上步，用左拳向乙方面部冲击。乙方迅速右转身，用右手刁抓甲左手腕。甲方见进攻失效，又

用右拳向乙方左耳部横击。乙方迅速低头闪开甲右拳，重心前移成左弓步，左掌挑甲方裆部。

### 十、金鸡独立

（1）重心右移，上体右转，右脚尖外展，左脚尖内扣，右腿屈弓，左腿自然蹬直；右掌向上挑至体前，成侧立掌，腕高与肩平，左臂内旋下落至身后，勾尖向上，目视右掌（图5-133）。

（2）重心前移，上体右转，左腿屈膝向前上提起，脚尖下垂，右腿微屈站稳，成右独立步；左勾手变掌，经体侧向前、向上挑起，成侧立掌，指尖高与眉齐，右掌翻转下按于右胯旁，目视左掌（图5-134）。

（3）右腿稍屈，左脚落于右脚内侧后方，重心后移；上体左转，右腿屈膝提起，脚尖下垂，左腿微屈站稳，成左独立步；左掌翻转按于左胯旁，右掌成侧立掌挑至体前，指尖高与眉齐，目视右掌（图5-135）。

动作要点：（1）起身举掌时，重心前移，弓腿起身，右脚尖外展，左脚尖内扣，上体正直。（2）提脚时转腰屈膝收脚上提，脚勿拖地、蹬地。（3）独立挑掌时，上体舒正，转腰顺肩，侧向前方。臂半屈成弧，屈腕舒掌，沉肩垂肘，虎口与鼻尖相对，膝与肘相对。（4）左脚落脚时，转腰屈蹲，左脚前掌先落地，随重心左移全脚踏实。动作轻柔完整。

图5-133　　　　　　　　　　图5-134　　　　　　　　　　图5-135

易犯错误：（1）弓腿起身时两脚不碾动，影响提脚独立的稳定和轻灵。（2）后脚前提时，脚尖拖地或突然蹬地而起。（3）立时身体紧张，重心不稳。或屈腿弓腰，提腿前伸，脚尖上翘。（4）落脚按掌时腰无旋转，落脚不柔和。（5）挑掌、按掌时，臂、掌、腕紧张僵硬或松软无力。（6）挑掌时掌心向前。

攻防含义：此势中挑掌和提膝为进攻方法，采手为防守方法。甲方右脚向前上步，用左拳向乙方胸腹部冲击。乙方左脚外展，左手刁抓甲方左手腕，然后内旋左臂向下采手，右腿屈膝顶甲裆部，右臂上挑其肘关节处，使其肘、裆受伤。

### 十一、退步穿掌

左腿稍屈，右脚后撤一步，右腿自然蹬直，左腿屈弓，左脚以前脚掌为轴顺势扭正，成左弓步；左臂外旋，左掌翻转掌心向上，收经腰间，从右前臂上穿出，腕高与肩平，右臂内旋，横掌下按，落于左肘下方，目视左掌（图5-136）。

**动作要点**：（1）退步时，左腿弯曲，上体右转，右脚经左脚内侧退步，脚前掌先着地，随之左脚以脚掌为轴扭直成左弓步。（2）穿掌时左掌翻转向前上穿出，指头高与头平；右掌横掌下按与胸平。

**易犯错误**：（1）退步时上体前俯，右腿后举，支撑腿未屈蹲。（2）左弓步时，前脚未扭直，脚尖外撇；或两脚交叉，后腿弯曲。（3）腿快手慢，上下不同步到位。

图 5-136

**攻防含义**：以左式动作为例，右手动作为防守方法，左手动作为反击方法。甲方左脚向前上步，用左拳向乙方腹部冲击。乙方右脚迅速向后退步，右手掌内扣，下按甲方左臂，然后重心前移，左手向甲方咽喉部穿掌。

## 第四节　四十二式太极拳第四段

### 一、虚步压掌

（1）重心后移，左脚尖内扣，上体右后转；右掌收至腹前，左掌举于左额侧上方，目随转体平视（图5-137）。

（2）重心移至左腿，右脚提起，脚尖转向前方，脚前掌落地，成右虚步；上体向下松沉，微向前俯；左掌自上而下横按于右膝前上方，指尖向右，右掌按于右胯旁，指尖向前，目视前下方（图5-138）。

图 5-137

图 5-138

动作要点：（1）转体中左脚扣脚要充分，右脚脚跟内转后再向右活步，调整成右虚步。（2）压掌时转腰顺肩，屈腿落胯。上体舒展顺直，前俯30度到45度。掌横压于正前方。

易犯错误：（1）碾步时，左脚尖内扣不足，右脚未活步，虚步时上体歪扭，下肢紧张。（2）压掌时，上体前俯过大，弓背弯腰；或上体转动过大，掌压于身体右前方。（3）压掌不明确，左掌向右、向下划弧而过。

攻防含义：以左式动作为例，右手动作为防守方法，左手动作为反击方法。甲方左脚向前上步，用左拳向乙方腹部冲击。乙方右脚迅速向后退步，右手掌内扣，下按甲方左臂，然后重心前移，左手向甲方咽喉部穿掌。

二、 独立托掌

左脚蹬地；左腿微屈站稳，右腿屈膝提起，脚尖下垂，成左独立步，右掌翻转上托，举于体前，掌心向上，腕高与胸平，左掌向左、向上划弧，撑于体侧，腕高与肩平，掌心向外，指尖斜向上，目视右掌（图 5-139）。

动作要点：（1）首先转腰、蹬腿，重心上升，随之屈膝、提腿、托掌。动作要发于腰腿，定于全身。（2）定势时

图 5-139

右臂伸展，左臂屈撑，上体中正，顶头沉肩，含胸拔背，松腰提肛，左腿独立，支撑稳固，脚趾扣地。（3）左掌翘腕横掌外撑，虎口向前下方，右掌托于体前，右肘与右膝相对；两掌与肩同高。

**易犯错误：**（1）两臂松软弯曲，上体伸展不足。（2）独立腿支撑弯曲，前提腿前伸，脚尖勾起。

**攻防含义：**以右式动作为例，左手动作为防守方法，右手动作为反击方法。甲方用左脚向乙方裆、腹部弹踢。乙方左脚迅速向后退步，重心后坐，用左手下按甲左脚化解势，然后乘甲方不备，以右手下托其左小腿，向上、向前将其抛出。

### 三、马步靠

（1）右脚前落，脚尖外撇，重心前移，上体右转；右臂内旋，右掌翻转下捋，左臂外旋，左掌向上、向右划弧，目视前方（图5-140）。

（2）左脚收于右脚内侧，上体继续右转；右掌翻转向上，并向右划弧举于体侧，高与头平，左掌握拳，落于右腹前，拳心向下，拳眼向内，目视右掌（图5-141）。

（3）上体左转，左脚向左前方上步，重心略向前移，成半马步，左臂内旋摆至身体左侧，向前靠出，左拳拳眼向内，拳面向下，置于左膝前，右掌屈收，经耳侧助推左臂向前挤靠，掌心向左，掌指附于左上臂内侧，目视左前方（图5-142）。

图5-140　　　　　　　　图5-141　　　　　　　　图5-142

**动作要点：**（1）落右脚时左腿屈蹲，右脚上步前落，上体右转，脚尖外撇，脚跟先着地。（2）采掌握拳时两臂交叉摆动成立圆，左掌经右肩前时开始握拳，拳心向下，拳眼向内。（3）左脚上步方向为西南方45度。脚跟先落地，随之重心前移全脚踏实，成半马步。

（4）前靠时腰腿发力，贯于肩臂，快速完整，短促呼气，气沉丹田。两腿蹲，裆部撑圆，重心稍下降，后腿内转前蹬，前腿稍屈下踩，劲力沉稳充实，重心落于两腿之间。上体微向左转，挤靠方向与左脚方向相同。左臂内旋微屈，左拳置于左膝上方或内侧，拳面向下，拳眼向内。力点在左上臂外侧。

易犯错误：（1）发力与腰腿脱节。（2）左臂屈摆，顶肘发力，力点放在肘尖。（3）马步挤靠做成弓步挤靠。（4）挤靠时上体过于前俯或侧倾。（5）落脚时，右掌未翻转下采；或右掌向左向下划弧摆动。

攻防含义：此动作为进攻方法。甲方右脚向前上步，用右拳向乙方腹部冲击。乙方迅速用左手下按甲方左臂，左脚向甲方右腿外侧上步，紧靠其右腿，然后重心前移并用左臂向左靠甲方上体，使其失去重心后倒。

## 四、转身大捋

（1）重心后移，左脚尖外撇抬起；左拳变掌，左外旋，右臂内旋，两掌心同时转向外，并微向后收带，目视两掌（图5-143）。

（2）上体左转，重心前移，右脚收于左脚内侧，两脚平行向前，重心仍偏于左腿，并稍向上升高；左臂内旋，左掌屈肘提至胸前，横掌掌心向外，右臂外旋，举于身体右侧，高与肩平，掌心向上，目视右掌（图5-144）。

（3）右脚前掌为轴，脚跟外展，身体左转，右腿弓，左脚后撤一步，脚尖外展落地；两掌随转身向左平捋至体前，右掌高与头平，左掌置于右肘内侧，两掌心斜相对，目视右掌（图5-145）。

（4）上体继续左转，重心左移，右脚跟外展，右腿自然蹬直，成左侧弓步（横裆步）；两掌向左平捋，逐渐握拳，左臂外旋，左拳向左划弧，卷收于腰间，拳心向上，右臂屈肘外旋滚压，置于体前，右拳高与胸齐，拳心斜向上，目视右拳（图5-146）。

图5-143　　　　　　图5-144　　　　　　图5-145　　　　　　图5-146

动作要点：（1）此势取自四十八式太极拳，由杨氏大捋推手演化而成。大捋推手主要由捋、靠、肘、挒、采等手法组成。本势表现了转身大捋和滚肘撅臂两种手法。（2）转体翻掌在劲力上也属于由紧而松，由实而虚的折叠。由前势发力靠挤以后，身体放松，弹性回转一小弧，再左脚外撤，上体左转；两臂同时放松回转右带，两掌向右屈绕翻转，左臂先外旋再内旋，右臂先后引再外旋，两掌向左、向上托举。（3）并步后，重心升高，身体转向起式方向，重心偏于左腿，右掌心向上，左掌心向前。（4）转身大捋时，右脚掌为轴，脚跟外转，上体继续左转；右腿屈膝，左腿向西偏北方向后撤一步，脚前掌内侧着地。（5）滚肘时重心左移，右腿蹬直、脚跟外转，左腿屈弓，成左侧弓步。同时上体左转，左手擒握对方右腕，外旋收于腰间；右拳也外旋，右前臂滚转下压，以反关节手法扭捌对方右臂。

易犯错误：（1）并步做成扣步。（2）翻掌动作两手回摆划弧幅度过大。（3）滚肘捌臂做成右臂直抽后拉。（4）侧弓步两脚尖外撤过大。或左腿屈膝内扣，左膝与左脚方向不一致。（5）两脚乱扭，碾动不清，重心不稳。

攻防含义：此势左手动作为防守方法，右手动作为反击方甲方左脚向前上步，用左拳向乙方面部冲击。乙方左脚向后退步，身体微左转，左手刁抓甲方左手腕，右手粘贴在甲方左肩后部，将重心移向左腿，上体继续左转，左手向左后捋拉甲方左臂，使其失去重心前倒。

**五、歇步擒打**

（1）上体右转，重心右移；右臂内旋屈肘上撑，右拳置于右额前，拳心向外，左臂内旋，左拳向身体左后方穿出，拳心向后，目视前方（图5-147）。

（2）上体左转，左脚尖外展，重心前移；右拳经体侧下落卷收腰间，拳心向上，左拳变掌，向前划弧，掌心翻转向右；头随体转，目视前方（图5-148）。

（3）右脚经左脚前向左前方盖步横落，两腿交叉屈蹲，成歇步；左掌握拳，收于腹前，拳心向下，虎口向内，右拳经左前臂上向前、向下方打出，高与腹平，拳心向上，目视右拳（图5-149）。

图5-147　　　　　　　　图5-148　　　　　　　　图5-149

动作要点：（1）第一动上体右转不宜超过90度，两臂握拳内旋，右拳高勿过头，左拳低勿过裆。（2）擒手时左脚尖外撇，上体左转，左掌划弧摆向身体左前方，掌心翻转向右，擒握后拳心转向下。（3）歇步打拳时，右脚向西盖步横落，脚跟先着地，两腿屈蹲，臀部接近左脚跟成歇步。右拳向前下方打出，拳心向上，高与腹平。左拳拳心向下，横于右前臂下。上体稍向前倾，朝向与冲拳方向皆为正西。

易犯错误：（1）并步做成扣步。（2）翻掌动作两手回摆划弧幅度过大。（3）滚肘撅臂做成右臂直抽后拉。（4）侧弓步两脚尖外撇过大。或左腿屈膝内扣，左膝与左脚方向不一致。（5）两脚乱扭，碾转不清，重心不稳。

攻防含义：此势左手动作为防守方法，右手动作为反击方法。甲方右脚向前上步，用左拳向乙方腹部冲击。乙方左掌下按甲左臂，右脚向前上步，脚尖外展，两腿交叉成歇步，右拳经左臂内侧向甲方裆部冲击。

### 六、穿掌下势

（1）上体右转，左脚至右脚内侧；两拳变掌，右臂内旋，掌心翻转向外，掌指向左，提至胸前，左臂外旋，掌心翻转向外，掌指向左，举于身体左侧，目视左掌（图5-150）。

（2）上体右转，右腿屈蹲，左腿向左侧伸出，两掌向上、向右划弧，经面前摆至身体右侧，掌心转向斜下，指尖斜向右上，右掌伸举于右前方，高与头平，左掌屈臂摆至右肩前，高与肩平，目视右掌（图5-151）。

（3）右腿全蹲，左腿铺直，上体左转，成左仆步；两掌绕转，指尖转向左，经腹前顺左腿内侧向左穿出，左掌在前，掌心向外，右掌在后，掌心向内，目视左掌（图5-152）。

图5-150　　　　　图5-151　　　　　图5-152

动作要点：（1）收脚提掌时，重心恢复成弓步时高度。两掌翻转侧掌上提，高不过肩，指尖向左。（2）摆掌时上体右转，两掌经体前右摆，高不过头。左脚向左开步侧伸时，方向西偏南30度，两脚前后保持一脚长宽度。（3）穿掌时屈腕转掌，左掌心转向外，右掌心转向内，两掌转成侧掌，虎口向上，指尖向左，沿左腿内侧穿出。

易犯错误：（1）提掌距身体太近，摆幅过小。（2）摆掌时上体右转不够，目光不注视右掌。（3）穿掌时前屈腕转掌动作不明显。（4）穿掌幅度不足，两臂屈伸不明显。或仅左拳穿出，右掌停于腰间未穿。（5）仆步时低头、弯腰、抬臀，右腿未全蹲。或掀脚、拔跟、左腿未伸直。

攻防含义：此势为防守反击方法。甲方用右拳向乙方面部冲击。乙方迅速右转身，用双手抓握甲方右臂并向右后拉，同时提起左脚向左侧平仆下铲甲方右脚。当甲方失去重心时，乙方迅速前弓腿，用双掌向甲方裆部穿挑，使甲裆部受伤。

**七、上步七星**

（1）重心前移，上体左转，左脚尖外撇，右脚尖内扣，右腿蹬直，左腿屈弓；左掌向前，向上挑起，腕高与肩平，掌心向右，指尖斜向上，右掌微向后拉，侧置于右胯旁，目视左掌（图5-153）。

（2）右脚前上一步，脚前掌落地，成右虚步；左掌握拳，微向内收，拳心向内，右掌变拳向前，向上架起，拳心向外，两腕交叠，两拳交叉于身前，高与肩平，右拳在外，两臂撑圆，目视左拳（图5-154）。

图5-153

图5-154

动作要点：（1）弓腿挑掌时重心前移，方向正东，左腿屈弓，左脚尖外撇，右腿蹬直，右脚尖内扣。身体高度与弓步相同。（2）架拳时，两拳交叉，高与肩平。两臂半屈撑圆，沉肩悬肘，含胸拔背。

易犯错误：（1）弓腿时，两脚碾动不充分。（2）举掌时右掌后摆过大。（3）上步

收脚不轻灵,右脚拖地、蹬地。(4)虚步紧张,后腿后脚外展不足。(5)架拳时两肘下垂,两腋夹紧。

攻防含义:此势为防守方法。甲方用左拳向乙方头部劈打。乙方左脚迅速向后退步,重心后坐,两手握拳成十字手上防甲方左拳。

### 八、退步跨虎

(1)右脚向右后方撤一步,重心后移,上体右转;右拳变掌向右下方划弧至右胯旁,掌心向下,左拳同时变掌,随身体右转稍向右划弧,掌心向右;头稍右转,目视右前方(图5-155)。

(2)左脚稍向后收,脚前掌着地,落于右脚前,上体左转,身体略向下屈蹲;右掌向上划弧经头前再向左、向下划弧,落于左腿外侧,掌心向外;视线随身体转动,左顾右手(眼看右手)(图5-156)。

(3)右脚蹬地,独立站稳,左腿前举,膝微屈,脚面展开,脚尖稍内扣;右掌向前、向上挑起,成侧立掌,腕高与肩平,左掌变勾手同时上提,举于左方,高与肩平,勾尖屈腕向下,上体左转,目视左前方(图5-157)。

图5-155          图5-156          图5-157

动作要点:(1)后坐摆掌时右转体幅度约45度。摆掌时右掌划弧下落,左掌随之向上摆动,左掌心向右,右掌心向下。(2)撤步收脚时脚前掌点地,上体左转,稍向前俯,重心略下降。同时两掌交叉摆动至左腿外侧,右掌心向外,左掌心向下。(3)两掌摆动时要由身体旋转带动。(4)定势时上体保持正直,朝向西南。右掌挑向正西偏北,左勾手举向东南。右腿独立站稳,左腿向前上方摆举,膝关节微屈,高于腰部,脚面展平,脚掌内转,如里合腿姿态。右掌和左脚上下相对方向应为正西稍偏北,不超过30度。

易犯错误：（1）摆掌时上体不旋转。（2）定势时举腿、挑掌方向偏北超过 30 度。（3）右臂与左腿前举方向不一致。（4）右掌前挑时掌心向前，未成侧立掌。（5）举腿时左腿由屈而伸，做成分脚。（6）定势时上体后仰或弓腰驼背。

攻防含义：此势为防守方法。甲方用左脚蹬向乙方左腿上部。乙方左腿迅速向右提起，用左勾手将甲方左腿向左上方勾起。

### 九、转身摆莲

（1）左脚前落，脚跟先着地，脚尖内扣，上体右转；右臂内旋，右掌翻转向下，屈肘向右平带，左勾手变掌，掌心转向上，自后向前平摆至体侧；头随体转，目视前方（图 5-158）。

（2）以两脚前掌为轴，向右后转体；左掌摆至体前，掌心向上，高与头平，右掌翻转向上，经胸前及左肘下方向左穿出；头随体转，目视前方（图 5-159）。

（3）上体继续右转，至与"上步七星"势成背向；体重坐于左腿，右脚尖虚点地面，右掌穿出后向上、向右划弧，同时前臂内旋，掌心转向右，指尖向上，置于身体右侧，腕高与肩平，左掌自右臂内侧翻转下落，收至右肩前下方，掌心亦向右，目视右掌（图 5-160）。

（4）右脚提起向左、向上、向右做扇形外摆，脚面展平；上体左转，两掌自右向左平摆，在头前左先右后依次击拍右脚面，目视两掌（图 5-161）。

动作要点：（1）扣步时上体左转，脚跟落于体前，脚尖内扣，转体时两脚碾动，左脚以脚跟为轴，右脚以前脚掌为轴。（2）穿摆掌时，右掌先内旋右带转一小弧，再外旋向左，由左肘下穿出向右划弧，经头前摆至身体右侧，掌心向右，高与肩平；左勾手外旋变掌经头前划弧摆至右肩前，然后内旋沉落停于右肘内侧下方，舒指，虎口撑圆，松肩落胯。此动作取材于八卦掌。（3）摆腿拍脚时，上体微向前倾，右脚由身体左侧向上、向右扇形划弧摆动，两掌自右向左挥摆，击拍脚面，准确响亮。拍脚时可以快速用力，也可以柔缓击拍。拍脚以后，右腿屈收，右脚提于身体右侧。

图 5-158

图 5-159

图 5-160

图 5-161

易犯错误：（1）转体时重心升高，上体摇晃。（2）摆脚时低头弯腰；脚不过肩，摆幅扇面太小。（3）拍脚以后重心不稳，右脚急于落地。

攻防含义：此势为防守方法。甲方左脚向前上步，从乙方身后用右手抓乙右肩部，乙方迅速向右后转身摆双掌解脱甲方右手；右腿向右抡摆，右脚摆向甲方头部左侧，使其头部受损。

### 十、弯弓射虎

（1）右小腿屈收，右腿屈膝提于体前侧，脚尖下垂，左腿独立站稳；上体左转，两掌继续左摆，左掌摆至身体左侧，右掌摆至左肩前下方，掌心均向下，高与肩平，目视左掌（图5-162）。

（2）右脚向右前方落步，上体右转；两掌同时下落划弧，目视两掌（图5-163）。

（3）重心前移，上体右转；两掌向下，向右划弧至身体右侧时两掌握拳，拳心向下，目视右拳（图5-164）。

（4）上体左转，右腿屈弓，左腿自然蹬直，成右弓步；左拳经面前向左前方打出，高与鼻平，拳心斜向前，拳眼斜向下，右拳同时屈肘向左前方打出，至右额前，拳心向外，拳眼斜向下，目视左拳（图5-165）。

动作要点：（1）落右脚时先下降重心，右脚下落贴近地面向右前方上步，方向为东南。（2）两掌随转体向下划弧，摆至身体右侧握拳，头随体转，两肩放松。（3）握拳后，两臂屈收。左拳经鼻前向左前方打出，右拳经头侧向左前方冲打至右额前。两臂皆内旋，两拳成反冲拳。（4）定势时，步型为右弓步，方向为斜前方45度，上体稍左转，微向前俯，头转看冲拳方向（东北）。

图5-162

图5-163

图 5-164 图 5-165

易犯错误：（1）打拳时扭腰转胯，右膝内扣，形成侧弓步。或打拳时歪头斜视。（2）右拳做成架拳。（3）摆掌幅度不足，腰、头未右转。（4）右腿屈弓过大。（5）腿快拳慢，上下不同步。

攻防含义：此势右手动作为防守方法，左手动作为反击方法。甲方左脚向前上步，用左拳向乙方面部冲击。乙方右臂上架甲方左臂，右脚向甲方左脚外侧上步，重心前移左拳向甲方胸部冲击。

**十一、左揽雀尾**

（1）重心后移，右脚尖外撇抬起，上体右转；两拳变掌，左掌向左伸展，右掌翻转向下划弧至腰间，掌心向上，头随身体自然转动（图 5-166）。

（2）重心前移，左脚收至右脚内侧；右掌自下向右再翻转向上划弧，左掌由右向下划弧，两掌在胸、腹前上下合抱，掌心相对，目视右掌（图 5-167）。

（3）上体微左转，左脚向前上步，脚跟着地；两掌微分，目视前方（图 5-168）。

（4）重心前移，左脚落实，成左弓步；左前臂向前掤出，左掌掌心向内，高与肩平，右掌按落于右胯旁；掌心向下，目视左掌（图 5-169）。

（5）上体微左转，左掌翻转向下，稍向前伸，右掌翻转向上，经腹前向上、向前划弧，伸至右前臂内侧下方，目视左掌（图 5-170）。

（6）上体右转，重心后移；两掌下捋，经腹前再向右后上方划弧，至右掌高与肩平，掌心斜向前，左掌屈臂摆至右胸前，掌心向内，目视右掌（图 5-171）。

（7）上体左转，面向前方；右掌屈臂卷收；掌指贴近左腕内侧，右臂平屈前，掌心

141

向内，指尖向右，目视前方（图5-172）。

（8）重心前移，成左弓步；双臂向前挤出，两臂撑圆，右掌指附于左腕内侧，高与肩平，目视左前臂（图5-173）。

图5-166

图5-167

图5-168

图5-169

图5-170

图5-171

图 5-172 　　　　　　　　　　　　　　　图 5-173

（9）右掌经左掌上伸出，两掌分开，与肩同宽，掌心均转向下，目视前方（图 5-174）。

（10）身体后坐，重心后移，左脚尖上翘；两臂屈肘，两掌收经胸前下落至腹前，掌心向前下方，目向前平视（图 5-175）。

（11）重心前移，成左弓步；两掌平行向上、向前按出，腕高与肩平，掌心向前，指尖向上，塌腕舒掌，目平视前方（图 5-176）。

图 5-174 　　　　　　　　图 5-175 　　　　　　　　图 5-176

动作要点：（1）本势取自二十四式简化太极拳。（2）掤、捋、挤、按要与转腰、弓腿、后坐协调配合。（3）转体分手时右脚尖外撇，上体右转与重心后移应同时进行。（4）左掤、前挤力点在前臂；后捋、前按力点在两掌。（5）后捋时两掌自前向后、向下摆至身体右侧。

易犯错误：参见右揽雀尾。

攻防含义：参见右揽雀尾。

十二、十字手

（1）重心右移，上体右转，左脚尖内扣，右脚尖外展；右掌随身体右摆至面前，掌心向外，左掌分于身体左侧，掌心亦向外，目随右掌（图5-177）。

（2）右脚尖继续外展，重心右移，上体继续右转，左腿自然蹬直；右掌摆至身体右侧，两掌左右举于身体两侧，两肘略屈，掌心向前，目随右掌（图5-178）。

（3）重心左移，右脚尖内扣，上体左转；两掌向下、向内划弧，于腹前两腕相交，两掌合抱，举至胸前，右掌在外，掌心均向内，目视两掌（图5-179）。

（4）右脚内收，两脚与肩同宽，脚尖向前，成开立步；随即上体转正，两腿慢慢直立；两掌交叉成斜十字形抱于体前，掌心向内，高与肩平，目视两掌（图5-180）。

图5-177

图5-178

图5-179

图5-180

动作要点：（1）重心右移与两脚内扣外展、两手分开、上体右转应一气呵成，不可停顿断劲。右脚尖外展是在右腿由虚变实的过程中进行，应特别注意连贯平稳。（2）两手分开侧举时应松肩、沉肘、塌腕，掌心向外、指尖斜向上。（3）抱掌时两臂半屈撑圆，右掌在外。

易犯错误：（1）重心右移，右脚尖外展时动作停顿断劲。（2）两掌合抱时低头弯腰，上体前俯。（3）抱掌时两肘下垂，两臂过屈，没有撑圆。

攻防含义：此势为防守方法。甲方用左拳向乙方头部劈打。乙方左脚向后退步，两手成十字掌架住甲方左拳。

## 十三、收式

（1）两前臂内旋，两掌边翻转，边平行分开，与肩同宽，掌心向前下方，目视前方（图5-181）。

（2）两掌慢慢下落至两腿外侧，松肩垂臂，上体自然正直，目视前方（图5-182）。

（3）左脚收至右脚旁，两脚并拢，脚尖向前，身体自然直立，呼吸平稳均匀，目视前方（图5-183）。

图5-181     图5-182     图5-183

动作要点：（1）翻掌分手时，两臂内旋，两掌翻转分开，掌心向下。（2）垂臂时两臂徐徐下落，不可松懈快落。（3）收脚并步后恢复成预备势姿势。（4）动作过程应连贯、平稳。

易犯错误：（1）收式动作松懈草率。（2）垂臂落掌时两臂屈收，两掌贴近身体翻掌下压。（3）收脚时上体摇晃。

# 杨氏四十式太极拳

## 第一节　杨氏四十式太极拳第一段

### 一、起式

（1）开步站立：身体自然直立，两脚并拢，手臂自然下垂，双手放在大腿外侧。左脚轻轻离地，缓缓向左侧横开步，两脚间距离与肩同宽，两脚尖向正前方，目仍平视正前方。

（2）两臂前举：两臂徐徐向前平举，与肩同宽，两掌高与肩平，手心向下，两肘微下垂。

（3）沉肘落掌：两肩松沉，两肘下沉，带动两臂慢慢下落，按至两大腿外侧，掌心向下，掌指向前。目视前方。

（图 6-1 至图 6-6）

**杨氏四十式太极拳**

图 6-1　　　　　　　图 6-2

图 6-3　　　　　　　图 6-4　　　　　　　图 6-5　　　　　　　图 6-6

动作要点：开步时，左脚跟先离地，继而全脚缓缓离地；落步时要轻灵柔和，脚尖先着地，渐渐全脚踏实，重心落于两脚之间。注意开步时保持上体中正，腋下含空，身体平稳，轻起轻落。两臂前平举时，劲由两脚升起，其根在脚，最后贯穿于手指，肩要下沉，中指领劲，带动手臂，使两臂缓缓向前平举。五指要舒展、平整、微分开、微内含。落掌时，保持身体中正，松肩垂肘引带臂掌轻缓下落，手心向下坐腕。两臂平举与下落，其间不可有丝毫停顿现象，做到"无令丝毫间断耳"。

易犯错误：（1）准备姿势时脚没有并拢。（2）沉肘落掌时屈膝下蹲。（3）两掌没有按到大腿外侧。

攻防含义：（1）设对方向我伸手侵犯，我便随势抬起双臂上棚以化解之。（2）设对方出手向我腹部进击，我便顺势落掌以化解之。

### 二、揽雀尾

（1）转身抱球：重心右移，身体右转，右脚尖翘起，向右摆脚约45度；左脚跟外碾提起。同时右臂上抬，屈臂置于胸前，掌心向下，掌指向正前方；左臂外旋，向右划弧至腹前，掌心向后，两手上下相对如抱球状，两臂成弧形。头随体转，目视右掌。

（2）左脚上步：重心仍在右腿，上体左转，提左脚经右脚内侧向正前方上步，脚跟轻轻着地，脚尖上翘。同时两手上下微微相合。目平视正前方。

（3）移重分掌：上体微右转，重心前移，左脚尖下落，内扣约45度，全脚踏实，屈左膝绷右腿成左弓步。同时左臂稍内旋，左掌和左前臂向前上方掤出，高与眼平，掌心向后；右臂内旋，右掌划弧形按于右胯前，掌心向下。头部右转，目视右前方。

（4）丁步左抱：重心右移再左移，紧接着上体左转，重心全部移向左腿，右脚收至左脚内侧，两膝微屈成丁步。同时左臂内旋屈臂横于胸前，左掌心翻转向下，与肩同高，指尖向右；右臂外旋，右掌向左划弧至左腹前，掌心向上，指尖向左，两手相对如抱球状。头部左转，目视左斜下方地面。

（5）右脚上步：上体微右转，左腿立稳重心，右脚向右前上步，脚跟着地。同时两手上下微微相合。头部右转，目平视右前方。

（6）弓步右掤：上体微右转，右脚掌踏实，重心前移，屈右膝绷左腿成右弓步。右臂微内旋上掤至胸前，掌心向里，指尖向左；左掌微微下落至右小臂内侧，与胸同高，掌心斜向前，指尖斜向上，臂呈弧形。目视前方。

（7）转体举掌：上体微右转。同时右掌内旋向身体右前，上方划弧伸举，翻手心斜向下，指尖斜向上，与头同高；左臂稍外旋，左掌向身体右前方引推、外旋，转手心斜向下指尖向后，左手附于右肘内侧下方。头部稍右转，目视右掌方向。

（8）转体后将：重心左后移，上体后坐，左转体；两手同时向左下方将至腹前，右掌心斜向下，指尖斜向上；左掌心向内，指尖向右。头部微左转，目视右前方。

（9）转体搭腕：上体微向右转。同时右臂稍外旋，屈肘横于胸前，掌心向正前方，指尖斜向上；左掌内旋上提，掌心转向斜下方，以掌指扶于右腕内侧，两臂呈弧形撑圆。

（10）弓步前挤：重心前移，屈右膝绷左腿成右弓步。同时两掌以右前臂外侧为力点向前徐徐挤出，两臂前撑。

（11）后坐收掌：重心左后移，上体微微左沉转，屈左膝，坐胯；右膝微屈，似直非直。同时两掌向后回收于胸腹前，掌心均斜向下，指尖均斜向上。

（12）弓步前按：重心前移，屈右膝绷左腿成右弓步。同时两掌向前按出，腕同胸高，掌心向前，指尖向上，两臂微屈，沉肩坠肘。

（图 6-7 至图 6-22）

图 6-7

图 6-8

图 6-9

图 6-10

图 6-11

图 6-12

图 6-13

图 6-14

图 6-15

图 6-16

图 6-17

图 6-18

图 6-19

图 6-20

图 6-21

图 6-22

　　动作要点：（1）右脚外摆、左脚跟外碾与左、右臂划弧要协调一致，同步到位。上体保持中正，身体要轻灵含虚。左脚跟落地与两手微微相合要协调一致。（2）转体上步时，注意坐胯，不可突臀前倾；上左步时，落地要轻，重心立稳于右腿。转体、移重心、扣脚与旋臂旋掌要协调一致，同步到位。移重心时，要屈左膝、坐左胯，注意不可突臀前倾。转体、旋臂、收步与抱球要协调同步。（3）提脚时，要立稳重心，身体不可歪斜。抱球时要腋下含空，身体疏松。上步时，左腿立稳重心，右脚迈步要缓，着地要轻灵。左腿屈膝坐胯，右腿稍屈膝沉胯。注意保持上体中正，含胸拔背。（4）弓步、捆臂与松腰沉腕要协调一致，同步到位。弓步时，右腿屈膝坐胯，左腿要伸直，左胯要松沉，左

腿直而不僵。注意身体中正，不可前倾。微右转体、右掌划弧旋伸与左臂外旋、左掌引推要协调同步。（5）划弧时，要松腰，使气沉丹田，下盘稳固，以腰为轴转动。重心后移时后胯根先微开后撤，使腰腿自然松开。左转体、屈膝、松腰、重心后移与两掌下捋应协调一致，同步到位。（6）后捋时，两肩下沉、两肘下垂，身体自然中正，左掌轻轻掤劲，右掌轻轻按劲。臀部不可后突。转体搭腕时要以腰为轴，带动两臂旋转运动，注意保持上体中正。右转体与划弧搭腕要协调同步，重心仍落于左腿。（7）前挤时，腰胯微右转，上体微微前倾，前挤与松腰、沉胯要协调一致，同步到位。后坐抽掌时，要松肩坠肘，含胸松腰。重心后移、屈膝、坐胯与两掌回抽要协调同步。

易犯错误：（1）掤臂时左掌下落按至左胯前，应掤至右小臂内侧，与胸同高。（2）下捋时左脚尖抬起，左脚不应离地。（3）前按两手回收时，左脚尖翘起。

攻防含义：（1）设对方出招向我右腰侧进击，我顺势右转化解之。（2）设对方出右手来犯，我便微右转体、收左步，同时以左手划穿至其右臂下方，并以右掌压控其右臂上方，其招自然化解。（3）设对方出右手来犯被我控制时，我即上左步套住其右腿，同时以两掌合力拿住其手腕待发。（4）设对方出右手来犯被我拿住臂腕时，我重心微前移掤之，其必重心不稳而远离。（5）设对方出右手来犯，我以右手拿住其右腕向右后引按，以左臂捆起其右大臂顺势靠之。（6）设对方出手向我胸部进击，我重心右移，顺势左掌内旋以化解之。（7）设对方出左手向我胸部进击，我速以左手拿住其手腕，右手抄控其臂以化解之。（8）设对方出左手进犯，我顺势以右掌上掤其小臂，同时左掌搭拿其腕，以控制对方。（9）设对方出手进犯，我以右臂挪托其臂，以左掌拿压其腕向前发力挤出对方。（10）设对方出左手进击我头右部，我双臂、掌速向右上方举架以化解之。（11）设对方出左手进犯，我以右手拿其肘，左手拿其腕部，顺势用合力捋发，使其倒地。（12）接上动，当我用捋势而对方体重力大难以捋动时，我应不断劲，右转体并转手搭其腕待发。（13）接上动，当我转过身来不断劲，借着对方后拉劲顺势挤出，对方即应声而倒。（14）接上动，当我用挤势发力攻击对方而对方不倒时，我顺势以双掌前刺之。（15）设对方出双手来犯，我便顺势以双手搭盖其两臂上方并后坐抽压以化解之。（16）设对方出双手来犯，被我用后坐引空，我劲不断顺势发力前按，使其后倾。

### 三、单鞭

（1）转体抹掌：身体左转，右脚内扣，两脚踏实，重心逐渐移向左腿，屈左膝，绷右腿。同时两掌向前经胸前向左弧形平抹至左侧方，左掌在前、右掌在后，掌心推向左前方，指尖均向上，指尖与鼻齐局。头部左转，目视左前方。

（2）丁步勾手：上体右转，重心全部移至右腿，左脚收至右脚内侧，前脚掌着地成丁步，两膝微屈。同时两掌向右划弧平抹至身体右侧，右掌向右前方探出变勾手，腕略高于肩，勾尖向下；左掌变挑掌至右胸前，掌心向内，虎口向上。头部右转，目视右勾手方向。

（3）弓步推掌：上体微左转，左脚向左侧上步，脚跟先着地，再全脚着地，随即屈左膝绷右腿成左弓步。同时左臂内旋，左掌经体前向左推出，掌指向上，掌心向左侧。头随体转，目视左掌方向。

（图 6-23 至图 6-28）

图 6-23

图 6-24

图 6-25

图 6-26

图 6-27

图 6-28

动作要点：（1）抹掌时，注意松肩垂肘，以身带臂，以臂带掌，上下协调连贯。重心后移、身体左转、右脚内扣与两掌左抹应协调一致，同步到位。（2）以腰为轴，带动上肢划弧平抹，做到两臂相系，两手相跟。左脚提起时身体不能摇晃，落地要轻灵稳健。稳固重心，提收左脚与勾手、挑掌应协调同步。保持身体中正，周身松静自然。（3）上步时，右腿屈膝半蹲，立稳重心，左脚上步落地要轻灵。左掌向外翻掌推出时，要与转体、落步、弓腿同时完成，保持上下协调一致。定势时，左腕约与肩同高，指尖与鼻尖平，左手尖、鼻尖、左脚尖方向保持一致，三尖相对。注意身体中正，松沉后胯，同时身体整体做到"肩与胯、肘与膝、手与足"外三合。

易犯错误：（1）勾手手型不对。（2）两臂夹角过大或者过小，没有保持在135度左右。

攻防含义：（1）设对方出左手来犯，我以左手搭其腕，以右手黏搭其肘，向左后捋带而化解之。（2）设对方出右手来犯，我以右掌接拿其腕部，以左掌搭拿其肘臂，顺势发力捋带以化解其招。（3）设对方出左手来犯，我翻转右掌拿住其腕，其又伸右手，我

便以左掌挑化解之。（4）设对方出左手来犯，我以右掌拿住其腕向右后引吊；其又伸右手来犯，我随即以左掌挑化之，同时上左步套其腿待发。设对方出左手来犯，我以右手勾拿后拉；其再出右手进击，我以左手将其挑空，并顺势向对方胸部发力推掌以击之。

### 四、提手上势

（1）移重摆掌：上体右转，重心稍右移，左脚尖稍内扣。同时左掌微向内、向下摆掌；右勾手变掌，微向内向下摆，两臂微屈，两手腕齐高。头部右转，目视右斜前方。

（2）虚步合掌：上体微微左转，提右脚向右斜前方上步，脚跟着地，重心仍在左腿，两膝微屈。同时右掌外旋伸举于右前方，腕与鼻同高，掌心向左，指尖斜向上；左掌微外旋，向右划弧至右肘内侧，与右掌、右臂相合，掌心斜向下，指尖斜向上。目视右掌前方。

（图6-29至图6-32）

图6-29

图6-30

图6-31

图6-32

动作要点：（1）转体时，左腿微屈膝。同时注意保持身体中正，臀部不可外突。重心后移、右转体、左脚内扣与左掌内摆应协调一致。（2）上右步时，落脚要轻灵，左腿要屈膝坐胯，重心要稳。合掌时要松柔，力发于内，两臂微屈，沉肩坠肘。上体微微左转、右脚向前落步与两掌合举应协调一致。

易犯错误：（1）右脚全脚掌着地。（2）肘尖没有下沉。（3）臀部外突。

攻防含义：（1）设对方出右手来犯，我右转身向内摆掌以化解之。（2）设对方出左手来犯，我以右掌控制其臂肘，以左掌控制其手腕，以化解其招。（3）设对方出左手向我胸部进击，我以右掌黏拿其肘，以左掌黏拿其腕，用合力上送使其倒地。

### 五、白鹤亮翅

（1）左转体划弧：身体左转，重心仍在左腿，右脚随之内扣，脚掌不落地。左掌随转身内旋划弧至胸前，掌心向下，指尖斜向右前；右掌内旋下落至身右侧，掌心向下，指尖向右侧前。目视左掌前方。

（2）撤步前抱球：上体微微左转，重心立稳于左腿，右脚向右后撤小半步。右掌向下、向左划弧至左腹前，掌心向上，指尖向左；左掌微微向右运伸，掌心向下，指尖向右，与右掌上下相对，如抱球状。目视前方。

（3）后坐右挑掌：重心右移，左脚跟微内踮提起，上体微右转。两手边合边举至右肩前，右掌心斜向左，指尖向左前；左掌运至右小臂内侧上方，掌心向下，指尖斜向右前。目视右掌前方。以腰带臂，边合边挑，协调到位。身体重心由左腿缓缓移至右腿，右腿屈膝、坐胯，立身要中正，不可有起伏。后坐右挑掌时吸气。

（4）虚步分架掌：上体微左转，重心立稳于右腿；左脚向右脚内侧前方进步，脚尖点地，成左虚步。右掌内旋成弧形向上举至头的右上方，掌心斜向前；左掌按于左胯旁，掌心向下，指尖向前。目视前方。

（图 6-33 至图 6-36）

图 6-33           图 6-34

图6-35

图6-36

动作要点：（1）转体时，左脚要立稳，不可乱动；扣脚时，右腿要轻灵，周身要保持舒松、中正，身体不可立起。（2）身体左转、右脚内扣与两掌旋动抱球应协调一致。（3）身体重心由左腿缓缓移至右腿，右腿屈膝、坐胯，立身要中正。以腰带臂，边合边挑，协调到位。（4）以腰带动两臂上下分开。左转体与右掌弧形上提、左掌下按要协调一致。（5）举架掌时，要含胸拔背、虚领顶劲、坐胯屈膝、松沉稳固，身体不可立起，但要有上拔的气。

易犯错误：（1）左转体划弧时重心落至右脚。（2）后坐右挑掌时右掌心没有斜向左，左掌没有位于右小臂内侧上方，过高或过低。（3）虚步分架掌时左脚脚跟着地，重心位于左脚。

攻防含义：（1）设对方从我左侧出手进击，我便转体、旋臂、抬掌以化解之。（2）设对方出双手向我进犯，我右脚后撤；同时两手旋抱于胸前以破其招。（3）设对方从我右前进击，我双手向右上抬挑以化解之。（4）设对方出手进击我面部，同时又出脚攻击我腹部，我以上下分掌之势破之。

### 六、搂膝拗步

（1）微左转落掌：上体微左转，重心仍在右腿。右掌外旋自头前弧形划摆下落，掌心斜向上，高与面平。目视右掌。

（2）右转体划弧：上体右转，随之右掌向下、向右划弧至体右侧，掌心斜向前，指尖斜向下；左掌外旋向上、向右划弧至右面前，掌心向右，指尖向上，与头同高。目视右前方。

（3）提左脚托掌：上体继续右转，重心全部移至右腿；左脚同时收至右脚内侧，不落地，脚尖自然下垂。右掌向右侧上方挑托，腕同肩高，掌心斜向左前方，指尖向右侧前方；

左掌向右、向下划弧至右胸前，掌心向下，指尖向右。目视右掌。

（4）上左步收掌：上体左转，重心仍立稳于右腿；左脚向左前方上步，脚跟轻轻着地。右臂屈肘，右掌收至耳旁，掌心向前，指尖向上；左掌向下、向前划弧至体前，掌心向下，指尖斜向右。目视前方。

（5）弓步搂推掌：鼻尖平，左掌经左膝前弧形搂划至左膝外侧，掌心向下，指尖向前。目视前方。

（6）摆脚伸合掌：左脚尖翘起外摆，随即踏实；同时微左转体。左掌外旋向前伸托，掌心向上，指尖向右前，位于右肘内侧下方；右掌微微下落，掌心斜向下，指尖斜向前，约与肩同高，两掌心斜相对。目视右掌前方。

（7）移重心划弧：上体微微左转，重心左前移；右腿屈膝，右脚跟离地。左掌弧形划至左胯旁，掌心斜向右上方，指尖向前；右掌随转体划至右前方，与头同高，掌心向左前，指尖向上。目视左前方。

（8）提右脚托掌：重心缓缓前移，左脚踏实，重心全部移至左腿；右脚提收至左脚内侧而不落地，脚尖自然下垂。左掌向左、向上划弧托举至左侧上方，腕同肩高，掌心斜向右前方，指尖向左侧前方；右掌向左、向下划弧至左胸前，掌心向下，指尖向左。目视左掌前方。

（9）上右步收掌：上体右转，重心仍立稳于左腿；右脚向右前方上步，脚跟轻轻着地。左臂屈肘，左掌收至耳旁，掌心向前，指尖向上；右掌向下、向前划弧至体前，掌心向下，指尖向左。目视前方。

（10）弓步搂推掌：重心前移，脚前掌踏实，成右弓步。左掌向前推出，掌心向前，指尖向上，腕同肩高，指尖约与鼻尖平；右掌经右膝前弧形搂划到右膝外侧，掌心向下，指尖向前。目视前方。

（11）摆脚伸合掌：右脚尖翘起外摆，随即踏实；同时微右转体。右掌外旋向前伸托至左肘内侧下方，掌心向上，指尖向前；左掌微微下落，掌心斜向下，指尖斜向前，约与肩同高，两掌心斜相对。目视左掌前方。

（12）右转体划弧：上体微微右转，重心前移；左腿屈膝，左脚跟离地。右掌弧形划至右胯旁，掌心斜向左上方，指尖向前；左掌随转体划至左前方，与头同高，掌心向右前，指尖向上。目视右前方。

（13）提左脚托掌：指尖向右侧前方；右掌向右、向下划弧至右胸前，掌心向下，指尖向右。目视右掌前方。

（14）上左步收掌：上体左转，重心仍立稳于右腿；左脚向左前方上步，脚跟轻轻着地。右臂屈肘，右掌收至耳旁，掌心向前，指尖向上；左掌向下、向前划弧至体前，掌心向下，指尖斜向右。目视前方。

（15）弓步搂推掌：重心前移，脚前掌踏实，成左弓步。右掌向前推出，掌心向前，指尖向上，约与鼻尖平，腕同肩高；左掌经左膝前弧形搂划至左膝外侧，掌心向下，指尖向前。目视前方。

（图6-37至图6-46）

图 6-37

图 6-38

图 6-39

图 6-40

图 6-41

图 6-42

图 6-43

图 6-44

图6-45

图6-46

动作要点：（1）落掌时要松肩垂肘，以腰为轴，拧腰坐胯。右掌应落于身体的正前方，腕同肩高。注意身体不可歪斜。（2）上体右转与右、左掌划弧应协调同步。转体划弧时，身体重心仍落于右腿。注意眼神要随同两掌划弧转移；以腰为轴，身体不可歪斜。右转体划弧时吸气。（3）上体右转、左脚提起与两掌划弧挑托应协调同步。托右掌时，要以拇指领先向上挑托，到位时要成侧立掌（与四十二式拳要有区分）。注意转体时身体不可倾斜。（4）上体左转、稳固重心、左脚上步与左掌向前划弧、右掌屈肘收至耳旁应协调同步。上步时，要缓慢、轻落，右腿要屈膝坐胯，立稳重心，不可突臀前倾；周身要舒松。（5）重心前移、左脚踏实成弓步与右掌前推、左掌向左弧形搂划应协调同步。弓步时，左腿膝盖不能超过脚尖，后腿伸直而不僵，直中有屈，屈中求直；身体中正。（6）左脚上翘外摆、微左转体与左掌外旋伸托、右掌微下落应协调一致，同步到位。左脚外摆时，右脚要稳，左腿、左胯不可僵；注意胯部要松中有紧，紧中有松。弓步搂推掌时呼气。（7）上体微微左转、重心左前移、右脚跟离地与两掌划弧应协调一致，同步到位。移重心时，左脚踏实，屈左膝，右胯松沉，右膝松屈。注意身体中正，不前倾。

（8）重心缓缓前移、左脚踏实立稳与右脚收至左脚内侧而不落地应协调同步到位。托掌时，要以拇指领先向上托挑，要成侧立掌（与四十二式拳要有区分）。注意身体不可倾斜。提右脚托掌时吸气。（9）上体右转、立稳重心、右脚上步与右掌向前划弧、左掌屈肘收至耳旁应协调同步。上步时，要缓慢轻灵，左腿要屈膝坐胯，立稳重心，不可突臀前倾。周身保持舒松。（10）重心前移、左脚踏实成弓步与左掌前推、右掌向右弧形搂划应协调同步。弓步时，膝盖不能超过脚尖，后腿伸直而不僵，直中有屈，屈中求直。注意身体中正，弓步搂推掌时呼气。（11）右脚上翘外摆、微右转体与右掌外旋伸托、左掌微下落应协调一致，同步到位。右脚外摆时，左脚要稳，右腿、右胯不可僵，注意胯部要松中有紧，紧中有松。（12）上体微微右转、重心右前移、左脚跟离地与两掌划弧应协调一致，同步到位。移重心时右脚踏实，屈膝，左胯松沉，左膝松屈。注意身体

中正，不前倾。右转体划弧时呼气。（13）重心缓缓前移、右脚踏实立稳、左脚收至右脚内侧而不落地，三者应协调同步。托举掌时，要以拇指领先向上托挑，要成侧立掌（与四十二式拳要有区分）。注意身体不可倾斜。提左脚托掌时吸气。（14）上体左转、立稳重心、左脚上步与左掌向前划弧、右掌屈肘收至耳旁应协调同步。上步时要缓慢轻灵，右腿要屈膝坐胯，立稳重心。不可突臀前倾，周身要舒松。（15）重心前移、左脚踏实成弓步与右掌前推、左掌向左弧形搂划应协调同步。弓步时，左腿膝盖不能超过脚尖，后腿伸直而不僵，直中有屈，屈中求直。身体中正。弓步搂推掌时呼气。

易犯错误：（1）上步收掌时没有将掌收至耳旁，手掌与小臂之间形成夹角。（2）弓步搂推掌时，搂膝动作不明显，掌没有经膝前弧形搂划至膝外侧。（3）托掌时身体倾斜，弓步时膝盖超过脚尖，后腿没有伸直。

攻防含义：（1）设对方出手进击我胸、面部，我顺势左转体、下落掌击其面、胸部，同时微左转落掌时调息。（2）设对方出右手向我胸、头部进击，接着又出招进击我右肋部，我便顺势右转体，以左掌向右上划、右掌向右下划以化解其招。（3）设对方出左手来犯，我以右掌托其肘，以左掌搭其腕，用上下合力折伤其肘。（4）设对方出腿向我腹部进击，我左转身、上左步，同时左掌向下、向左划弧以化解之；右掌屈收以护耳门。（5）设对方从前面出腿进击，我以左手搂化其腿；右掌同时发力打击其胸、面部。（6）设对方出左手来犯，我以左手接拿其腕，右掌粘搭其肘，用合力折伤其肘。（7）设对方出手向我胸、面部进击，我顺势左转体；同时以右掌、臂拦截对方。（8）设对方出右手来犯，我以左掌托其肘，以右掌搭其腕，用上下合力折伤。（9）与（4）同，唯左右相反。（10）与（5）同，唯左右相反。（11）与（6）同，唯左右相反。（12）与（7）同，唯左右相反。（13）与（3）同。（14）与（4）同。（15）与（5）同。

## 七、手挥琵琶

（1）移重心跟步：重心前移，右脚向前跟进半步，至左脚后内侧，脚前掌着地。右掌随重心前移，向前微微推进，掌心向前，指尖向上；左掌按于左膝外侧上方，掌心向下，指尖向前。目视前方。

（2）移重心抬掌：上体微右转，右脚踏实，重心移至右腿；左脚随之离地，脚尖着地。左掌向前方弧形抬伸，掌心斜向下，指尖斜向前，约与胸同高；右掌随转体向右、向后划弧至右前方，掌心向下，指尖向前，约与肩同高。目视前方。

（3）左虚步合臂：重心后坐于右腿；左脚向前微微活步，变脚跟着地，成左虚步。左掌外旋向内合举，掌心向右，指尖斜向上，腕同肩高；右掌外旋向内划弧至左肘内侧下方，与左掌相合，两掌心斜相对。目视左掌前方。

（图6-47、图6-48）

图6-47                                    图6-48

动作要点：（1）重心前移、右脚跟进半步与右掌微微前推应协调同步。右脚向前跟步时，重心要立稳于左腿，压住力，身体不可站起，不可前倾；同时注意右膝松屈。移重心跟步时调息。（2）上体微右转、重心移至右腿、左脚跟离地与两掌划弧抬伸应协调同步。注意周身要舒松，以腰为轴；要以身带臂，以臂带掌，松肩垂肘，舒展大方。移重心抬掌时吸气。（3）重心后坐、左脚微微向前活步与两掌划弧向内合掌应协调一致，同步到位。定式时，右腿屈膝、坐胯，不可突臀弯腰。上体中正。合掌时，要松肩垂肘，有松沉感。左虚步合臂时呼气。

易犯错误：（1）移重心跟步时身体前倾，重心明显起伏。（2）左虚步合臂时左脚脚尖点地。（3）合臂后两手掌心没有斜相对。

攻防含义：（1）接上动，继续跟步推掌以打击对方。（2）设对方出右手向我左侧进击，我抬左手挑化解之；对方又出左手，我顺势向右划带以化解之。（3）设对方出右手来犯，我以左手挑粘其肘，右手粘拿其腕，用合力采捋以化解之。

## 八、搬拦捶

（1）微左转握拳：身体左转、左脚尖外摆踏实、重心微前移与左掌内旋、右掌变拳内收应协调一致，同步到位。

（2）探体右搬捶：重心前移，上体向前方伸探，成侧斜弓步。左掌微内旋经右臂外侧下落至右肘内侧下方，掌心向下，指尖向右前方；右拳先内旋后外旋，经左臂内侧向上、向前搬打，拳心斜向内，高不过鼻、低不过胸。目视右拳前方。

（3）上右步拦掌：重心移至左腿，身体微微右转；右脚上步，脚尖外摆。右拳微下落，拳心斜向上，与胸同高；左掌微外旋上提，成立掌，掌心向右，指尖向上，立于胸前。目视前方。

（4）上左步推掌：重心前移至右腿；同时右转体，上左步，脚跟轻轻着地。左掌前推，与胸同高，掌心斜向前，指尖向上；右拳回抽收至腰间，拳心向上。目视左掌前方。

（5）左弓步冲拳：上体左转，重心前移，左脚踏实，左腿屈膝，呈左弓步；右腿伸直。左掌向右、向内划弧收至右小臂内侧，掌心向右，指尖斜向前；右拳内旋向前冲打，拳心向左，拳眼向上，与胸同高。目视右拳前方。

（图6-49至图6-55）

| 图6-49 | 图6-50 | 图6-51 | 图6-52 |

| 图6-53 | 图6-54 | 图6-55 |

**动作要点：**（1）转体握右拳时，右臂屈肘向右前伸进，臂呈弧形。右腿屈膝，沉肩垂肘，身体中正。微左转握拳时吸气。（2）重心前移、上体伸探与左掌下落、右拳向前外搬出应协调一致，柔和到位。右掌向前搬打时，左脚重心要稳，身体要斜中有正、舒展自然，不可僵劲。探体右搬捶时呼气。（3）重心移至左腿、微转身上步与右拳微下落、左掌外旋上提应协调一致，同步到位。上右步时，左腿重心要稳，右脚上步外摆步子不要过大，两腿应屈膝下沉。上右步拦掌时吸气。（4）重心前移、右转体上步与左掌前推、右拳回收应协调同步。上步时，腿要屈膝、坐胯，立重心要稳，上步要缓慢轻灵。左推掌和右拳回抽要同时，阴阳对拔劲要协调，不可突臀前倾。上左步推掌时调息。

**易犯错误：**（1）微左转握拳重心后移。（2）探体右搬捶时拳高过鼻尖，或低于胸部。（3）右拳回抽收至腰间，拳心没有向上。冲拳没有做到拳心向左，拳眼向上。

攻防含义：（1）设对方出右手来犯，我以采挒御敌无效，顺势左转体以右肘攻击对方。（2）设对方出手来犯，我以左掌划压其臂，右拳搬打其鼻、胸。（3）设对方出手进击我胸部，我左掌上提拦化解之。（4）设对方出左手来犯，我以右手拿住其腕后抽，同时左掌向胸部推打。（5）设对方出右手来犯，我以左掌拦其肘，右拳冲击其胸、肋部。

### 九、如封似闭

（1）弓步交叉掌：身体中正，周身放松，仍是左弓步。左掌微内旋，由右小臂下向前穿出至右腕下方，掌心向下，指尖斜向右前；右拳内旋变掌，手心向下，指尖斜向左前，两腕交叉，两掌伸向前。目视前方。

（2）后坐旋收掌：重心后坐，右腿屈膝；左腿伸直，微屈膝，左脚落实、不翘脚。两掌同时外旋向内分托抽收，掌心斜向上，指尖斜向前，两掌与肩同高同宽。目视前方。

（3）沉腕下按掌：身体重心仍坐于右腿，左脚落实，不翘脚。两掌同时内旋，微微向内回收下落至腹前，掌心斜向前，指尖斜向上。目视前方。

（4）弓步双推掌：左腿屈膝，重心前移，成左弓步；右脚跟踏实，右腿伸直。两掌同时向前上推按，两掌心向前，指尖向上，腕同肩高。目视前方。

（图 6-56 至图 6-59）

图 6-56　　　　　　图 6-57　　　　　　图 6-58　　　　　　图 6-59

动作要点：（1）身体中正放松，左掌下前穿与右拳内旋变掌、两腕交叉应协调自然。穿掌时，要松肩、伸臂，伸而不僵，直中有垂（肘）。注意勿前倾。弓步交叉掌时吸气。（2）右腿屈膝后坐、左腿伸直微屈膝与两掌外旋内收应协调一致，同步到位。收掌时，重心由左腿逐渐移至右腿，身体中正，不可后仰。注意松肩垂肘、含胸拔背。（3）坐实重心与两掌同时内旋向内回收下落至腹前应协调同步。向内回收落掌时，腰、胯要松柔，腰以内动向右、向左微微旋转，与两掌内旋下按同时到位。沉腕下按掌时调息。（4）重心前移、左弓步与两掌同时向前上推按应协调同步。弓步时，不可立起身体向前移，要后脚蹬地，后腿随屈就伸，弓步到位。按掌时，要松肩垂肘，力发自脚跟，经过腰，形于手。弓步双推掌时呼气。

易犯错误：（1）左掌微内旋，由右小臂下向前穿出至右腕下方时，掌心向上。（2）沉腕下按掌重心移至右腿时，左脚脚尖翘起。（3）弓步双推掌时，腕比肩高，或低于肩高。

攻防含义：（1）设我向对方冲右拳，被对方以左手拦住，我随即以左手从右小臂下方向前穿以化解之。（2）设对方用双手进犯，我双掌分托回收以化解之。（3）设对方

用双手攻击，被我以双掌收托化解；其又转手向我胸、腹部进攻，我便顺势旋掌下按以化解之。（4）接上动作，当对方出双手进犯，被我以双掌划按落空时，我劲不断，随即将其按推出去。

## 第二节　杨氏四十式太极拳第二段

### 一、斜飞式

（1）右转体摆掌：身体右转，右脚跟内跟，重心右后移；左脚尖翘起，内扣踏实，成横裆步。两掌同时随转体向右划弧摆掌。右掌划至右肩前，掌心向前，指尖斜向上，腕略高于肩；左掌划至左肩前，掌心向前，指尖斜向上，腕略高于肩。目视前方。

（2）虚步举落掌：身体微右转，重心左移；右脚跟离地，成右虚步。右掌弧形下落至体右前，掌心斜向左，指尖斜向下；左掌随转体划至左上方，约与头同高，掌心斜向左前，指尖斜向右上方。目视右前方。

（3）提脚左抱球：上体微左转，重心全部移至左腿；右脚收至左脚内侧而不落地，脚尖自然下垂。右掌外旋向左划弧至左腹前，掌心向上，指尖向左；左掌微外旋下落至左胸前，掌心向下，指尖向右；两掌心相对成抱球状。目视前方。

（4）上步斜抱球：身体微右转，重心仍立稳于左腿；右脚向右前方上步，脚跟轻轻着地，右膝微屈；左腿屈膝，坐胯。右掌微内旋上抬，掌心斜向内，指尖向左；左掌微微下落，掌心斜向下，指尖斜向前，两掌心斜相对。目视前方。

（5）弓步斜分掌：上体微微右转，重心缓缓前移，右脚掌下落踏实，左脚跟外跟，成右弓步。右掌向右上方分举，与头同高，掌心斜向上，指尖斜向前；同时左掌向左下方落至左胯旁，掌心向下，指尖斜向前。目视右掌前方。

（图 6-60 至图 6-64）

图 6-60

图 6-61

图 6-62　　　　　　　　　　图 6-63　　　　　　　　　　图 6-64

动作要点：（1）重心后移、右转体扣脚与划弧摆掌应协调一致，同步到位。转体扣脚时，右腿要屈膝沉胯；划弧摆掌要以腰为轴，以身带臂，以臂带掌。注意不可歪胯、突臀、前倾。（2）身体微右转、重心左移成右虚步与两掌划弧应协调同步。转体移重心时，左腿屈膝坐胯，右腿微屈膝沉胯，上体不可歪斜。虚步举落掌时呼气。（3）微左转体、移重心、收步与两掌划弧抱球应协调一致，同步到位。提右脚时，左脚要踏实，左腿重心要立稳。收右步时，身体要中正，不可歪斜和突臀。抱球时，要腋下含空，沉肩垂肘。提脚左抱球时调息。（4）微右转体、上右步与右掌微内旋上抬、左掌微下落应协调同步。上右步时，重心要立稳，要松腰开胯，不拿僵劲。（5）微右转体、重心缓慢前移、右弓步与右上、左下分掌应协调一致，同步到位。弓步时，右膝盖不能超过脚尖，左腿伸直而不僵。右掌在向右上方分举时，右肩要松沉相随，有前靠意识，要有气势。弓步斜分掌时呼气。

易犯错误：（1）右转体摆掌时两手掌心没有做到向前。（2）上步斜抱球时重心过早移至右脚。（3）弓步膝盖超过脚尖，右手没有与头同高。

攻防含义：（1）设对方从我右后方出手进犯，我顺势右转体摆掌化解之。（2）设对方出招向我右腰侧进击，我重心左移以避之，同时右掌划弧下落化解之。（3）设对方出手进击我胸、腹部，我顺势左转体，划弧抱球以化解之。（4）设对方出左手来犯，我以左手粘其腕，右小臂掤托其臂，同时上右步套拦其左腿，控制对方使之无计可施。（5）接上动，当对方左臂已被我拿控，腿下已被套牢，我用腰腿劲发力、分靠以使其倒地。

## 二、肘底捶

（1）左转旋举掌：身体左转，重心左移，右脚尖翘起内扣。同时右臂内旋，转掌心向左前，指尖向右前，旋举至约与头同高；左掌随转体向左划弧至左胯侧，掌心向下，指尖向前。目视前方。

（2）提左脚抱球：右脚踏实，微右转体，重心全部移至右腿；左脚收至右脚内侧而不落地，脚尖自然下垂。右掌内旋，掌心向下，指尖向左前，与胸同高；左掌外旋，向右划弧抄至右腹前，掌心向上，指尖向右，两掌上下相对如抱球状。目视右掌前方。

（3）上左步分掌：重心仍立稳于右腿，身体微左转；左脚向左前上步，脚尖外摆踏实。左掌向左前分举，掌心斜向上，指尖斜向右前，约与肩同高；右掌向右下方分落至右胯旁，掌心向下，指尖向前。目视左掌前方。

（4）跟步前伸掌：身体左转，重心前移至左腿；右脚随转体向右前跟进半步至左脚内侧后方，脚前掌着地。右掌弧形划至右前方，掌心向前，指尖向上，与面部同高；左掌内旋弧形划至身体左侧，掌心向下，指尖斜向前。目视前方。

（5）后坐伸探掌：右脚跟落地踏实，重心移至右腿；左脚跟离地，成左虚步。右掌微下落，掌心斜向前，指尖斜向上，腕与胸同高；左掌向后、向内外旋划至左腰侧，掌心向上，指尖向前。目视前方。

（6）虚步肘底捶：上体微右转，重心坐实于右腿。左脚由前掌着地转为脚跟着地，仍为左虚步。右掌下落并握拳，沿左小臂外侧收至左腹前，拳心向内，拳眼向上；左掌由腰间经右腕上方内旋向前上方穿出，掌心向右，指尖斜向上，腕约与肩同高。目视左掌前方。

（图6-65至图6-73）

图6-65　　　　　　　　　　图6-66　　　　　　　　　　图6-67

图 6-68

图 6-69

图 6-70

图 6-71

图 6-72

图 6-73

动作要点：（1）身体左转、重心左移、右脚内扣与两掌旋转划弧应协调同步。转体扣脚时，左腿屈膝、坐胯，右膝微屈、沉胯。要以腰为轴，身带臂、臂带掌，不可突臀前倾。左转旋举掌时吸气。（2）微右转体、重心移至右腿、提左脚与两掌旋转划弧抱球应协调一致，同步到位。提脚时，右脚立稳，右膝屈蹲，同时坐胯；左脚不要提得过高，身体中正，腋下含空。（3）重心立稳于右腿，身体微左转、上左步与两掌划分应协调同步。上左步时，右腿重心要立稳，不可向前移动身体，这样才能保持上步轻灵、沉稳和周身舒松。上左步分掌时吸气。（4）左转体、重心前移至左腿、跟右步与两掌划弧应协调一致，同步到位。跟右步时，左腿重心要立稳，右脚柔和、缓慢跟进。两掌划弧时要以腰为轴，以身带臂，以臂带掌，一气贯通。跟步前伸掌时呼气。（5）重心移至右腿、左脚跟离地成虚步与右掌微下落、左掌划弧应协调同步。重心后移时，右腿要屈膝、坐胯，上体中正，沉肩垂肘。右掌由面前下落至与胸同高时，应保持含虚、轻灵。后坐伸探掌时吸气。（6）上体微右转、

167

重心坐实于右腿、左脚掌着地转为脚跟着地与右掌下落变拳、左掌内旋穿出应协调一致，同步到位。定式时，右拳收至左肘内侧下方。注意松肩垂肘，左肩微侧向前。虚步肘底捶时呼气。

易犯错误：（1）左转旋举掌时掌心方向不正确。（2）上步分掌时重心移至左腿。（3）虚步肘底捶时右拳拳心方向错误，右拳没有收至左肘内侧下方。

攻防含义：（1）设对方出手向我胸、头部进击，我重心后移、左转体，以右掌旋划化解之。（2）设对方出右手来犯，我以右掌粘搭其腕，左手从下方抄拦其臂，使来招落空。（3）设对方从我左前方出手进击，我左转体、上左步，同时以分举掌化解之。（4）设对方出手进犯，我以左掌化解其手，右掌发力击其头、面部。（5）设对方出手来犯，我以右掌垂肘下落化解之。（6）设对方出手进击我胸、腹部，我以右手下落化解之，并迅速以左掌同时穿出击打其胸、面部或托打其下巴等部位，右拳则蓄势待发。

### 三　倒卷肱

（1）转体伸收掌：身体右转，重心仍落于右腿；左脚跟着地，脚前掌翘起。右拳变掌抽收至右腹前，掌心斜向上，指尖向左前；左掌微微内旋，向左前伸推，掌心向左前，指尖斜向上。目视右前方。

（2）提脚双举掌：重心全部立稳于右腿，上体微微右转；左脚离地悬于左前方。右掌向右、向上划弧托举至右后方，掌心斜向上，指尖向右后；左掌外旋托举至左前方，掌心斜向上，指尖向左前，两腕高与肩平。目视右前方。

（3）撤步伸举掌：身体左转，重心仍立稳于右腿；左脚向左后撤步，脚前掌着地。右掌屈肘收至耳旁，掌心向前，指尖向上；左掌向前伸举，掌心向上，指尖向前。目视左掌前方。

（4）后坐抽推掌：身体微左转，左脚跟踏实，重心左后移；右脚跟微离地，外�踏实，成半马步。右掌前推至体前，腕同胸高，掌心向前，指尖向上；左掌回抽至左腹前，掌心向上，指尖向右前。目视右掌前方。

（5）提脚双托掌：重心全部立于左腿，上体微左转；右脚离地悬于右前方。左掌向左、向上划弧托举至左后方，掌心斜向上，指尖向左后；右掌外旋托举至右前方，掌心斜向上，指尖向右前，两腕高与肩平。目视左掌前方。

（6）撤步伸举掌：身体右转，重心仍立稳于左腿；右脚向右后撤步，脚前掌着地。左掌屈肘收至耳旁，掌心向前，指尖向上；右掌向前伸举，掌心向上，指尖向前。目视右掌前方。

（7）后坐抽推掌：身体右转，右脚踏实，重心向右后移；左脚跟微离地，外跟踏实，成半马步。左掌前推至体前，腕同胸高，掌心向前，指尖向上；右掌抽收至右腹前，掌心向上，指尖向左前。目视左掌前方。

（图6-74至图6-79）

图 6-74

图 6-75

图 6-76

图 6-77

图 6-78

图 6-79

**动作要点：**（1）身体右转、重心立于右腿与右拳变掌抽收、左掌微微内旋前推应协调同步。转体抽收掌时，右腿屈膝、坐胯，左腿松屈，身体中正，舒适自然，不僵劲。转体抽收掌时吸气。（2）微右转体、重心立稳于右腿、左脚离地与两手划弧托举应协调同步。托举两掌时，重心要立稳，左脚原位离地不回收；两臂展开时要含胸拔背，松肩垂肘，右腿屈膝、坐胯。（3）身体左转、立稳重心于右腿、左脚后撤步与两掌屈收、伸举应协调一致，同步到位。撤步时，右脚要立稳，右腿屈膝、坐胯；左脚落地要轻，左腿伸开撤步。撤步伸举掌时呼气。（4）微左转体、左脚踏实、右脚跟外蹍踏实成半马步与左掌回抽、右掌前推应协调同步。定式时，重心偏后，两腿屈膝、坐胯，上体中正。注意右掌前推、左掌回抽和重心左后移时，劲力要顺达协调。后坐抽推掌时调息。（5）微左转体、重心立稳于左腿、右脚离地与两掌划弧托举应协调同步。托举两掌时，重心要立稳，右脚原位离地不回收。两臂展开时，要含胸拔背，松肩垂肘，左腿屈膝、坐胯。（6）身体右转，左腿立稳重心，右脚后撤步与两掌屈收、伸举应协调一致，同步到位。撤步时，

左脚要稳，左腿屈膝、坐胯；右脚落地要轻，左腿伸开撤步。撤步伸举掌时呼气。（7）右转体、右脚踏实、左脚跟外跟踏实成半马步与右掌抽收、左掌前推应协调同步。定式时，重心偏后，两腿屈膝、坐胯，上体中正。注意左掌前推、右掌抽收和重心右后移时，劲力要顺达协调。后坐抽推掌时调息。

**易犯错误：**（1）抽收掌时没有从掌心向上从腹前经过。（2）撤步伸举掌时没有将手掌收至耳旁高度。（3）重心起伏明显。

**攻防含义：**（1）设对方出左腿向我右腰、腹部攻击，我右转身以右掌划拨化解之。（2）设对方两人从左、右方同时出手，我以双掌同时托举化解之。（3）设对方出手进击我头右侧，我顺势左转体，以右掌化解之。（4）设对方出右手进击我胸、腹部，我左手拿其腕，向左后抽带，右掌同时推击其胸部。（5）设对方两人从左、右方同时出手，我以双掌同时托举化解之。（6）与（3）同，唯左右相反。（7）与（4）同，唯左右相反。

**四、左右穿梭**

（1）转体挑落掌：身体右转，重心右移；左脚尖翘起内扣踏实，成横裆侧弓步，左掌下落至左胯旁，掌心斜向内，指尖斜向下；右掌随转体挑至面前，高约与头平，掌心向内，指尖斜向左上方。目视右掌前方。

（2）提脚举托掌：上体继续右转，右脚掌落地踏实，重心前移，屈右膝绷左腿成右弓步。同时右臂内旋，右掌向上架至右前额上方，掌心斜向上，指尖斜向左；左掌向前、向上推出，掌心向前，指尖向上，腕同肩高，指尖约与鼻尖平。目视左掌方向。

（3）提左脚抱球：身体微右转，右脚尖外摆，向左脚前盖落步，重心偏落于左腿。左掌微微向左前移伸，掌心向上，指尖向右；右掌微微向右后收落，掌心向下，指尖向左前，腕同肩高，两掌心相对。目视两掌前方。

（4）上步斜对掌：身体微微右转，重心前移至右腿；左脚向左前上步，脚跟着地。左掌随着上左步，向前微微捆托至腹前，掌心斜向右，指尖向右；右掌同时向右微微回落至胸前，掌心斜向前，指尖向左前，两掌心斜相对。目视前方。

（5）弓步架推掌：上体左转，左脚掌落地踏实，重心前移，成左弓步。左掌内旋，向上架至左前额上方，掌心斜向上，指尖斜向右；右掌同时前推，掌心向前，指尖向上，腕同肩高，指尖约与鼻尖平。目视右掌前方。

（6）微右转划弧：上体微右转，重心微向右移。左掌微外旋下落至头左前，掌心斜向左前，指尖斜向右上方；右掌随转体微内旋向右前下方划弧至右腰前侧，掌心斜向外，指尖向前。目视前方。

（7）提右脚抱球：身体微左转，重心移至左腿；右脚收至左脚内侧而不落地，脚尖自然下垂。左掌外旋下落至左胸前，掌心向下，指尖向右；右掌外旋向左抄划至左腹前，掌心向上，指尖向左，与左掌手心相对如抱球状。目视左掌前方。

（8）上步斜对掌：身体微右转，重心移至左腿；右脚向右前上步，脚跟着地。右掌随着上右步向前微微拥托至体前，约与胸、腹同高，掌心斜向左，指尖向左；左掌同时向左微微回落至胸前，掌心斜向前，指尖向右前，两掌心斜相对。目视前方。

（9）弓步架推掌：上体右转，右脚掌落地踏实，重心前移，成右弓步。右掌内旋向上架至右前额上方，掌心斜向上，指尖斜向左；左掌同时前推，掌心向前，指尖向上，腕同肩高，指尖约与鼻尖平。目视左掌前方。

（图6-80至图6-92）

图6-80

图6-81

图6-82

图6-83

图6-84

图6-85

图 6-86

图 6-87

图 6-88

图 6-89

图 6-90

图 6-91

图 6-92

动作要点：（1）身体右转、重心右移、左脚内扣与左掌下落和右掌上挑应协调一致，同步到位。转体时，右腿屈膝、坐胯，左腿伸直而微屈膝。注意上体中正，不可前倾。转体挑落掌时吸气。（2）身体右转、重心移至左腿、右脚提起与两掌划弧举托应协调一致，同步到位。提右脚时，左脚要踏实立稳，左腿要屈膝坐胯。上体要舒松，注意含胸拔背，沉肩垂肘。提脚举托掌时呼气。（3）身体微右转、右脚盖落步与两掌划弧斜相对应协调同步。上右盖步时，左腿屈膝立稳重心，盖步落地要轻灵；保持松肩垂肘，腋下含空。右盖步抱球时吸气。（4）身体微微右转、重心移至右腿、上左步与两掌微微运动应协调一致，同步到位。上步时，右脚踏实，右腿屈膝，重心随前移立稳于右腿；左脚要缓缓上步，脚跟着地要轻。保持身体舒松、中正。上步斜对掌时调息。（5）上体左转、重心前移成左弓步与两掌架推应协调一致，同步到位。弓步时，要前腿屈、后腿直，前脚稳、后脚蹬，后胯要松沉，身体自然中正。推架掌时，注意松肩垂肘，右肩随推掌向前微送。弓步架推掌时呼气。（6）上体微右转、重心微右移与两掌随身划弧应协调同步。转体划弧时，右腿要屈膝、坐胯；左脚踏实，左腿要伸而有屈。两掌划弧要随身而动。不可低头弯腰。（7）身体微左转、重心移至左腿、收提右脚与两掌划弧抱球应协调一致，同步到位。提右脚时，左腿要屈膝、坐胯，身体不可站立。右脚不要提得过高，离地即可。保持松肩垂肘，腋下含空。提右脚抱球时呼气。（8）身体微右转、重心移至左腿、上右步与右掌微掤、左掌微落应协调一致，同步到位。上步时，左脚踏实，左腿屈膝，随前移立稳重心；右脚要缓缓上步，脚跟着地要轻。保持身体舒松、中正。（9）上体右转、重心前移成右弓步与两掌架推应协调一致，同步到位。弓步时，要前腿屈、后腿直，前脚稳、后脚蹬；后胯要松沉，身体自然中正。架推掌时，注意松肩垂肘，左肩随着推掌向前微送。

易犯错误：（1）转体挑落掌时左脚没有内扣，左手掌心朝上。（2）上步斜对掌时，前脚全脚掌着地，重心变化过早。（3）微右转划弧时两手掌心方向错误。

攻防含义：（1）设对方从我右侧出手来犯，我右转体，以右掌上挑、左掌下落化解之。（2）设对方出手击向我面部，我以右掌化解之；对方同时出腿来犯，我以左掌上托化解之。（3）设对方出右手来犯，我以左掌托其臂，以右掌封拦其变，使其招落空。（4）设对方伸出右手来犯，我右手搭其腕、左手捌其臂，同时上左步套拦其右腿，其招自解。（5）设对方出右手来犯，我以左臂捌架其臂，同时上步以右掌击推其胸、肋部使其跌倒。（6）设对方出招向我右腰侧进击，我顺势右转体划弧化解之。（7）与（3）同，唯左右相反。（8）与（4）同，唯左右相反。（9）与（5）同，唯左右相反。

### 五、左右野马分鬃

（1）上体微左转，重心微向左移右掌微外旋下落至头右前，掌心斜向右前，指尖斜向左上方；左掌随转体微内旋向左前下方划弧至左腰前侧，掌心斜向外，指尖向前。目视前方。

（2）提左脚抱球：身体右转，重心移至右腿；左脚收至右脚内侧而不落地，脚尖自然下垂。右掌外旋下落至右胸前，掌心向下，指尖向左；左掌外旋向右抄划至右腹前，掌心向上，指尖向右，与右掌掌心相对如抱球状。目视右掌前方。

（3）上步斜对掌：微左转体，重心仍落至右腿；左脚向左前上步，脚跟着地。左掌随着上左步，向前微微捌托至体前，约与胸、腹同高，掌心斜向右，指尖向右前；右掌同时向右微微回落至胸前，掌心斜向前，指尖向左前，两掌心斜相对。目视前方。

（4）左弓步分掌：身体微左转，左脚前掌着地踏实，重心前移，成左弓步。左掌向前、向左、向上划弧至左前方，腕同肩高，掌心斜向里，指尖斜向右前上；右掌向右、向下划至右胯旁，掌心向下，指尖斜向前。目视左掌前方。

（5）提右脚抱球：身体左转，重心移至左腿；右脚收至左脚内侧而不落地，脚尖自然下垂。左掌内旋回收至左胸前，掌心向下，指尖向右；右掌外旋划弧抄至左腹前，掌心向上，指尖向左，与左掌掌心相对如抱球状。目视左掌前方。

（6）上步斜对掌：微右转体，重心仍落至左腿；右脚向右前上步，脚跟着地。右掌随上右步向前微微捌托至体前，约与胸同高，掌心斜向左，指尖向左前；左掌同时向左微微回落至胸前，掌心斜向前，指尖斜向右前，两掌心斜相对。目视前方。

（7）右弓步分掌：微右转体、重心前移成右弓步与两掌划弧分掌应协调一致，同步到位。弓步时，右腿屈、左腿直，右胯坐、左胯沉。右掌划弧到位时，肘、膝上下要相对，右小臂和掌要微斜向左前方，左臂要直而有弧度。

（图6-93至图6-100）

图 6-93          图 6-94          图 6-95

图 6-96          图 6-97          图 6-98

图 6-99                    图 6-100

**动作要点：**（1）上体微左转、重心微向左移与两掌随身划弧应协调同步。转体划弧时，左腿要屈膝坐胯，右腿要伸而有屈。两掌划弧要随身而动。不可低头弯腰。微左转划弧时吸气。（2）身体右转、重心移至右腿、收提左脚与两掌划弧抱球应协调一致，同步到位。提左脚时，右腿要屈膝、坐胯，身体不可站立；左脚不要提得过高，离地即可。保持松肩垂肘，腋下含空。提左脚抱球时呼气。（3）微左转体、重心仍在右腿、上左步与左掌微掤、右掌微回落应协调一致，同步到位。上步时，右脚踏实，右腿屈膝，立稳重心；左脚缓缓上步，脚跟着地要轻。保持身体舒松、中正上步斜对掌时调息。（4）微左转体、重心前移、左弓步与两掌划弧分掌应协调一致，同步到位。弓步时，左腿屈、右腿直，左胯坐、右胯沉。左掌划弧到位时，肘、膝上下要相对，掌要微斜向右前方，右臂直而有弧度。左弓步分掌时呼气。（5）身体左转、重心移至左腿、收提右脚与两掌划弧抱球应协调一致，同步到位。提右脚时，左腿要屈膝、坐胯，身体不可站立；右脚不要提得过高，离地即可。保持松肩垂肘，腋下含空。提右脚抱球时调息。（6）微右转体、重心仍在左腿、上右步与右掌微掤、左掌微回落应协调一致，同步到位。上步时，左脚踏实，左腿屈膝，立稳重心；右脚缓缓上步，脚跟着地要轻。保持身体舒松、中正。上步斜对掌时调息。（7）微右转体、重心前移成右弓步与两掌划弧分掌应协调一致，同步到位。弓步时，右腿屈、左腿直，右胯坐、左胯沉。右掌划弧到位时，肘、膝上下要相对，右小臂和掌要微斜向左前方，左臂要直而有弧度。右弓步分掌时呼气。

**易犯错误：**（1）忽略上体微左转，直接提左脚抱球。（2）分掌时按至胯旁的手掌指尖没有斜向前。（3）弓步膝盖超过脚尖，重心起伏。

**攻防含义：**（1）设对方出招向我左腰侧进去，我顺势左转体划弧化解之。（2）设对方出右手来犯，我以左掌托其臂，以右掌封拦其变，使其招落空。（3）设对方伸出右手来犯，我右手搭其腕、左手掤其臂，同时上左步套拦其右腿，其招自解。（4）设对方出右手来犯，我上左步套拦其右腿，以右掌黏其腕，左掌顺其臂下方配合弓步向斜上方分挑以化解之。（5）与（2）同，唯左右相反。（6）与（3）同，唯左右相反。（7）与（4）同，唯左右相反。

# 第三节　杨氏四十式太极拳第三段

## 一、云手

（1）转体伸挑掌：上体微右转，重心在右腿，仍为右弓步。左掌微外旋向右前划弧挑伸至身体前，与腹同高，掌心向右，指尖向前；右掌微内旋伸举至右前上方，与头同高，掌心斜向前，指尖斜向上。目视两掌前方。

（2）转体挑落掌：身体左转，左脚外摆，重心移至左腿；右脚随之内扣踏实，成横裆侧弓步。左掌向上、向左划弧挑至头左前，掌心向内，指尖斜向右上；右掌微内旋向下划弧落至右胯侧，掌心向下，指尖向右前。目视右前方。

（3）收步转伸掌：上体继续左转，右脚收至左脚内侧落地，两脚平行向前，相距20厘米左右。右掌经下腹前划弧至左肋前，掌心斜向里，指尖向左；左掌内旋翻转至左侧方，腕与肩同高，掌心向外，指尖斜向上。目视左前方。

（4）转体云挑掌：重心右移，上体右转。右掌由左肘内侧向上经面前划弧至右前方，腕与肩同高，掌心向里，指尖斜向上；左掌随转体向下、向右划弧至右肋旁，掌心向里，指尖斜向下。目视右掌前方。

（5）开步转伸掌：上体微右转，重心移至右腿立稳；左脚向左侧开步，脚前掌着地。右掌内旋翻落至体右前，掌心向下，指尖向右前；左掌向右上划弧托至右肩前，掌心向里，指尖斜向右上方。目视两掌前方。

（6）转体云挑掌：左脚踏实，重心左移，上体左转，左掌心向内自右向上、向左经面前划弧云至左前方，掌心向里，指尖斜向上，与眼同高；右掌向下、向左划弧云至右腹前，掌心向左，指尖斜向下。目视左掌前方。

（7）收步转伸掌：上体继续左转，右脚收至左脚内侧踏实，两脚平行向前，相距约20厘米。左掌内旋翻转伸至左前方，掌心向外，指尖向上，腕约与肩同高；右掌向左云划至左肋前，掌心向里，指尖向左。目视左掌前方。

（8）转体云挑掌：重心右移，上体右转。右掌由左肘内侧向上经面前划弧至右前方，腕约与肩同高，掌心向里，指尖斜向上；左掌随转体向下、向右划弧至右肋旁，掌心向里，指尖斜向下。目视右掌前方。

（9）开步转伸掌：内旋翻落至体右前，掌心向下，指尖向右前；左掌向右上划弧托至右肩前，掌心向里，指尖向上。目视两掌前方。

（10）转体云挑掌：左脚踏实，重心左移，上体左转。左掌心向内自右向上、向左经面前划弧云至左前方，掌心向里，指尖斜向上，约与眼同高；右掌向下、向左划弧至右腹前，掌心向左，指尖向下。目视左掌前方。

（11）收步转伸掌：上体继续左转，右脚收至左脚内侧落地，两脚平行站立，向前，相距约20厘米。左掌内旋翻转伸至左前方，掌心向外，指尖向上，腕约与肩同高；右掌向左云划至左肋前，掌心向里，指尖向左。目视左掌前方。

（图6-101至图6-108）

图 6-101

图 6-102

图 6-103

图 6-104

图 6-105

图 6-106

图 6-107

图 6-108

　　动作要点：（1）上体微右转、右弓步与两掌划弧动作应协调同步。左掌向右前划弧伸挑时，两胯要松沉，并以腰领臂运划。注意周身不可僵劲。转体伸挑掌时吸气。（2）左转体、重心移至左腿、右脚内扣成横裆侧弓步与两掌划弧应协调同步。左转体时，随着移重心左腿屈膝、坐胯，右腿伸直，右胯松沉。注意不突臀、不前倾。转体挑落掌时呼气。（3）上体左转、收右步与两掌划弧应协调一致，同步到位。右脚收步后，重心分落至两腿，膝微屈不可站起，不可前倾、突臀。周身舒松轻灵，腋下含空。收步转伸掌时吸气。（4）重心右移、上体右转与两掌划弧应协调同步。云手时，右掌经过面前，指尖约与眉眼同高；左掌下落划弧要经下腹部。同时要注意眼神随右掌转移。转体云挑掌时呼气。（5）微右转体、左脚开步与两掌划弧应协调同步。开左步时，重心要立稳于右腿，右腿要屈膝、沉胯；左腿伸直开步，左脚前掌落地要轻。保持周身舒松自然。开步转伸掌时吸气。（6）重心左移、左转体与两手云掌划弧应协调同步。

移重心时，左腿屈弓，右膝微屈而伸，坐胯收臀。两掌上下云划要协调自然。注意沉肩垂肘，腋下含空。转体云挑掌时呼气。（7）继续左转体、右脚收至左脚内侧与两掌划弧翻伸应协调一致，同步到位。收右步时，右脚跟应先离地；落步时，脚尖先落地，继而全脚落稳，重心落于两腿之间，两腿屈膝。（8）重心右移、上体右转与两掌划弧应协调同步。云掌时，右掌经过面前，指尖约与眉眼同高；左掌下落划弧要经下腹部。同时要注意眼神随右掌。转体云挑掌时呼气。（9）微右转体、左脚开步与两掌划弧应协调同步。开左步时，重心要立稳于右腿，右腿要屈膝、沉胯；左腿伸直开步时，左脚前掌落地要轻。保持周身舒松自然。开步转伸掌时吸气。（10）左脚踏实、重心左移、上体左转与两掌划弧应协调同步。移重心时，左腿屈弓，右膝微屈，坐胯、收臀。两掌上下云划要协调自然。注意沉肩垂肘，腋下含空。转体云挑掌时呼气。（11）继续左转体、右脚收至左脚内侧与两掌划弧转伸应协调一致，同步到位。收右步时，右脚应先离地；落步时，脚尖先落地，继而全脚落地，重心落于两腿，双腿屈膝。收步转伸掌时吸气。

易犯错误：（1）转体伸挑掌时重心左移。（2）收步或开步与转伸掌动作进行不同步。（3）收步后两脚并拢，开步后两脚距离过大。（4）重心起伏明显。

攻防含义：（1）设对方从我左前出腿进击，我顺势转体，以左掌挑托以化解之。（2）设对方出手向我胸、头部进击，我以左掌挑划化解之。（3）设对方出手向我胸肋部进击，我右掌向下划挑以化解之。（4）设对方出招向我胸、腹部进击，我用云手招法上下划弧以化解。（5）设对方出双手来犯，我以左掌挑托其右手，右掌按压其左手以化解之。（6）与（4）同，唯左右相反。（7）与（3）同。（8）与（4）同。（9）与（5）同。（10）与（4）同。（11）与（3）同。

## 二、单鞭

（1）转体云挑掌：重心右移，上体右转。右掌由左肘内侧向上经面前划弧至右前方，腕约与肩同高，掌心向里，指尖斜向上；左掌随转体向下、向右划弧至右肋旁，掌心向里，指尖斜向下。目视右掌前方。

（2）提左脚勾手：重心全部移至右腿；左脚收至右脚内侧，不落地，脚尖自然下垂。右掌内旋变勾手伸举至右斜前方，腕微高于肩；左掌经右肘内侧向上、向左挑至面前，掌心向内，指尖向右上，与眉眼同高。目视前方。

（3）上左步挑掌：上体微左转，左脚向左前上步，脚跟着地。左掌向左前伸挑，掌心向内，指尖斜向上，约与眉眼同高；右勾手随身而动，吊于身体右侧方，腕略高于肩，勾尖向下。目视左掌前方。

（4）左弓步推掌：上体微左转，左脚掌落地，左腿屈膝前弓；右腿伸直，成左弓步。左掌向左前推出，掌心斜向前，指尖向上，约与鼻尖同高；右勾手同时微向右后摆吊，腕略高于肩。目视左掌前方。

（图6-109至图6-114）

图 6-109

图 6-110

图 6-111

图 6-112

图 6-113

图 6-114

　　**动作要点：**（1）重心右移、上体右转与两掌划弧应协调同步。云掌时，右掌经过面前，指尖约与眉眼同高；左掌下落划弧要经下腹部。同时要注意眼神随右掌。转体云挑掌时呼气。（2）重心右移、左脚收至右脚内侧而不落地与右掌变勾手、左掌划弧提挑应协调一致，同步到位。勾手时，五指第一节捏拢，向下垂勾，腕部向上突起。提脚时，要注意立稳重心，身体中正。提左脚勾手时吸气。·（3）左转体、向左前上步与勾手、伸挑掌应协调同步。上步时，重心要立稳于右脚，左脚上步保持轻灵。同时要注意身体中正，不可突臀、前倾。上左步挑掌时调息。（4）上体微左转、重心前移成左弓步与左掌前推、右勾手向右后摆吊应协调一致，同步到位。弓步时，左腿要屈膝、坐胯，右腿要直而微屈膝、沉胯。保持松肩垂肘。左弓步推掌时呼气。

易犯错误：（1）勾手时没有提左脚。（2）右手勾手时手腕过高，超过头顶。（3）弓步和推掌没有同时到位。

攻防含义：（1）设对方出招向我胸、腹部进击，我用云手招法上下划弧以化解。（2）设对方出左手来犯，我以右手拿住其腕向右后抽带。（3）设对方以右手出击，我随即上左脚以左掌拦化之。（4）设对方出右腿向我左腰侧打来，我以左掌划拦，右拳击打其下丹田或裆部。

## 三、高探马

（1）跟步双托掌：重心全部移至左腿；右脚向前跟进半步，落于左脚内侧后方，脚前掌着地。左掌外旋，掌心向上，指尖向左前；右勾手变掌，外旋伸托至右后方，掌心斜向上，指尖向右前，两腕约与肩同高。目视左掌前方。

（2）虚步伸举掌：右脚跟踏实，重心向右后移；左脚跟随之离地，脚前掌着地，成左虚步。右掌屈肘收至耳旁，掌心向前，指尖向上；左掌随重心后移，微回抽上托，掌心仍向上，指尖仍向前。目视左掌前方。

（3）左虚步探掌：重心坐实于右腿，左脚虚步，随重心向后沉坐而稍作调整。右掌微内旋向前探伸至胸前，掌心斜向下，指尖向左；左掌向回抽收至腹前，掌心向上，指尖斜向右前。目视右掌前方。

（图 6-115 至图 6-119）

图 6-115

图 6-116

图 6-117 图 6-118 图 6-119

动作要点：（1）重心左前移、右脚跟进半步与两掌旋转伸托应协调一致，同步到位。跟右步时，左腿屈膝支撑重心要立稳，不可直腿站立；同时右脚跟步要轻灵。注意松肩垂肘。跟步双托掌时吸气。（2）重心后移、左脚跟离地成左虚步与两掌伸举应协调一致，同步到位。重心后移时，右腿屈膝、坐胯，左腿屈膝、松胯。身体要自然中正。虚步伸举掌时呼气。（3）重心后坐、调整左虚步与右掌向前探伸、左掌回抽应协调一致，同步到位。探伸右掌时，右肩应随之向前引送。要注意松肩垂肘，含胸拔背，右臂呈弧形。左虚步探掌时调息。

易犯错误：（1）跟步时右手勾手没有打开变掌。（2）双托掌时两手手腕过高或过低，没有与肩同高。（3）虚步探掌时右手向前探伸，掌心没有斜向下。

攻防含义：（1）设对方伸手来犯，我随以左掌上托化解之，同时举右掌。（2）设对方出手进击我头右侧，我重心后移，举右掌前划以化解之，同时左掌伸托以防敌。（3）设对方出右手来抓拿我左手腕，我顺势重心后坐，同时左掌回抽，右掌击打其胸膛。

### 四、右蹬脚

（1）右划弧伸掌：重心仍落于右腿，上体微右转。右掌向右平抹划弧至右前，掌心向下，指尖向左前，与胸同高；左掌随转体向左前伸托，掌心向上，指尖向左前，与胸同高。目视两掌前方。

（2）上左步穿掌：身体左转，重心立稳于右腿；左脚向左前上步，脚跟着地。左掌微向前伸托，掌心向上，指尖向右前，约与胸同高；右掌向左前穿至左小臂内侧上方，掌心向下，指尖向左前。目视两掌前方。

（3）左弓步分掌：上体微微左转，左脚掌落地踏实，重心前移，成左弓步。左掌内旋向右、向下、向左前分划，掌心斜向下，指尖向左前；右掌向左、向上、向右穿掌划弧分至右前方，掌心斜向下，指尖斜向右前，两掌均平胸高。目视两掌前方。

（4）提膝十字手：左脚踏实，重心全部移至左腿；右膝提起，脚尖自然下垂。两掌由两侧同时外旋向下、向内划弧交叉抱至胸前，两腕相交，左掌在里。目视前方。

（5）右蹬脚分掌：重心继续立稳于左腿，右小腿上抬，右脚尖向内回勾，以脚跟领先向前上蹬出，高要过胯。两掌同时内旋转掌心向前并微微上抬向两侧分掌，掌心都向前外，指尖齐斜向上，两腕与肩同高。目视右脚前方。

（图 6-120 至图 6-126）

图 6-120

图 6-121

图 6-122

图 6-123

图 6-124

图 6-125

图 6-126

动作要点：（1）重心立稳于右腿、上体微右转与两掌划弧运抹应协调同步。抹掌时，腿下要稳，腰胯要松柔，以腰带臂，以臂带掌，周身协调、含虚。右划弧伸掌时吸气。（2）身体左转、立稳右腿、左脚上步与两手划弧穿掌应协调一致，同步到位。上左步时，左脚落于左斜前方，同时右腿要屈膝、坐胯，左腿直中求屈，轻灵机动。立身中正，舒松自然。上左步穿掌时呼气。（3）上体微左转、左脚踏实成左弓步与两掌划弧分掌应协调一致，同步到位。分掌时，左、右掌先同时向相反方向穿划，不断劲，再向两掌的同侧方向分绞划弧。注意柔和协调，肩与臂不可僵劲。左弓步分掌时吸气。（4）左脚踏实、左腿立稳重心、提右膝与两掌划弧十字抱掌应协调同步。独立提膝时，左脚要踏实支撑，左腿伸直微松膝；右膝提起应高过胯，脚尖自段下垂提膝十字手时呼气。（5）重心立稳于左腿、蹬右脚与两掌内旋分掌应协调一致，同步到位。蹬脚时，身体不可歪斜；两臂展而不僵，保持松肩垂肘；右臂与右腿上下要相对。注意含胸拔背。右蹬脚分掌时调息。

**易犯错误：**（1）弓步穿掌与重心右移没有同步。（2）提膝十字手时右脚脚尖勾起，两臂没有捧圆。（3）蹬脚脚尖没有勾起，右臂与右腿上下没有相对，两腕高度过高或过低。

**攻防含义：**（1）设对方以右手拿住我右手腕，我顺势右带，并以左掌托拿其肘，两掌合力挒伤其右臂。（2）设对方出左手来犯，我以左掌接拿其腕；其又伸出右手来犯，我随即以掌接拿其右腕待发。（3）接上动作，当我以左手拿住对方左手腕、以右手拿住对方右手腕时，我两臂发力拉绞即伤其臂。（4）设对方出双手来犯，我两掌顺势向内合臂抱掤以化解之；同时提膝击打其裆、腹、胸等部位。（5）设对方出双手来犯，我双掌由下向上、向两侧分展以拔开其双手，同时出右脚蹬击其胸、腹等部位。

### 五、双峰贯耳

（1）提膝合伸掌：重心继续立稳于左腿；右膝放松，小腿下落，脚尖自然下垂。两掌同时外旋向内合于右膝上方，约与胸同高、与肩同宽，掌心向上，指尖向前。目视两掌前方。

（2）落步双落掌：重心仍立于左腿，右脚向右前方约斜30度。落步，脚跟着地，两掌同时分落至胯两旁，掌心斜向上，指尖斜向前。目视前方。

（3）弓步双贯拳：重心前移，右脚踏实，成右弓步。两掌握拳，向两侧、向前上方内旋划弧合举于头前，拳眼斜相对，两拳相距约与头同宽，高齐太阳穴，两臂弧形呈钳状。目视前方。

（图6-127至图6-130）

图6-127　　　　　　图6-128　　　　　　图6-129　　　　　　图6-130

动作要点：（1）重心立稳于左腿、右腿屈膝、小腿下落与两掌外旋应协调同步。小腿下落时，右膝应有向上提顶之意。两掌臂外旋内合到位时，要保持沉肩垂肘，含胸拔背。（2）重心立稳于左腿、右脚下落上步与两掌分落至两胯旁应协调一致，同步到位。下落右脚上步时，左腿要屈膝、沉胯，身体下降；右腿伸开上步时，脚跟着地要轻，上体保持中正舒松。落步双落掌时呼气。（3）重心前移、右脚踏实成右弓步与两掌变拳向前贯打应协调一致，同步到位。弓步时，右腿屈膝、坐胯，膝盖不能超过脚尖；左腿伸直，沉胯而不僵。贯拳时，要注意松肩垂肘，含胸拔背，身体不可前倾。弓步双贯拳时调息。

易犯错误：（1）提膝合伸掌时两掌没有收至膝盖两侧。（2）贯拳时，两拳拳眼没有斜相对，距离没控制与头同宽。（3）弓步与贯拳没有同步到位。

攻防含义：（1）设对方出双手进犯，我以垂肘合臂巧化来招，同时提膝攻击之。（2）设对方出招向我两肋进击，我顺势向前落步，同时两掌下落垂肘以化解之。（3）接上动作，当对方出手进击我肋间而被我垂肘化解后，我随之两拳贯打其太阳穴及耳门穴。

## 六、左分脚

（1）微后坐分掌：重心向左后移，右脚尖随之翘起。两拳同时变掌向两侧分举至头前两旁，两掌心向前外，指尖斜向上，约与头高。目视前方。

（2）弓步分落掌：右脚尖微外摆踏实，重心前移至右腿；左脚跟随之提起，脚前掌着地。两掌同时向两旁下落至身体两侧，腕同胸高，两掌心向左、右前下方，两掌指尖分向左、右前上方。目视左前方。

（3）提膝十字手：右脚踏实，重心全部移至右腿；左膝提起，脚尖自然下垂。两掌由两侧同时外旋，向下、向内划弧交叉抱于胸前，两腕相交，右掌在里。目视前方。

（图6-131至图6-135）

图 6-131

图 6-132

图 6-133　　　　　　　　图 6-134　　　　　　　　　　图 6-135

　　**动作要点：**（1）重心向左后移、右脚尖翘起与两拳变掌分举至头前两旁应协调同步。重心后移时，左腿屈膝、沉胯，右膝微松屈。松肩垂肘，立身中正平稳，不可突臀前倾。微后坐分掌时吸气。（2）右脚尖微外摆踏实、重心前移至右腿、左脚跟提起与两掌同时下落应协调同步。右脚外摆时，约向前斜45度。踏实。左脚跟提起时，左胯松沉、屈膝。同时注意身体舒松自然。弓步分落掌时呼气。（3）右脚踏实、右腿立稳重心、提左膝与两掌划弧十字抱掌应协调同步。独立提膝时，右脚要踏平承重，五趾抓地，右腿要伸直微屈膝。左膝提起应高过胯，脚尖自然下垂。提膝十字手时调息。

　　**易犯错误：**（1）提膝与十字手没有同步到位。（2）十字手时两手里外位置错误。（3）分脚时勾脚尖，左臂与左腿上下没有相对，两腕高度过高或过低。

　　**攻防含义：**（1）设对方用贯耳双拳来袭，我便重心后移，两拳变掌分划以化解之。（2）设对方从我身体左侧进招，我顺势右转体前移并落掌化解之。（3）设对方出双手来犯，我两掌顺势向内合臂抱拥以化解之；同时提膝击打其裆、腹、胸等部位。

### 七、转身右蹬脚

　　（1）**收小腿举掌：**右腿微屈，重心仍立稳于右腿；左脚下落而不着地。两掌分举至左、右两侧，掌心齐向外，指尖齐向上，两腕约与肩同高。目视左掌前方。

　　（2）**右转体落步：**身体右转，左脚向右脚外侧盖落步，脚尖着地。两掌随转体同时划弧下落至身体两侧，掌心齐向下，指尖斜向身体两侧前方，约与腰同高。目视前方。

　　（3）**转身交叉臂：**身体右转，两脚以脚前掌为轴，脚跟离地随转体跟转至起式的右后方落地。两掌同时由身体两侧向下、向内划弧合臂，交叉于腹前，左掌在上，掌心向右，指尖斜向前；右掌在下，掌心向左，指尖斜向下。目视两掌前方。

　　（4）**提膝十字手：**身体继续右转，左脚跟外跟踏实，重心全部立稳于左腿；右膝提起，脚尖自然下垂。两掌由腹前同时外旋向上交叉合抱于胸前，两腕交叉，左掌在里。

目视前方。

（5）右蹬脚分掌：重心继续立稳于左腿；右小腿上抬，右脚尖向内回勾，以脚跟领先向前上蹬出，高要过胯。两掌同时内旋，转为掌心向前，并微微上抬向两侧分掌，掌心齐向外，指尖均斜向上，两腕与肩同高。目视右脚前方。

（图 6-136 至图 6-140）

图 6-136

图 6-137

图 6-138

图 6-139

图 6-140

动作要点：（1）重心仍立稳于右腿、左脚下落而不落地与两掌分举至左、右两侧应协调同步。落左脚时，重心要立稳；左膝放松，小腿自然下垂。注意松肩垂肘，立身中正。收小腿举掌时吸气。（2）身体右转、左脚向右脚外侧落步与两掌随转体同时划弧下落应协调一致，同步到位。落脚时，右腿屈膝下蹲，重心要稳，左脚尖轻轻落地，同时两胯要向内合力。两掌划弧下落时，要注意收臀，上体不可前倾。右转体落步时呼气。

（3）身体右转、两脚以前掌为轴随转体而碾动与两掌划弧合臂交叉于腹前应协调一致，同步到位跟脚转身时，要两胯合力，屈膝沉胯，松中有紧。保持身体舒松平稳，不歪斜、不前倾，腋下含空。转体交叉臂时吸气。（4）右转体、左脚跟外跟踏实、立稳重心、提右膝与两掌外旋向上合抱于胸前应协调同步。独立提膝时，左脚要平踏承重，五趾抓地，左腿要直而微屈膝；右膝提起应高过胯，脚尖自然下垂。（5）重心立稳于左腿、蹬右脚与两掌内旋分掌应协调一致，同步到位。蹬脚时，身体不可歪斜，两臂分掌展而不僵。注意松肩垂肘，含胸拔背，右臂与右腿上下要相对。右蹬脚分掌时调息。

易犯错误：（1）收小腿时膝盖高度变化。（2）转身交叉臂时左右手相对位置错误。（3）蹬脚脚尖没有勾起，右臂与右腿上下没有相对，两腕高度过高或过低。

攻防含义：（1）左脚由出击转为回收，蓄而待发。（2）设对方出脚攻击我左腿、左腰，我顺势转体落步，两掌同时划弧下落以化解之。（3）设对方出左腿来犯，我双掌合抱转体以化解之。（4）设对方出双手来犯，我两掌顺势向内合臂抱捧以化解之；同时提膝击打其裆、腹、胸等部位。（5）设对方出双手来犯，我双掌由下向上、向两侧分展以拔开其双手，同时出右脚蹬击其胸、腹等部位。

### 八、海底针

（1）后落步举掌：重心立稳于左腿；右腿下落向右后落步，脚前掌着地；两腿屈膝。右掌随落右步向前下落伸至体前，掌心斜向左，指尖斜向上；左掌同时向左侧划弧伸举，腕同肩高，掌心向左前，指尖向上。目视右掌前方。

（2）虚步提按掌：右转体，右脚内跟踏实，重心移至右腿；左脚跟随之提起，脚前掌着地，成左虚步。右掌随转体向下、向右、向上划弧提至右肩前，掌心向里，指尖斜向前下；左掌同时向前、向右、向下划按至身体左前，掌心斜向下，指尖向右前。目视右前方。

（3）虚步下插掌：重心继续立稳于右腿，身体微左转；左脚向内平移至右脚前，仍为左虚步。右掌随转体向前下方插掌，掌心向左，指尖向前下方；左掌同时、经左膝前搂划至左膝外侧，掌心向下，指尖向前。目视前下方。

（图 6-141 至图 6-146）

图 6-141　　　　　　　　　　图 6-142　　　　　　　　　　图 6-143

图 6-144　　　　　　　　图 6-145　　　　　　　　图 6-146

动作要点：（1）重心立稳于左腿、右脚向右后落步与两掌划弧伸举应协调一致，同步到位。落右脚时，左腿屈膝微下沉；右脚落至左脚内侧后方约半步，落步要轻；两胯微微合力。后落步举掌时吸气。（2）右转体、重心移至右腿成左虚步与两掌划弧提、按应协调一致，同步到位。转体时，右腿重心要稳，以腰为轴，以身带臂，以臂带掌，周身柔和舒展，松肩垂肘，自然大方。虚步提按掌时调息。（3）身体右转、两脚以前掌为轴随转体而碾动与两掌划弧合臂交叉于腹前应协调一致，同步到位跟脚转身时，要两胯合力，屈膝沉胯，松中有紧。保持身体舒松平稳，不歪斜、不前倾，腋下含空。转体交叉臂时吸气。

易犯错误：（1）右脚向右后落步与两掌划弧伸举没有同步到位。（2）下插掌时，左手没有搂膝划过。（3）虚步重心过高。

攻防含义：（1）设对方出招进击我下腹，我随之右脚后撤，右掌下插以化解之。（2）设对方出右手进击我胸、腹部，同时又出左腿进攻我右腰侧时，我顺势右转体，以左掌划按其手，右掌捞提其腿以破来招。（3）设对方伸右手来犯，我以左掌将其搂化，右掌向前下其丹田和裆部。

## 九、闪通臂

（1）虚步举合掌：上体直起，微微右转，重心仍立稳于右腿；左脚跟离地，仍为左虚步。右掌随起身向上抬举至胸前，掌心向左，指尖向前；同时左掌由左膝外侧向前上微外旋划弧，抬至右腕内侧下方，掌心向右，指尖斜向上。目视右掌前方。

（2）上步举伸掌：上体微右转，重心仍立稳于右腿；左脚向左前上步，脚跟着地。右掌上抬举于头前，与头同高，掌心向左，指尖向前；左掌随之微向前伸探，掌心向右，指尖向上。目视左掌前方。

（3）弓步架推掌：上体微右转，左脚掌下落踏实，重心前移；左腿屈膝，右腿伸直，成左弓步。右掌内旋向上架至右前额上方，掌心斜向上，指尖斜向左；左掌同时微微内旋向前推出，腕同肩高，掌心斜向前，指尖向上。目视左掌前方。

（图6-147至图6-150）

| 图6-147 | 图6-148 | 图6-149 | 图6-150 |

**动作要点：** （1）上体升起、微微右转与两掌划弧向前上合举应协调一致，同步到位。直起上体时，右腿仍需屈蹲，不可站起；上体中正，不突臀、不前倾。注意沉肩垂肘，含胸拔背。两掌向上抬举时，有相合之力。虚步举合掌时吸气。（2）上体微右转、右腿立稳重心、上左步与两掌举、探应协调同步。在上步时，右腿屈蹲，松腰坐胯；左脚上步时，脚跟着地要轻。不可突臀前倾，注意松肩垂肘。上步举伸掌时呼气。（3）上体微右转、左脚踏实、重心前移成左弓步与两掌架、推应协调一致，同步到位。弓步时，左腿要屈膝、坐胯；右腿要伸直，但膝部要微松屈，并沉后胯。架推掌时，要注意松肩垂肘，保持上体中正，左肩要随推掌向前微送。弓步架推掌时调息。

**易犯错误：** （1）起身后左脚脚跟落地，两掌指尖方向错误。（2）弓步与架推掌动作没有同步到位。（3）左手手腕没有保持与肩同高。

**攻防含义：** （1）设对方出手向我头部进击，我顺势起身，以右掌挑托其臂，左掌搭拿其腕以化解之。（2）设对方出右手来犯，我右掌上挑其臂，上左步套拦其右腿，举左掌待发，此时其已在我控制之中。（3）接上动，当对方右臂被挑起时，我右手转手拿住其腕向上后方引带，左掌随即推打其肋部。

## 第四节　杨氏四十式太极拳第四段

### 一、白蛇吐信

（1）右转体架掌：上体微微左转，重心右前移，左脚跟离地，左掌外旋向前伸托至体前，与胸同高，掌心向上，指尖向前；右掌内旋自腰间向前上穿至左小臂上方，掌心向下，指尖斜向左前。目视前方。

（2）提脚分举掌：脚踏实，重心全部移至右腿；左脚收提至右脚内侧前，脚尖微外摆下垂，不落地。左掌微内旋向下、向左划弧到左腹前，掌心向右，指尖斜向下；右掌微内旋向上、向右划弧至头右前，掌心斜向右外，指尖斜向上。目视前方。

（3）上步伸举掌：上体微微右转，重心仍落于左腿；右脚向右前上步，脚跟着地。右拳外旋经胸前向上划弧变掌伸举至前方，与面部同高，掌心斜向里，指尖斜向上；左掌同时经右小臂外侧向下、向内收落至左腰前侧，掌心斜向下，指尖斜向上。目视右掌前方。

（4）弓步左推掌：上体右转，右脚掌落地踏实，重心前移，右腿屈膝；左脚跟微外跟，左腿伸直，成右弓步。左掌推至体前，腕同胸高，掌心侧向前，指尖向上；右掌同时回抽收至右腰侧，掌心向上，指尖向前。目视左掌前方。

（图 6-151 至图 6-157）

图 6-151

图 6-152

图 6-153

图 6-154

图 6-155

图 6-156

图 6-157

动作要点：（1）身体右转、重心右移、左脚内扣与两掌划弧握拳、托掌应协调一致，同步到位。转体时，身体仍需松沉，两胯要合而有开。托掌时，保持沉肩垂肘，含胸拔背，不可耸肩、突臀。右转体架掌时吸气。（2）右转体、重心移至左腿、收提右脚与左掌下落、右拳上提应协调一致，同步到位。提脚时，左腿要屈膝、坐胯，重心立稳；右脚提起时，右腿要注意放松。两臂屈肘成弧形，同时要含胸拔背。提右脚落掌时呼气。（3）上体微右转、重心仍立稳于左腿、右脚上步与两掌划弧伸、收应协调一致，同步到位。上步时，左腿要屈膝、沉胯，立稳重心；右脚落地要轻，右膝微屈。不可歪胯、俯体。上步伸举掌时吸气。（4）上体右转、右脚踏实、重心前移成右弓步与两掌前后推收应协调一致，同步到位。弓步时，右腿屈膝坐胯；左腿伸直，微屈膝、沉胯。注意松腰转体，左肩随推掌向前引送。

易犯错误：（1）右转体架掌时右手握拳拳面向下。（2）推掌与弓步没有同时到位。（3）推掌后右掌掌心向下，左掌高度没有与胸同高。

攻防含义：（1）设对方出手进击我右肋部，我顺势右转体，以右掌变拳下克化解之。（2）设对方出手进击我面部或右腿，我重心后移，提起右腿；同时以左掌经面前下按化解之。（3）设对方出手来犯，我以左掌按压其臂，右手向前以盖面之。（4）设对方用左手抓住我右腕不放，我回抽右掌，左掌随弓步推按其胸膛。

## 二、右拍脚

（1）前移右穿掌：上体微微左转，重心右前移，左脚跟离地，左掌外旋向前伸托至体前，与胸同高，掌心向上，指尖向前；右掌内旋自腰间向前上穿至左小臂上方，掌心向下，指尖斜向左前。目视前方。

（2）提右脚落掌：右转体，左脚踏实，重心全部移至左腿；右脚回收提至左脚内侧，不落地，脚尖自然下垂。左掌随之经面前下落至头前方，掌心斜向前，指尖斜向上；右拳同时提至胸前，拳心向下，拳眼向里。目视前方。

（3）盖步十字手：左脚外摆，向前盖落步，左腿屈膝，重心微前移；右脚跟随之微离地。左掌继续外旋向上、向内划弧至胸前，掌心斜向上，指尖向右；右掌继续外旋向下、向内划弧至胸前，与左掌两腕相交叉，掌心斜向上，指尖向左。目视前方。

（4）提膝双举掌：上体微微右转，左脚踏稳，重心全部移至左腿；右膝提起，脚尖自然下垂。左右两掌同时内旋向上抬举至头前方，两手腕仍交叉，两掌心仍向下。指尖均斜向前方。目视前方。

（5）分掌右拍脚：重心继续立稳于左腿，上体微向右转；右小腿上抬，右脚面展平向前上踢出。右掌向前、向下拍击右脚面，发出"啪"的响声，右臂与右腿上下相对；左掌同时向上、向下分举至左后方，腕约与肩同高，掌心向下，指尖向左后。目视拍脚处。
（图6-158至图6-162）

图6-158　　　　　　　　　　　　　图6-159

图6-160　　　　　　图6-161　　　　　　图6-162

动作要点：（1）上体微微左转、重心右前移、左脚跟离地与两掌旋转、穿托掌应协调同步。重心前移时，右腿屈膝、坐胯，左腿仍需屈膝、沉胯，身体舒松沉稳，中正不僵；保持松肩垂肘，两臂呈弧形。前移右穿掌时吸气。（2）右脚踏实、重心移至右腿、左脚提收与两掌划弧应协调同步。提左脚时，右腿屈膝半蹲，左膝向上稍提起。两掌划弧时，不可平分掌，注意左掌先向下再向左划分，而右掌先向上再向右划分，两掌同时形成绞划弧。提脚分举掌时呼气。（3）左脚外摆向前盖落步、左腿屈膝、右脚跟离地与两掌划弧应协调一致，同步到位。落左步时，两腿屈膝、沉胯，身体要中正、舒松，不僵劲。两掌划弧时，要形成对称绞弧，不可做成平分弧。盖步十字手时吸气。（4）上体微微右转、重心移至左腿、提右膝与两掌内旋抬举应协调一致，同步到位。提右膝时，左脚要平踏承重，五趾要有抓地的意识，左腿要直而微屈膝。上体舒松自然，松肩垂肘。提膝双举掌时调息。（5）重心立稳于左腿、右脚向上分踢与两掌拍脚、分举应协调一致，同步到位。拍脚时，重心必须立稳，右腿需伸直，高要过腰部，再高不限；左腿直立，膝部微屈，身体自然，不可弯腰。分掌右拍脚时呼气。

易犯错误：（1）提右脚落掌后左右手相对位置错误。（2）翻掌方式错误。（3）拍脚时右腿没有伸直，高未过腰。

攻防含义：（1）设对方出右手来犯，我以左掌托拿其肘，右掌搭拿其腕待发。（2）设对方出左拳向我面部击来，同时又出右腿向我腹部进击，我以右掌划拦其左拳，左掌划拦其右腿以化解之。（3）设对方出双手向我扑来，我顺势以绞弧十字手化解之。（4）设对方出招击向我面部，我双掌上抬以化解之。（5）接上动作，当对方出手被我双掌上掤化解后，我顺势出腿踢击其胸、腹或面、喉部，并以掌击拍其头面部。

### 三、左右伏虎势

（1）落步右摆掌：上体微右转，右脚下落于左脚内侧，两脚平行站立，相距 15 厘米左右。两掌随右转体向右前方摆伸，两掌心均斜向下，指尖均斜向前；右腕与肩同高，左腕与胸同高。目视两掌前方。

（2）撤步双伸掌：上体微右转，右脚跟内碾踏实，右腿屈膝；左脚向左后方撤步，脚前掌着地。两掌继续向右前方伸举，右掌与头同高，左掌与胸同高，两掌心均斜向前，指尖均斜向上。目视右掌前方。

（3）左转体分掌：身体左转，左脚跟内跟踏实；右脚跟外蹬踏实，重心微左移。左掌随转体经腹前划弧至体左前，掌心向下，指尖向前；右掌同时划弧至体右前，掌心向下，指尖斜向右前。目视前方。

（4）弓步架打捶：上体微右转，重心左前移，成左弓步。两掌同时握拳，左拳微微内旋向左、向上、向右弧形架举于左前额上方，拳心斜向上，拳眼向下；右拳微外旋向左划弧抱于左肋旁，拳心向里，拳眼向上，两拳眼上下相对。目视右前方。

（5）转体双举掌：身体右转，重心右后移；左脚尖翘起内扣约 45 度。不落地。右拳变掌随转体划至体左前，与胸同高，掌心斜向左前，指尖斜向左上方；左拳同时变掌随转体划举至体左前上方，腕同肩高，掌心斜向左前，指尖斜向左上方。目视左掌前方。

（6）提脚划举掌：上体微右转，左脚掌落地踏实，重心全部移至左腿；右脚收至左脚内侧前，不落地，脚尖自然下垂右掌随之向下、向右划伸至右膝前上方，掌心向下，指尖向前；左掌同时移举至左胸前，掌心斜向前，指尖斜向上。目视前方。

（7）上步双摆掌：重心仍立稳于左腿；右脚向右前方上步，脚跟着地。右掌随之向右划摆至右前侧，约与腰同高，掌心向下，指尖向右前；左掌同时微微外旋向右划摆至腹前，掌心斜向右前，指尖向前。目视右前方。

（8）弓步架打捶：上体微左转，右脚踏实，重心右前移，成右弓步。右掌随之变拳微内旋，向右、向上、向左架于右前额上方，拳心斜向前，拳眼向下；左掌同时变拳外旋向右划弧抱至右肋前，拳心向里，拳眼向上，两拳眼上下相对。目视左前方。

（图 6-163 至图 6-172）

图 6-163

图 6-164

图 6-165

图 6-166

图 6-167

图 6-168

图 6-169　　　　　图 6-170　　　　　图 6-171　　　　　图 6-172

动作要点：（1）上体微右转、右脚下落与左脚平行站立与两掌向右前划弧摆伸应协调同步。落脚摆掌时，两脚立稳，两膝微屈，腰胯松柔，以腰为轴，以身带臂，以臂带掌摆伸到位，右掌在前，左掌在后。落步右摆掌时吸气。（2）上体微右转、右腿屈膝、左脚撤步与两掌继续向右前伸举应协调同步。撤步伸掌时，右腿屈膝、坐胯，左腿伸直、沉胯。两掌前伸时保持沉肩垂肘，腋下含空。身体中正稍有斜。撤步双伸掌时呼气。（3）身体左转、左脚跟内跟、右脚跟外蹚、重心微前移与两掌划弧应协调一致，同步到位。转体时，左脚内跟，右脚依次外踞。重心微左前移，右腿保持屈膝、沉胯，左膝微屈弓。身体中正、含虚。左转体分掌时吸气。（4）上体微右转、重心前移成左弓步与两掌变拳划弧抱、架应协调一致，同步到位。弓步时，左腿屈弓、坐胯，右腿伸直、微屈膝、沉胯。架拳时，上体要先向左微转，再向右转体架抱拳。抱拳时，右腋下要含空，不可夹臂。弓步架打捶时呼气。（5）身体右转、重心右后移、左脚内扣与两拳变掌划弧伸举应协调一致，同步到位。转体时，右腿屈膝、坐胯，左腿微屈膝、沉胯。身体中正，不可突臀、前倾。注意松肩垂肘，舒展含虚。转体双举掌时吸气。（6）上体微右转、重心移至左腿、右脚提收与两掌划弧伸举应协调一致，同步到位。提脚时，左脚踏实，左腿屈膝半蹲；右脚提起要轻松自如，沉稳含虚。上体中正，松肩垂肘。提脚划举掌时呼气。

（7）重心立稳于左腿、右脚上步与两掌划摆应协调同步。上步时，左腿重心要稳，右脚上步落地要轻，身体下降，步子尽量迈大些，但右腿不可强直。上体自然中正。上步双摆掌时吸气。（8）上体微左转、重心前移成右弓步与两掌变拳架抱应协调一致，同步到位。弓步时，右腿屈膝、坐胯，右膝盖不过脚尖；左腿伸直，但膝部应微微松屈，后胯需下沉。保持沉肩垂肘，含胸拔背。弓步架打捶时呼气。

易犯错误：（1）手型及双手位置错误。（2）重心不稳，有起伏。（3）动作不协调一致。

攻防含义：（1）设对方出手进击我胸部，我顺势落步摆掌以化解之。（2）同时双掌下捋以解之。（3）设对方出腿进击我左腰侧，我顺势左转体搂掌以化解之。（4）设对方出手来犯，我以右拳拦压，左拳击打其耳门及太阳穴。（5）顺势以双掌捋化解之。（6）设对方出招向我右腿进击，我顺势提脚，并以两掌划拦化解之。（7）设对方出招向我右腰侧进击，我顺势上步，以双摆掌化解之。（8）与（4）同，唯左右相反。

## 四、右下势

（1）左勾手摆掌：身体左转，左脚外摆踏实；右脚跟外跟踏实，重心左移。左拳变勾手，向下经腹前向左、向上弧形划吊至左侧上方，腕约与肩同高，勾尖向下；右拳同时变掌向左下划至右胸前，掌心向左，指尖向上。目视右掌前方。

（2）右仆步勾手：上体微微右转，重心继续立稳于左腿；右腿伸直，左腿屈膝，仆步下蹲，两脚踏实。左勾手随身而动于左后方，腕略高于肩，勾尖仍向下；右掌随仆步下落至右下腹前，掌心斜向左前，指尖斜向左上。目视右前方。

（3）右仆步穿掌：上体微右转，重心仍偏左，仆蹲松胯，两脚踏实。右掌微内旋顺右腿内侧向前伸穿至右脚内侧，掌心斜向下，指尖向前；左勾手仍顺随吊举至左后方，勾尖仍向下。目视右掌前方。

（图 6-173、图 6-174）

图 6-173　　　　　　　　　　　　图 6-174

动作要点：（1）身体左转、左脚外摆、右脚跟外跟与左勾手右掌划弧应协调一致，同步到位。摆跟脚时，要先摆左脚，后跟右脚跟。注意开胯圆裆。身体中正，不可突臀前倾。两肩松沉垂肘。左勾手摆掌时吸气。（2）上体微微右旋，重心在左腿、左腿屈蹲仆步与左勾手和右落掌应协调同步到位。仆步时，右腿屈膝全蹲，两胯松中有紧，两脚须踏实。不可突臀弯腰，上休保持舒松自然。右仆步勾手时呼气。（3）右旋体、仆蹲松胯、两脚踏实与右掌微内旋前穿、左勾手吊举应协调同步。仆步时，两脚扎稳，两腿松中有紧，不丢劲，两胯开中有合力。左脚尖斜向左后，右脚尖内扣。上体伸开腰，随体穿掌。右仆步穿掌时调息。

易犯错误：（1）左勾手摆掌时，右掌没有划至右胸前，掌心没有向左。（2）仆步按掌时左手勾手高度低于肩膀。（3）穿掌时掌心没有斜向下。

攻防含义：（1）设对方伸手来犯，我以左手拿住其腕向左上引带，右掌推按其胸膛。（2）设对方出招向我头部进击，我顺势下蹲拦掌化解之。（3）设对方出招向我头部进击，我顺势仆步下蹲让过来招，同时以右掌穿其裆及拿其腿。

### 五、金鸡独立

（1）弓步挑勾手：上体微右转，右脚外摆，左脚内扣，两脚踏实，重心前移，成右弓步。右掌随弓步向前上方挑举，腕同肩高，掌心斜向左，指尖斜向上；左勾手同时内旋向左后、向上举伸，勾尖向上。目视右掌前方。

（2）右独立挑掌：上体右转，重心前移全部立于右腿；左膝随之提起，脚尖自然下垂。左勾手变掌向前上伸举，腕同肩高，掌心向右前，指尖斜向上；右掌同时内旋划落至右胯旁，掌心向下，指尖向前。目视左掌前方。

（3）落步双伸掌：上体微左转，左脚下落至右脚内侧，两脚平行屈膝站立，脚尖微外开，相距约20厘米。左掌随之下落至左腹前，掌心向下，指尖向前；右掌由胯旁向前抬至右下腹前，掌心向下，指尖向前（右掌在下，左掌在上）。目视前方。

（4）左独立挑掌：上体微左转，重心全部移至左腿；右膝随之提起，脚尖自然下垂。右掌向右上伸举，腕同肩高，掌心向左前，指尖斜向上；左掌同时下落至左胯旁，掌心向下，指尖向前。目视右掌前方。

（图6-175至图6-178）

| 图6-175 | 图6-176 | 图6-177 | 图6-178 |

**动作要点：**（1）上体微右转、两脚摆扣踏实、重心前移成右弓步与右掌挑举、左勾手后勾应协调一致，同步到位。两脚摆、扣时，应先摆右脚，再扣左脚。挑举右掌时，右肘与右膝上下要相对；左勾手向后举伸时，注意左肩不可上耸。弓步挑勾手时吸气。（2）上体右转、重心移至右腿、提左膝与勾手变掌前举、右掌内旋下落至右胯旁应协调一致，同步到位。独立时，右腿微屈膝立稳，左膝提起高过胯，左肘与左膝上下要相对。身体中正自然，右独立挑掌时呼气。（3）上体微左转、左脚下落至右脚内侧与两掌上下划弧抬、落应协调一致，同步到位。落步时，周身要舒松沉稳，上体中正含虚，不突臀前倾，两臂松肩垂肘，腋下含空。落步双伸掌时吸气。（4）上体微左转、重心移至左腿、提右膝与右掌伸、左掌下落应协调一致，同步到位。独立时，左腿微屈膝立稳，右膝提起高过胯，右肘与右膝上下要相对。身体中正，舒松自然。左独立挑掌时呼气。

**易犯错误：**（1）独立挑掌时肘膝没有上下相对，向前上伸举的手腕没有同肩高。（2）落步双伸掌时两脚"外八"或"内八"，距离未控制在20厘米左右。

攻防含义：（1）接上动，当对方出招被我让过，我趁势前移弓步，以右掌挑其裆部或挑化来招。（2）设对方伸出左手来犯，我顺势以右掌拿住其手腕下采，同时提左膝击其裆、腹、胸等，并以左掌掐其喉部。（3）设对方出手进击我胸、腹部，我以上下举落掌化解之。（4）与（2）同，唯左右相反。

## 六、指裆捶

（1）落步伸举掌：上体微微右转，重心仍落于左腿；右脚向右前上半步，脚跟着地，成右虚步。右掌随落右步向下落伸至体前，腕与上腹部同高，掌心斜向前，指尖斜向上；左掌随转体仍按于左胯旁，掌心向下，指尖向前。目视右掌前方。

（2）握右拳拦掌：身体右转，右脚外摆踏实，重心右前移；左脚跟离地。右掌随转体握拳外旋划弧收至右腰间，拳心向上；左掌同时向左、向前、向右划弧拦至体右前方，掌心斜向下，指尖斜向右。目视左掌前方。

（3）上步伸拦掌：身体微微右转，重心移至右腿；左脚向左前上步，脚跟着地。右拳随转体收于腰间，拳心向上；左掌同时向右划弧至右侧前方，掌心向下，指尖向右前。目视左前方。

（4）弓步指裆捶：上体左转，左脚踏实，重心左前移，成左弓步。左掌随转体向前、向左经左膝前上方划弧至左腿外侧，掌心向下，指尖向前；右拳由腰间向前下方打出，拳眼向上。目视右拳前方。

（图6-179至图6-182）

图6-179　　　　　　图6-180　　　　　　图6-181　　　　　　图6-182

动作要点：（1）上体微微右转、右脚向前落步与右掌落伸、左掌随转体按于左胯旁应协调一致，同步到位。落步时，脚跟着地要轻，步子不要上得太大，左腿屈膝、沉胯，右腿虚弓。上体自然中正。落步伸举掌时吸气。（2）身体右转、右脚外摆踏实、重心右前移、左脚跟离地与右拳收于腰间、左掌划拦至体右前应协调一致，同步到位。摆脚时，重心随之前移，右腿屈膝、坐胯，左腿屈膝、沉胯，两胯相合，舒松沉稳。握右拳拦掌时呼气。（3）身体微微右转、重心移至右腿、左脚上步与右拳收于腰间、左掌划至右侧前应协调同步。上步时，右腿屈膝、坐胯，左脚轻落地，左腿微屈膝。注意上体中正，不突臀前倾。（4）上体左转、重心前移成左弓步与左掌搂划弧、右拳前打应协调同步。弓步时，左腿屈膝、坐胯；右腿伸直，松膝沉胯。右拳打出时，右肩微向前催送，拳高约

平小腹和裆部。弓步指裆捶时呼气。

易犯错误：（1）重心变化错误。（2）动作不协调。（3）弓步膝盖超过脚尖，或身体前倾。

攻防含义：（1）设对方伸手来犯，我落步下捋以化解之。（2）设对方出左手来犯，我以右手拿住其腕向右后抽带；对方又右手出击，我随即以左掌拦化之。（3）与（2）同，唯增加了上步套拦对步理腿。（4）设对方出右腿向我左腰侧打来，我以左掌划拦，右拳击打其下丹田和裆部。

## 七、揽雀尾

（1）后坐举伸掌：身体微左转，重心右后移，左脚尖翘起。右拳随之内旋变掌向前上举伸，与肩同高，掌心斜向下，指尖斜向前；左掌同时外旋向上、向前举至腹前，掌心向上，指尖向前。目视右掌前。

（2）提右脚抱球：上体微左转，重心全部移至左腿；右脚收至左脚内侧，不落地，脚尖自然下垂。左臂内旋屈收于左胸前，左掌心翻转向下，与胸同高，指尖向右；右臂外旋，右掌向左划弧至左腹前，掌心向上，指尖向左，两掌相对如抱球状。目视左掌前方。

（3）上步右掤臂：上体微右转，左腿立稳重心；右脚向右前上步，脚跟着地。右臂微内旋上掤至胸前，掌心向内，指尖向左；左掌微微下落至右小臂里侧，与胸同高，掌心斜向前，指尖斜向上，臂呈弧形。目视前方。

（4）右弓步捆臂：上体微右转，右脚掌踏实，重心右前移，成右弓步。右臂弧形向前捆挤，与上胸部同高，掌心向里，指尖向左；左掌微下落至右小臂内侧下方，掌心向前，指尖斜向上，距右小臂5厘米左右。目视前方。

（5）微转体举掌：上体微右转，仍为右弓步。右掌内旋向右前上方划弧伸举，翻掌心斜向前，指尖斜向上，与头同高；左掌同时向右前引推外旋，转掌心斜向上，指尖斜向右前，左掌位于右肘内侧下方，两掌心斜相对。目视两掌前方。

（6）左转体后捋：重心左后移，身体左转。两掌同时由右上方向左下方捋至腹前。右掌心斜向左下方，指尖向右前；左掌心斜向上，指尖向右下。目视两掌前方。

（7）右转体搭腕：上体微右转。右臂外旋屈肘横于胸前，掌心向里，指尖向左；左掌同时内旋上提，转掌心向前，以掌指搭附于右腕内侧，指尖向上。两臂呈弧形。目视前方。

（8）右弓步前挤：重心前移，成右弓步。两掌同时向前掤臂挤出，与上胸部同高，两臂合力圆撑。目视前方。

（9）弓步旋伸掌：重心在右前，仍为右弓步。左掌沿右掌背弧形向前、向左穿抹，右掌同时内旋向前伸举，两掌随即翻转掌心向下，指尖均向前，两掌与肩同高。目视两掌前方。重心在前、右弓步与两掌翻转、分抹伸举要协调一致，同步到位。

（10）后坐收拦掌：重心左后移，上体以内动微微向左转。左、右掌随身体后坐，同时回收至胸前，两掌心均向斜下方，指尖均向斜上方。目视前方。

（11）弓步双按掌：重心右前移，右腿前弓，左腿伸直，成右弓步。两掌随弓步同时向前按出，腕同胸高，掌心均向前，指尖均向上；两臂与肩同宽微屈，沉肩垂肘。目视前方。

（图 6-183 至图 6-194）

图 6-183

图 6-184

图 6-185

图 6-186

图 6-187

图 6-188

图 6-189

图 6-190

图 6-191

图 6-192

图 6-193

图 6-194

**动作要点：** （1）身体微左转、重心右后移、左脚尖翘起与两掌划弧伸举应协调一致，同步到位。重心后移时，右腿屈膝、沉胯，左腿微屈膝、松胯，两胯向内稍合力。上体中正自然，保持松肩垂肘，收臀含胸。后坐举伸掌时吸气。（2）转体、旋臂、收步、抱球要协调一致，同步到位。提脚时，要立稳重心，身体不可歪斜，脚不要提得过高。抱球时，注意腋下含空，沉肩垂肘。提右脚抱球时呼气。（3）上体右转上步与拥臂落掌要协调同步。上步时，左腿立稳重心，右脚迈步要缓慢，着地要轻灵，左腿屈膝、坐胯，右腿稍屈膝、沉胯。注意上体中正，含胸拔背。上步右拥臂时吸气。（4）右转体弓步与右臂前拥、左掌下落前挤应协调同步。弓步时，右腿屈膝、坐胯，左腿伸直微屈膝、沉胯。注意含胸拔背，身体中正。右弓步拥臂时呼气。（5）转体、右弓步与右掌划弧旋伸、左掌引推外旋应协调同步。划弧时，要松腰随体，以腰为轴。弓步时，右腿屈膝、坐胯，左胯松沉，左腿直而不僵，微屈膝。微转体举掌时吸气。（6）左转体、重心后移与两掌左下捋应协调一致，同步到位。后移重心时，左腿要屈膝、坐胯，右腿伸开微屈膝。同时注意不可突臀前倾，要沉肩垂肘，含胸拔背，舒松自然。左转体后捋时呼气。（7）转体与划弧搭腕应协调同步。转体时，要以腰为轴，带动两臂旋转运动。横臂搭腕时，两臂圆撑，与上胸部同高。注意身体中正，重心仍落于左腿，前脚尖不可上翘。右转体搭腕时吸气。（8）右弓步与两掌合力前挤应协调一致，同步到位。弓步时，右腿屈膝坐胯，膝盖不得超过脚尖，左腿伸直，沉胯微屈膝，两脚扎稳，上体中正，沉肩垂肘，含胸拔背，周身贯通右弓步前挤时呼气。（9）重心在前、右弓步与两掌翻转、分抹伸举要协调一致，同步到位。分举掌时，两脚立稳，腰胯松沉，随体分掌，以内动带外动，内外合一，周身协调，仍保持含胸拔背，身体中正。弓步旋伸掌时吸气。（10）重心后移、上体微微左旋转与两掌回收应协调一致，同步到位。重心后移时，左腿屈膝、沉胯，右腿直而微屈膝、坐胯，两胯微合力。上体中正，不突臀前倾，松肩垂肘，腋下含空。后坐收拦掌时呼气。（11）重心前移成右弓步与两掌前按应协调同步。弓步时，两脚扎稳，右腿屈膝、坐胯，左腿伸直、微屈膝、沉胯。前移重心时，力发自后脚跟。按掌时，要沉肩坐腕，使周身上下形成完整合力。弓步双按掌时调息。

　　**易犯错误：** （1）后坐举伸掌两掌掌心没有斜相对。（2）转体后捋时捋至身体右后方。（3）右转体搭腕时右脚脚尖翘起。

攻防含义：（1）设对方出左掌来犯，我以右掌举掤之；对方又出右手来犯，我随即以左掌上托化解之。（2）设对方出左手来犯，我以左掌黏搭其腕，右手从下方抄拦其臂，使来招落空。（3）设对方出左手进犯，我顺势以右掌上掤其小臂，同时左掌搭拿其腕，以控制对方。（4）设对方以右手来犯，我以右臂掤托其臂，以左掌拿其腕向前发力挤出对方。（5）设对方出左手向我头部进攻，我速以双臂向右上方举架以化解。（6）设对方出左手进犯，我以右手拿其肘，左手拿其腕部，顺势用合力捋发，使其倒地。（7）接上动作，当我用捋势难以捋动对方时，我应不断劲，右转体并转手搭其腕待发。（8）接上动作，当我转过身来不断劲，借着对方后拉劲顺势挤出，对方即应声而倒。（9）接上动作，当我用挤势发力攻击对方而对方不倒时，我顺势以双掌前推之。（10）设对方出双手来犯，我便顺势以双手搭盖其两臂上方并后坐抽压以化解之。（11）设对方出双手来犯，被我用后坐引空，我劲不断顺势发力前按，使其后倾。

## 八、单鞭

（1）左转体摆掌：重心左后移，身体左转，右脚内扣踏实。两掌同时由右前经胸前向左弧形平抹摆至左侧方，左掌在前，右掌在后，掌心均向下，指尖均向左，两掌约与胸同高。目视左前方。

（2）右转体摆掌：上体右转，重心右移，两脚踏实，成横裆步。两掌同时由左侧方向体前运抹，右掌抹至右胸前，左掌抹至体左前，两掌与胸同高，掌心均向下，指尖均向左前。目视两掌前方。

（3）提左脚勾手：重心全部移至右腿；左脚收至右脚内侧，不落地，脚尖自然下垂。右掌向右前方运伸变勾手，腕略高于肩；左掌向右前运抹外旋变挑掌至面前，掌心向里，虎口向上，距面部约30厘米，高与眉眼齐。目视左掌前方。

（4）上左步挑掌：上体微左转，重心仍在右腿；左脚向左前上步，脚跟着地。左掌向左前伸挑，掌心向内，指尖向斜上，约与眉眼同高；右勾手随身而动，吊于右后方，腕略高于肩，勾尖向下。目视左掌前方。

（5）左弓步推掌：上体微左转，左脚掌落地踏实；随之左腿屈膝前弓，右腿伸直，成右弓步。同时左掌内旋向左前推出，腕同肩高，掌心斜向前，指尖向上，高约与鼻平；右勾手向右后展开。目视左掌前方。

（图6-195至图6-200）

图6-195　　　　　　　　图6-196　　　　　　　　图6-197

图 6-198　　　　　　　　　图 6-199　　　　　　　　　图 6-200

　　**动作要点：**（1）重心后移、身体左转、右脚内扣与两掌抹摆应协调一致，同步到位。移重心时，要缓慢均匀地逐渐把重心移至左腿。抹掌时，要注意松肩垂肘，以身带臂，以臂带掌，上下连贯协调。左转体摆掌时吸气。（2）上体右转、重心右移、两脚踏实与两掌同时抹摆应协调一致，同步到位。右移重心时，两脚扎稳，不可移位。抹掌时要注意沉肩垂肘，含胸拔背，上体不可歪斜，要以身带臂，以臂带掌，上下连贯协调。右转体摆掌时呼气。（3）立稳重心、收提左脚与变勾手、挑掌应协调一致，同步到位。提脚时，右腿屈膝微下蹲，上体保持中正，松肩垂肘。勾手五指第一节捏拢，勾尖向下注意松静自然，不用僵劲。提左脚勾手时吸气。（4）左转体、上步与勾手、挑掌应协调一致，同步到位。上步时，右腿屈膝半蹲，重心立稳；左脚上步落地要轻灵。注意上体中正，不可耸肩、弯腰、突臀。上左步挑掌时调息。（5）左弓步与推掌应协调一致。

　　**易犯错误：**（1）左转体摆掌时两手掌心方向错误。（2）弓步与推掌没有同时到位。（3）两臂夹角过大或者过小，没有保持在135度左右。

　　**攻防含义：**（1）对方以左手进攻，我以左手搭其手腕，以右手黏搭其肘，向左后将带化解。（2）对方以右手进攻，我以右掌拿其腕部，以左掌拿其肘，顺势发力将带化解。（3）对方以左手进攻，我翻转右掌拿住其腕，对方又伸右手，我以左掌挑化。（4）对方以左手进攻，我以右掌拿其腕向右后牵拉，对方又以伸右手，我以左掌挑化，同时上左步套其腿。（5）对方以左手进攻，我以右手勾拿后拉，对方再以右手进攻，我以左手将其挑空，并向对方胸部发力推掌。

### 九、左下势

　　（1）勾手收摆掌：身体右转，右脚尖翘起外摆踏实；左脚尖翘起内扣踏实，重心随之移至右腿。右掌随转体向内摆收至左胸前，掌心向右，指尖向上，距胸约30厘米；右勾手随体而动，吊举至右前侧，腕略高于肩，勾尖仍向下。目视左掌前方。

　　（2）左仆步勾手：上体微微左旋转，重心继续立稳于右腿；左腿伸直，右腿屈膝，仆步下蹲，两脚踏实。右勾手随体而动吊至右后方，腕略高于肩，勾尖仍向下；左掌随仆步下落至左下腹部前，掌心斜向右，指尖斜向右上。目视左前方。

（3）左仆步穿掌：上体微左转，重心仍偏右，松胯仆蹲，两脚仍踏实。同时左掌微内旋顺左腿内侧向前穿伸至左脚内侧，掌心斜向下，指尖斜向前；右勾手随体吊举至右后方，勾尖仍向下。目视左掌前方。

（图6-201、图6-202）

图 6-201　　　　　　　　　　　　　　　　图 6-202

动作要点：（1）身体右转、摆扣脚、重心右移与左掌摆收、右勾手吊举应协调一致，同步到位。转体与两脚摆、扣要连贯协调，不可断劲；收摆时，要以腰为轴，以身带臂，以臂带掌，上下相随，保持身体中正舒松。勾手收摆掌时吸气。（2）上体微左转、左仆步下势与勾手落掌应协调同步。仆步时，右腿屈膝全蹲，两胯松中有紧，两脚须踏实，不可翘边，保持上体舒松自然，不俯体突臀、弓背弯腰。左仆步勾手时呼气。（3）左转体、松胯仆蹲、两脚踏实与左掌内旋前穿、右勾手吊举应协调同步。仆步时，两脚扎稳，两腿松中有紧，不丢劲，两胯开中有合力。右脚尖斜向右后，左脚尖向内扣，上体伸开腰，随体穿掌。左仆步穿掌时调息。（4）上体微左转、重心移至左腿、提右膝与右掌伸、左掌下落应协调一致，同步到位。独立时，左腿微屈膝立稳，右膝提起高过胯，右肘与右膝上下要相对。身体中正，舒松自然。左独立挑掌时呼气。

易犯错误：（1）仆步按掌时左手勾手高度低于肩膀。（2）穿掌时掌心没有斜向下。

攻防含义：（1）设对方伸左手来犯，我以右掌拿其腕外吊；对方又伸右手来犯，我即以左掌化解之。（2）与P197"右仆步勾手"同，唯左右相反。（3）与P197"右仆步穿掌"同，唯左右相反。

## 十、　上步七星

（1）弓步挑勾手：上体微左转，左脚外摆，右脚内扣，两脚踏实，重心前移，成左弓步。左掌随弓步向前上方挑举，腕与上胸部同高，掌心斜向右，指尖斜向上；右勾手同时内旋向右后、向上举伸，勾尖向上。目视左掌前方。

（2）举掌右握拳：上体微微左转，重心微前移，右脚跟随之提起。左掌坐腕上举，掌心斜向前，指尖向上，腕同肩高；右勾手变拳收于腰间，拳心向下。目视左掌前方。

（3）虚步七星拳：上体微左转、重心左移、上步成右虚步与两拳交叉上举应协调一致，同步到位。上右步时，左腿屈膝，立稳重心；右脚上步要缓慢轻灵，脚尖点地。两拳交叉时，身体中正，含胸拔背，沉肩垂肘，两臂圆撑。虚步七星拳时调息。

（图6-203、图6-204）

图 6-203

图 6-204

**动作要点：** （1）上体微左转、两脚摆扣踏实、重心前移成左弓步与左掌挑举、勾手后伸应协调一致，同步到位。两脚摆扣时，应先摆左脚，再扣右脚。挑举左掌时，左肘与左膝上下要相对；右勾手向后伸举时，注意左肩不可上耸。弓步挑勾手时吸气。（2）上体微左转、重心前移、右脚跟提起与左掌上举、右拳收于腰间应协调同步。前移重心时，左腿屈膝、坐胯，右腿屈膝、沉胯，两胯保持合力。上体中正，不前倾。两肩松沉，腋下含空。举掌右握拳时呼气。（3）左转体、松胯仆蹲、两脚踏实与左掌内旋前穿、右勾手吊举应协调同步。仆步时，两脚扎稳，两腿松中有紧，不丢劲，两胯开中有合力。右脚尖斜向右后，左脚尖向内扣，上体伸开腰，随体穿掌。左仆步穿掌时调息。

**易犯错误：** （1）重心变化错误。（2）勾手手型错误。（3）动作没有协调同步。

**攻防含义：** （1）当对方出招被我让过，我趁势前移弓步，以左掌挑其裆部或挑化来招。（2）设对方出手来犯，我顺势以左掌托架化解之，并握右拳待发。（3）设对方出双手向我扑来，我以双拳交叉由下向上架举化解之。

**十一、退步跨虎**

（1）退步双落掌：重心仍立稳于左腿，上体微微右转；右脚向右后撤步，脚前掌着地两拳变掌同时下落至腹前，右掌在下，左掌在上，两掌心均向下，左掌指尖斜向右前；右掌指尖斜向左前，两掌斜交叉。目视前方。

（2）虚步架分掌：上体先右转再左转，重心右后移；左脚向右前稍稍移步，脚尖着地，成左虚步。右掌随转体向右、向上划弧架于右前额上方，掌心斜向上，指尖斜向左；左掌同时划落至左胯外侧，掌心向下，指尖向前。目视前方。

（图 6-205 至图 6-207）

图 6-205　　　　　　　　图 6-206　　　　　　　　图 6-207

动作要点：（1）上体右转再左转、重心后移、左脚稍移动变虚步与两掌划弧分架应协调一致，同步到位。变左虚步时，右腿屈膝、沉胯，左腿屈膝、松坐胯。架掌时，注意沉肩垂肘，腋下含空。注意上体中正。虚步架分掌时呼气。（2）右转体、重心立稳于右腿、左脚跟外跟与两掌划弧应协调一致，同步到位。转体时，右腿的胯、膝、踝三处关节均需放松，右脚掌踏实，不可移位；左腿屈膝、松胯。两臂分展时，身体舒松自然，保持松肩垂肘。右转体分掌时吸气。

易犯错误：（1）手型及两手位置错误。（2）虚步重心错误。

攻防含义：（1）设对方出招向我腹部进击，我前脚后撤，两掌同时下落以化解之。（2）设对方出招向我头部和左腰侧进击，我以左掌划落、右掌举架化解之。

### 十二、转身摆莲

（1）右转体分掌：身体右转，重心仍立稳于右腿；左脚跟外蹓，不落地，右掌向下、向右划弧至体右侧，约与肩同高，掌心斜向外，指尖斜向前；左掌同时向左、向上、向前划至体左侧，掌心斜向外，指尖斜向前，约与胸同高。目视前方。

（2）右转体穿掌：身体右转，重心左移，左脚跟着地，两脚踏稳，成倒八字步。左掌随之向前、向右划摆至右肋前，掌心向下，指尖向右；右掌同时向前、向左划弧穿至左小臂上方，掌心向下，指尖向左，两臂交叉。目视前方。

（3）右转体分掌：身体右转，右脚尖翘起外摆踏实，重心随之移至右腿，左脚跟提起。右掌向前、向右划弧抹摆至体右前，与胸同高，掌心斜向下，指尖斜向前；左掌向前、向左划弧抹摆至体左前，与肩同高，掌心斜向下，指尖斜向前。目视前方。

（4）上步双摆：身体右转，重心右移，左脚向右脚内侧上步，脚跟先着地，随即内

扣踏实，成内丁步。两掌随上左步同时向右方划弧摆伸至左、右侧前方，约与胸同高，两掌心均斜向下，指尖均斜向前。目视前方。

（5）右转体摆掌：身体右转，重心左移，右脚跟离地内跟至左脚内侧，成右虚步，两掌随转体同时向右划弧平摆至右侧方；右腕平肩高，左掌平胸高，两掌心均斜向下，指尖均斜向左侧上方。目视左侧前方。

（6）独立摆拍脚：上体左转，左脚立稳，左腿微屈；右腿提起向左、向上、向右做扇形外摆，脚面展平。两掌自右向左平摆，在头前先左手后右手依次击拍右脚面。目视两掌。

（图6-208至图6-214）

图6-208

图6-209

图6-210

图6-211

图6-212

图6-213

图6-214

动作要点：（1）右转体、重心立稳于右腿、左脚跟外跟与两掌划弧应协调一致，同步到位。转体时，右腿的胯、膝、踝三处关节均需放松，右脚掌踏实，不可移位；左腿屈膝、松胯。两臂分展时，身体舒松自然，保持松肩垂肘。右转体分掌时吸气。（2）右转体、重心左移、两脚踏实成倒八字步与两掌划弧交叉应协调一致，同步到位。转体时，两脚踏稳，两腿屈膝放松，两胯向内稍合力。注意上体中正舒松，松肩垂肘，含胸拔背，两臂呈弧形交叉。右转体穿掌时呼气。（3）右转体、右脚外摆、重心右移提左脚跟与两掌划弧抹摆应协调一致，同步到位。移重心时，右脚踏稳，右腿屈膝、沉胯，左腿屈膝、松胯，两胯内合。两臂松肩垂肘，两掌分开后要随转体抹摆到位，身体仍保持舒松自然。右转体分掌时吸气。（4）右转体、重心右移、左脚内扣上步与两掌同时划弧应协调一致，同步到位。上步时，右脚踏实立稳，右腿屈膝、沉胯，放松踝关节；左腿屈膝、松胯，放松踝关节，两胯内合。上体保持舒展自然。上步双摆掌时呼气。（5）身体右转、重心左移、右脚跟内跟与两掌划弧应协调一致，同步到位。转体时，左脚踏实立稳，左腿屈膝、沉胯；右跟脚时，右腿屈膝放松。摆掌时，以腰为轴，以身带臂，以臂带掌，划摆自如。右转体摆掌时吸气。（6）做摆莲腿时，上体先微向下松沉蓄劲，并收腹以便将腿举起摆动，两掌要依次拍击脚面，并发出"啪啪"的连响，但不要过快、过猛，应有松快、稳健之感。注意两掌不可同时拍击脚面，在依次拍击脚面时不可弓腰、弓背。独立摆拍时呼气。

**易犯错误：**（1）摆腿过快、过猛。（2）两掌没有依次拍击脚面。（3）依次拍击脚面时弓腰、弓背。

**攻防含义：**（1）设对方出手向我胸部进击，我顺势右转体，以左掌划拦化解之。（2）设对方出手进击我胸部，我顺势右转体，以双掌向内穿合化解之。（3）设对方出双手进犯，我以双掌左、右抹摆化解之。（4）设对方出手进击我右侧面，我右转体上步，以双掌划摆化解之。（5）设对方从我右后方出招进击，我顺势右转体，以双掌划摆化解之。（6）设对方伸手从我左前进击，我以双掌由右向左摆化，同时起右腿由左向右摆打对方腰部以上的任何部位。

## 十三、弯弓射虎

（1）落步双举掌：右脚向右前落步，脚跟着地，身体右转。两掌同时下落举至体左前，左掌与肩同高，右掌与胸同高，两掌心均向斜下方，指尖均斜向左上方。目视两掌前方。

（2）右转体握拳：上体右转，右脚掌落地踏实，重心微前移，成桩步。两掌随转体向右划弧变拳，右拳握于右肩前，拳心斜向下，拳眼向左；左拳握于胸前，拳心斜向右前，拳眼斜向上。目视右前方。

（3）弓步架打捶：上体左转，右腿屈弓，左腿自然伸直，成右弓步。左拳微外旋经胸前向左前方打出，与肩同高，拳眼向上；右拳同时向上、向左打至右前额上方，拳心向外，拳眼向下。目视左拳前方。

（图6-215至图6-217）

图 6-215          图 6-216          图 6-217

动作要点：（1）右脚落步、右转体与两掌下落应协调一致，同步到位。落步时，左腿屈膝半蹲以降低身体高度，右脚缓缓地向右前轻轻落步。落掌时，两臂舒展，保持松肩垂肘，含胸拔背。落步双举掌时调息。（2）左转体、右弓步与两拳架打应协调一致，同步到位。弓步时，右腿屈膝、坐胯，左腿伸直微屈膝、沉胯，两脚踏稳。打拳时，以腰为轴，以身催拳。注意上体中正，沉肩垂肘。弓步架打捶时呼气。

易犯错误：（1）落步时左腿没有屈膝半蹲。（2）左转体、右弓步与两拳架打没有同步到位。（3）弓步时膝盖超过脚尖。

攻防含义：（1）设对方伸右手来犯，我随即向右前落步，同时两掌顺势拦捋其臂以化解之。（2）设对方出右手来犯，我以右掌粘拿其腕，左掌搭其肘，右转体捋带以化解之；同时保持握拳待发。（3）接上动，我重心前移，同时以左手拿住对方左手腕向左前推送，右拳向前上方击打其头部。

## 十四、搬拦捶

（1）转体收举拳：身体左转，左脚外摆踏实，右脚随即内扣踏实，重心随之左前移，成左侧弓步。右拳微外旋向下、向右前穿举至头前，拳与面部同高，拳心斜向下，拳眼向左；左拳同时微外旋向内抽收至腹前，拳心向上，拳眼向左。目视右前方。

（2）提右脚举掌：上体微左转再右转，左脚踏稳，重心全部移至左腿；右脚收至左脚内侧，不落地，脚尖自然下垂。左拳向左、向后变掌，向上、向前划弧举至头前方，与头同高，掌心向前，指尖向上；右拳向下、向里划弧至左腹前，拳心向内，拳眼向左。目视右前方。

（3）上右步搬捶：身体右转，重心仍立稳于左腿；右脚外摆向前盖落步。右拳外旋由下经胸前向上、向前搬出，高不过鼻、低不过胸，拳心斜向里，拳眼向右；左掌向前、向下经右小臂外侧划弧提至胸前，掌心向右，指尖向上。目视前方。

（4）上左步推掌：身体右转，重心移至右腿；左脚向左前上步，脚跟着地。右拳随转体向后回抽收至右腰侧，拳心向上，拳眼向外；左掌同时向前推至体前，掌心斜向前，指尖斜向上，腕约与肩同高。目视左掌前方。

（5）左弓步冲拳：上体左转，左脚掌踏实，重心前移，成左弓步。右拳随之内旋向前方打出，与胸同高，拳心向左，拳眼向上；同时左掌回收拦至右小臂内侧，掌心向右，指尖斜向上。目视右拳前。

（图 6-218 至图 6-224）

图 6-218

图 6-219

图 6-220

图 6-221

图 6-222

图 6-223

图 6-224

动作要点：（1）左转体、摆扣脚、移重心成侧弓步与两拳收举应协调一致，同步到位。转体时，两脚摆扣要依次连贯，灵巧稳健。由右弓步转成左侧弓步，两腿关节须既放松又不丢劲。在右拳向前穿打时，右肩微向前催送，左腋下保持含空。转体收举掌时吸气。（2）上体左右微连转、提脚与左拳变掌划举、右拳回收应协调一致，同步到位。提脚时，左腿屈膝半蹲，上体舒松中正，控制身体平衡。注意两肩松沉，腋下含空，两臂保持弧形，上下轻灵含虚。提右脚举掌时呼气。（3）右转体、右脚向前盖步与左掌划弧、右拳搬出应协调一致，同步到位。右盖步时，重心立稳于左腿，右脚向前盖落要轻。搬拳时，右臂伸开，但要保持松肩垂肘，右小臂上翘约 45 度。拳与小臂成斜直线。上右步搬捶时调息。（4）右转体、重心右移、上左步与收右拳、推左掌应协调一致，同步到位。上步时，右腿屈膝、坐胯，立稳重心；左脚上步落地要轻，左膝微松屈。推掌时，左肩微向前催送。收拳时，右肩松沉，屈右肘，将拳端平上左步推掌时吸气。（5）左转体、重心前移、左弓步与右冲拳、左拦掌应协调一致，同步到位。弓步时，左腿屈膝、坐胯，膝盖不得超过脚尖；右腿伸直、微屈膝、沉胯。冲拳时，两臂舒松，右肩微向前催送。保持周身协调自然。左弓步冲拳时呼气。

易犯错误：（1）重心变化错误。（2）推掌时腕高于肩。（3）弓步时膝盖超过脚尖。

攻防含义：（1）设对方出手封拦我左拳，我顺势左转体抽回左拳，而以右拳击打其面部。（2）设对方出手向我面部和右肋下击来，我右拳下落回收，左掌向上拦举以化解之。（3）设对方伸手来犯，我以左掌划压其手臂，右拳同时向前搬打其面、胸部。（4）设对方伸手接拿我右腕，我随之上步，在右拳回抽的同时左掌发力推击其胸膛。（5）接上动作，当我左推掌击中对方胸部时，回抽的右拳一解脱，应不断劲连续冲拳击打其肋间。

## 十五、如封似闭

（1）弓步交叉掌：上体微微左右转动，两脚扎稳，仍为左弓步。右拳变掌内旋伸向前方，掌心向下，指尖斜向左前；左掌同时内旋从右小臂下方向前穿至右腕下方，掌心向下，指尖斜向右前，两腕交叉，与上胸部同高。目视前方。

（2）后坐旋收掌：上体微右转，两脚踏实，重心后坐。两掌同时外旋随重心后移向内分收至胸前，两掌心均斜向上，两掌指尖均斜向前上，两掌根距胸约30厘米。目视两掌前方。

（3）沉腕下按掌：上体微左转，两脚踏实，重心仍立稳于右腿。两掌同时内旋向下沉腕按至上腹前，掌心均斜向前，指尖均斜向上，两掌根距上腹部约20厘米。目视前方。

（4）弓步双推掌：左腿弓、右腿撑，重心前移，成左弓步。两掌同时坐腕向前推按至体前，两腕与肩同高同宽，掌心均斜向前，指尖均斜向上。目视前方。

（图6-225至图6-229）

图 6-225

图 6-226

图 6-227

图 6-228

图 6-229

动作要点：（1）上体左右微微转动、左弓步与右拳变掌、左掌前穿应协调一致，同步到位。穿掌时，重心立稳，腰、胯松柔，含胸拔背，沉肩垂肘。右拳变掌与左掌前穿要同时到位。周身协调，不可使僵劲。弓步交叉掌时吸气。（2）微右转体、重心后坐与两掌旋收应协调一致，同步到位。后坐时，右腿屈膝、沉胯，左腿伸开微屈膝、坐胯，左脚尖不可上翘，身体中正，不可后仰。注意松肩垂肘，腋下含空，两肩不可上耸。后坐旋收掌时呼气。（3）上体微左转与两掌内旋下按应协调一致，同步到位。后坐时，比前式更要坐得充分到位，右腿屈度要更大些。上体中正，含胸拔背，不突臀前倾，周身保持含虚轻灵，腋下含空。沉腕下按掌时吸气。（4）重心前移、弓步与两掌前推应协调一致，同步到位。弓步时，左腿屈膝、坐胯，膝盖不得超过脚尖；右腿伸直、微屈膝、沉胯。两脚踏实、扎稳，上体中正舒松，保持沉肩垂肘。弓步双推掌时呼气。

易犯错误：（1）右拳变掌与左掌前穿没有同步到位。（2）后坐旋收掌时左脚尖上翘，身体后仰。（3）弓步时膝盖超过脚尖。

攻防含义：（1）设我出右拳而被对方拿住手腕，我立即以左掌从自己右小臂下方向前穿分以化解之。（2）设对方出双手向我胸部进犯，我双掌随重心后坐上托以化解之。（3）设对方用双手向我胸部进击，我双掌顺势下按以化解之。（4）接上动作，当对方出双手进犯，被我以双掌内旋拦压后，我势不断、劲不丢，乘虚弓步双推掌，使对方失重跌出。

### 十六、十字手

（1）转体举分掌：身体右转，右脚跟微内跟，重心右移，左脚尖翘起内扣踏实。右掌随转体向右微内旋划弧摆至右侧前方，腕同肩高，掌心向外，指尖向上；左掌同时随体移划至左侧前方，腕同肩高，掌心向外，指尖向上。目视右前方。

（2）移重心落掌：上体微右转，重心左移，成横裆步。两掌同时下落至体两旁，约与腰同高，两掌心均斜向下，指尖均斜向上。目视右前方。

（3）收步十字手：上体微微左转，重心立稳于左腿；右脚收至左脚内侧，两脚之间与肩同宽，平行分立。两掌同时外旋，由两旁向内、向上划弧抱至胸前，两腕交叉，右掌在外，掌心均斜向里，指尖分别斜向左、右上方。目视前方。

（图6-230至图6-232）

图6-230　　　　　　　　　　图6-231　　　　　　　　　　图6-232

动作要点：（1）右转体、重心右移、扣左脚与两掌划弧应协调一致，同步到位。转体时，左脚尖应扣向起式方位；右脚尖不可动，但右腿的胯、膝、踝三处关节，须节节放松分掌时，保持松肩垂肘，两臂呈弧形，角度、高度大体相等。上体中正，不可歪斜。转体举分掌时吸气。（2）微右转体、移重心与两掌下落应协调一致，同步到位。移重心时，两脚踏实，左腿屈膝、坐胯，右腿伸直微屈膝、侧沉胯。身体中正，不可歪斜。注意沉肩垂肘，两臂呈弧形，上下含虚协调，无僵劲。移重心落掌时呼气。（3）上体微左转、收右步与两掌抱于胸前应协调一致，同步到位。收步时，重心全部移至左腿立稳，右脚跟先离地，然后全脚离地回收。落步时，脚尖先着地，然后全脚落地，两脚踏平，两腿分担身体重量。两臂成十字手时，注意含胸拔背，沉肩垂肘，两臂呈弧形。收步十字手时吸气。

易犯错误：（1）右转体、重心右移、扣左脚与两掌划弧没有同步到位。（2）落步时没有脚尖先着地。

攻防含义：（1）设对方从我右后方进击，我顺势右转体摆右掌以化解之。（2）设对方出左腿进击我右部，我重心左移下落掌以化解之。（3）设对方出双手向我胸部扑来，我双掌随之由两侧向内、向上合抱以化解之。

## 十七、收式

（1）平行步翻掌：两脚平行分立，立稳重心，身体柔和。两掌同时内旋翻转，掌心均向下，指尖分别斜向左、右斜前方，左掌在上方，两腕仍交叉相叠，与胸同高。目视前方。

（2）平步分举掌：身体微微上起，两脚仍保持平行分立。两掌同时向两旁平分，与肩同宽同高；两掌心均向下，指尖均向前。目视前方。

（3）起身下落掌：两脚蹬地，身体缓缓立起。两掌同时下落至两腿外侧，掌心均向下，指尖均向前。目视前方。

（4）平步提脚跟：重心移至右腿，左脚跟提起，成平虚步。两掌同时外旋，指尖向下，垂落至两腿外侧，掌心均向内。目视前方。

（5）收左步还原：右腿立稳重心，左脚提起收至右脚内侧，成并步站立。两掌仍附于两腿外侧，指尖下垂，轻贴两腿。目视前方。

（图6-233至图6-236）

图6-233　　　　　图6-234　　　　　图6-235　　　　　图6-236

动作要点：（1）平行分立、身体柔和与两掌旋翻应协调一致，同步到位。翻掌时，两腿屈膝半蹲，两膝屈弓不得超过脚尖，两膝盖要与两脚尖上下相对，两胯松沉圆裆。上体中正，不突臀前倾。保持松肩垂肘，含胸拔背。平行步翻掌时呼气。（2）身体微上起、平行分立与两掌平分应协调一致，同步到位。两掌平分时，身体松柔随和，微微上起，仍保持半蹲状态，不可完全站立。上体中正安舒。两掌与两脚上下相对，两肘与两膝上下相对。平步分举掌时吸气。（3）身体立起与两掌下落应协调一致，同步到位。起身时，以两脚蹬地，两腿要柔和缓慢地伸直站起，不可挺得僵直，保持松膝，两掌下落时，要以沉肩垂肘带臂下落掌，不可以掌带臂下落。起身下落掌时呼气。（4）重心右移、提左脚跟与两掌垂落应协调一致，同步到位。移重心时，身体中正，不可歪斜；保持沉肩垂肘，含胸拔背，腋下含空。提脚跟时，左腿屈膝、松胯，不可僵硬强直。平步提脚跟时吸气。

（5）右腿立稳、收左步并步站立与两掌下垂轻贴两腿应协调一致，同步到位。收步时，身体中正自然，两肩松沉，腋下含空；两臂不可伸得过直，周身要有轻灵之感。提左脚时离地即可，不要提得过高，落步要缓缓下落。收左步还原时呼气。

易犯错误：（1）翻掌错误。（2）收左步还原后两脚之间留有距离。

攻防含义：（1）设对方出手进击我胸部，我两掌随之交叉于胸前以封拦来招。（2）设对方伸双手来犯，我以两掌平分化解之。（3）设对方出双手向我两肋旁进击，我双掌下落以化解之。（4）设对方出右拳击我面部，我重心右移以化解之。（5）以静制动。

# 第七章

# 三十二式太极剑

## 第一节　三十二式太极剑第一段

### 一、起始动作

（一）预备式

两脚并拢，脚尖朝前；身体正直，两臂自然垂于身体两侧，左手持剑，剑身竖直，剑尖向上，与身体平行；右手握成剑指，手心向内，眼平视前方（见图7-1）。

**三十二式太极剑**

动作要点：

（1）头颈正直，下颌微内收，精神要集中。（2）上体自然，不要故意挺胸、收腹。（3）两肩松沉，两肘微屈，剑身贴左前臂后侧，不要使剑刃触及身体。

易犯错误：

（1）身体紧张，耸肩或挺胸。

纠正：可做2～3次深呼吸，并去除杂念。

（2）左手持剑不当，剑身与身体成角度，致使剑刃触及身体。

纠正：微屈肘，两臂和身体之间留些许缝隙。

图7-1

（二）起式

1. 左脚开立

左脚向左分开半步，两脚平行，与肩同宽，右剑指内旋，掌心转向身后（图 7-2）。

2. 两臂前举

两臂慢慢向前平举，高与肩平，手心向下，眼平视前方（图 7-3）。

**动作要点：**（1）两臂提起时，要自然松沉，不要耸肩；左手剑身贴住左前臂下侧，剑刃朝向两侧，剑尖向后，不能下垂。（2）左臂在体前划弧时，身体要先微右转；上体中正自然，转体、迈步时与两臂的动作要协调一致。

**易犯错误：**

（1）两臂前举时肩部紧张而出现耸肩现象。

纠正：臂应上抬，肩要向下松沉。

（2）迈步时，身体重心过早前移。

纠正：用右腿支撑身体重心，待左脚迈出脚跟着地后再移动重心。

图 7-2　　　　　　　　　　　　　　图 7-3

3. 转体摆臂

上体略向右转，重心移于右腿，屈膝下蹲，随之左腿提起向右腿内侧靠拢（左脚尖不点地）；同时右剑指边翻转边由体前下落，经腹前向右上举，手心向上；左手持剑经面前屈肘落于右肩前，手心向下，剑平置于胸前，眼看右剑指（图 7-4、图 7-5）。

图 7-4　　　　　　　　　　　　　　图 7-5

动作要点：（1）重心稳定在右腿之后，再收屈左腿。（2）左手持剑划弧时，肩部仍要放松，身体正直。

**易犯错误：**

（1）动作不协调。

纠正：注意身体的左右转动与上肢动作配合。

（2）左手持剑划弧时容易出现引肩上耸，身体歪斜。

纠正：划弧时肩颈放松，保持身体正直。

4. 弓步前指

身体左转，左脚向左侧前方迈出，成左弓步；同时左手持剑经体前向左下方搂至左胯旁，剑竖直立于左前臂后，剑尖向上；右臂屈肘，剑指经耳旁随转体向前指出，指尖自然向上，高与眼平，眼看剑指（图7-6、图7-7）。

图 7-6

图 7-7

动作要点：（1）上步成左弓步的过程，要求重心在右腿稳定之后，再迈出左脚，先是脚跟着地，随即左腿屈膝前弓，身体重心逐渐前移，左脚慢慢踏实，脚尖向前，膝盖不要超过脚尖；右腿自然蹬直，脚跟后蹬调整成弓步。（2）左脚迈出落在左侧前方，保持适当宽度。两脚横向距离是指前脚掌顺向延长线与后脚跟之间的距离，两脚横向距离约在30厘米左右。（3）转体、上步、弓腿和两臂动作要柔和协调，同时完成。

**易犯错误：**

（1）重心过早前移，脚掌一下子落地踏实。

纠正：弓步迈出时，要求一腿屈膝支撑体重，另一腿轻灵地迈出。

（2）成左弓步时，两脚在一条线上，横向距离过窄，造成身体重心不稳。

纠正：左脚上步要朝左侧前方上步，两脚的横向距离保持30厘米左右。

5. 坐盘展臂

身体右转，左臂屈肘上提，左手持剑，手心向下，经胸前从右手上穿出；右剑指翻转，手心向上，并慢慢下落经腰间摆至身体右侧，手心向上，两臂左右平展；同时右腿提起向前盖步横落，脚尖外撇，两腿交叉两膝关节前后相抵，左脚跟提起，重心稍下降呈交叉半坐姿势，眼看右剑指（图7-8、图7-9）。

图7-8

图7-9

动作要点：（1）左手持剑穿出后，左前臂要稍内旋，使剑贴于臂后。（2）由盖步过渡到半坐盘步时，随着持剑前穿，身体右转和右手后撤，右腿再弓屈，身体重心先偏于左腿，随着身体重心逐渐前移，偏于右腿，呈半坐盘势。

易犯错误：

（1）两手在体前交错时，屈肘横剑向前推出。

纠正：左手持剑应向体前穿出。

（2）盖步右脚向前横落时，身体重心立即前移出现"抢步"现象，造成落脚沉重，虚实不清。

纠正：动作要轻灵，身体重心移动要平稳。

6. 弓步接剑

左手持剑稍内旋，手心斜向下，剑尖略下垂，左脚上步成左弓步，脚尖向前，同时身体左转，右手剑指经头右上方向前落于剑把上，准备接剑，眼平视前方（图7-10、图7-11）。

图7-10

图7-11

动作要点：（1）动作时应先提腿上步，右臂上举，然后屈膝弓腿，右臂向前下落，两肩放松两肘微屈，上体保持自然。（2）弓步两脚横向距离保持在 30 厘米左右。

易犯错误：

（1）右臂向前下落时，两肘未微屈，显得紧张。

纠正：从肩到手腕均放松。

（2）动作顺序混乱。

纠正：应先上步和向左转头，然后再右臂向前下落。

## 二、并步点剑

右手食指向中指一侧靠拢，右手松开剑指，虎口对着护手，握住剑把，将剑接换过来，然后腕关节绕环，使剑在身体左侧划一立圆，向前点出，力达剑尖，臂先沉肘屈收，再提腕向前伸直，腕与胸高。左手成剑指，附于右腕部，同时右脚向左脚靠拢成并步，身体半蹲，目视剑尖（图 7-12、图 7-13）。

图 7-12

图 7-13

动作要点：（1）剑身向前绕环时，两臂不可高举。（2）点剑时以拇指、无名指和小指用力，其余两指松握，肩要下沉，上体保持正直。

易犯错误：

（1）点剑时，手腕没有屈提，而是耸肩。

纠正：应多练习握剑时手腕的灵活性。

（2）上体出现前倾。

纠正：应保持上体正直。

攻防含义：此动作属进攻性剑法。主要用于点击敌方胸、腹、裆，亦可点击敌方持剑手腕、眼睛等。

三、独立反刺

（1）撤步抽剑：右脚向右后方撤步，同时身体重心后移，右手持剑撤至右腹侧，剑斜置体前，剑尖略高，左手剑指附于右手腕部随剑后撤，眼看剑尖（图7-14、图7-15）。

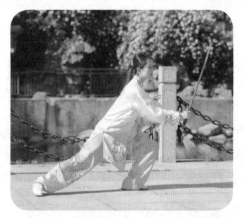

图7-14

图7-15

（2）收脚挑剑：身体向右后转，随之左脚收至右脚内侧，脚尖点地同时右手持剑继续反手抽撩至右后方，然后右臂外旋，右腕下沉，剑尖上挑，剑身斜立于身体右侧，左手剑指随剑撤于右上臂内侧，眼看剑尖（图7-16、图7-17）。

图7-16

图7-17

（3）提膝反刺：上体左转，左膝提起成独立步，同时右手持剑由后渐渐上举，使剑经头右侧上方向前反手立剑刺出，右手拇指向下，手心向外，力注剑尖；左手剑指经须下随转体向前指出，高与眼平，眼看剑指（图7-18）。

图7-18

动作要点：（1）分解动作之间不要停顿间断。（2）独立站立时，上体保持正直，不可前俯后仰。

易犯错误：

（1）动作不连贯圆活。

纠正：应清楚撤步抽剑、收脚挑剑和提膝反刺是三个不同的剑法，但它们是由一个完整连贯的动作构成。

（2）独立步站不稳。

纠正：支撑腿应站直，左膝与左肘上下相合。

攻防含义：此动作攻防兼备。用挑剑挑开对方刺我右侧的剑，随即用反刺剑刺击另一侧的对方头部。

### 四、仆步横扫

（1）撤步劈剑：上体向右后转，剑随转体向右后方劈下，右臂与剑平直，左剑指落于右腕部；在转体的同时，右腿屈弓，左腿向左后方撤步，膝部伸直，眼看剑尖（图7-19）。

图7-19

（2）仆步横扫：身体左转，左剑指经体前顺左肋间后反插，并向左上方划弧举起，手心斜向上，右手持剑，手心向上，使剑自右后方向下、向左前方划弧平扫，右膝弯曲下蹲，成半仆步，随着重心逐渐左移，左脚尖外撇，左腿屈弓，右脚尖内扣，右腿自然伸直，成左弓步，剑高与胸平，眼看剑尖（图7-20、图7-21）。

图7-20

图7-21

**动作要点**：（1）做弓步时，上体保持正直。（2）扫剑时力达剑刃，扫剑动作路线要由高到低再到高，扫出一个弧形。（3）左手剑指反插时，左前臂要内旋。

**易犯错误**：

（1）半仆步时，身体姿势下得不够。

纠正：应练习髋部柔韧性，动作要能下得去，低得下来。

（2）左手剑指未能做出反插。

纠正：要求反插的手指向后且左小臂一定要内旋，动作才能做出来。

**攻防含义**：此动作攻防兼备。当对方剑击我头时，用仆步下势闪开来剑，随即用扫剑扫对方腿部。

### 五、向右平带

（1）收脚收剑：右脚提起收至左脚内侧（脚尖不点地）；同时右手持剑稍向内收弓，左剑指落于右腕部，眼看剑尖（图7-22）。

（2）上步送剑：右脚向右前方迈出一步，脚跟着地；同时右手的剑略向前伸，左剑指仍附于右腕部，眼看剑尖（图7-23）。

图7-22

图7-23

（3）弓步右带：重心前移，右脚踏实，成右弓步，右手持剑，手心翻转向下、向右后方斜带，剑指仍附于右腕部，眼看剑尖（图7-24）。

动作要点：（1）回带剑和弓步屈膝动作要协调一致。（2）带剑要由前往后带，不要做成推、扫等动作。

易犯错误：

（1）上步方向过横或是太直。

纠正：应弄清上步是向斜前方，与身体前进方向的中线约成30～35度。

（2）带剑动作生硬、不柔和，动作突然。

纠正：动作应顺畅，不是边翻转边斜带。

攻防含义：属防守剑法。当对方剑刺我胸时，用带剑化开来剑。

图7-24

六、 向左平带

（1）收脚收剑：右手持剑屈臂后收；同时左脚提起收至右脚内侧（脚尖不点地），眼看剑尖（图7-25）。

（2）上步送剑：左脚向左前方上步，脚跟着地；右手持剑向前伸展，左剑指翻转收至腰间；眼看剑尖（图7-26）。

图 7-25

图 7-26

（3）弓步左带：右手翻掌将剑向左后方弧线平剑回带，右手带至左肘前方，力在剑刃；左手剑指继续向左上方划弧举至额头左上方，手心斜向上，左腿前弓，重心前移，成左弓步，眼看剑尖（图7-27）。

**动作要点与易犯错误：**同"向右平带"。

**攻防含义：**属防守剑法。当对方刺击我胸部时，用带剑化开来剑。

### 七、独立抡劈

图 7-27

（1）转体抡剑：右脚收至左脚内侧，脚尖点地；身体左转，右手持剑由前向下、向后划弧，立剑斜置于身体左下方，左剑指下落，两手交叉于腹前，眼看左后方（图 7-28）。

（2）上步举剑：右脚向前上步，脚跟落地，右手持剑内旋上举于头上方，左手剑指翻转，手心向上，收于腰间（图 7-29）。

图 7-28

图 7-29

（3）独立劈剑：重心前移，右脚踏实；左腿屈膝上提，成右独立步；同时上体右转，稍向前倾；右手持剑随身体右转，向前下方立剑劈下，力在剑刃，右臂与剑成一条斜线，左手剑指向后、向上划弧至左上方，掌心斜向上，眼看下方（图7-30）。

图7-30

动作要点：（1）3个分解动作要连贯不间断。（2）劈剑时，身体和头部先向左转，然后随剑的抢劈方向再转向前方。

易犯错误：

（1）转体抢剑时，身体转动的角度不够。

纠正：应眼视左下方，转头将身体带过去。

（2）劈剑时，动作幅度小。

纠正：臂应伸直，以肩为轴抢劈。

攻防含义：此动作攻防兼备。当对方剑向我腹、裆部击来时，用抢剑挡开来剑，随即用劈剑劈击对方头部。

## 八、退步回抽

（1）退步提剑：左脚向后落下，右手持剑外旋上提（图7-31）。

（2）虚步抽剑：重心后移，右脚随之撤回半步，前脚掌着地，成右虚步；同时，右手持剑抽回，剑把收于左肋旁，手心向内，剑尖斜向上；左剑指落于剑把上，眼看剑尖（图7-32）。

图7-31

图7-32

动作要点：（1）抽剑是立剑由前向后划弧抽回，力点沿剑刃滑动。（2）右脚回撤与剑的回抽上下要一致，两臂合抱要圆撑，沉肩垂肘。

易犯错误：

（1）剑贴靠身体。

纠正：应注意两手抱剑时臂要撑起来。

（2）右脚收步过大，是虚步还是丁步分不清。

纠正：要明确步型是右虚步，右脚收半步。

攻防含义：此动作攻防兼备。当对方剑刺我胸腹部时，我退步避其锋，并用抽剑化挡或割其持剑手腕。

### 九、独立上刺

（1）转体垫步：身体微向右转，面向前方，右脚稍向前垫步；同时右手转至腹前，手心向上，剑尖向斜上方，左剑指附于右腕部；眼看剑尖（图7-33）。

（2）提膝上刺：重心前移，左腿屈膝提起，成右独立步；同时右手持剑向前上方刺出（手心向上），力贯剑尖，高与头平；左手剑指仍附于右腕部，眼看剑尖（图7-34）。

图 7-33

图 7-34

动作要点：（1）上体稍前倾，但不要挺胸，更不要驼背。（2）独立步支撑腿要站直，身体平稳。

易犯错误：

（1）刺剑的臂伸得过直。

纠正：应注意太极剑特点，肘应稍屈。

（2）上刺剑时，剑尖与肩平齐。

纠正：应强调剑尖要与头齐。

攻防含义：此动作攻防兼备。提膝用以阻挡敌脚踢击；上刺用以进攻敌头部和喉部。

## 第二节　三十二式太极剑第二段

### 一、虚步下截

（1）转体摆剑：左脚向左后方落步，随即重心左移，身体左转；同时右手持剑随转体向左平摆；剑指翻转下落于左腰间，眼看剑尖（图7-35）。

（2）虚步下截：上体右转，右脚微向内收，脚尖点地，成右虚步；同时，右手持剑随转体旋臂翻腕（手心向下）经体前向右、向下截按，剑尖略下垂，高与膝平，左剑指向左、向上绕举于左上方（掌心斜向上）；眼平视右前方（图7-36）。

图7-35　　　　　　　　　　　　　　　　图7-36

动作要点：（1）向左转体时，右手持剑随转体平摆于体前，与头同高，手心斜向上，剑尖指向右侧。（2）右脚变成虚步与下截剑要协调一致。

易犯错误：

（1）落脚向后直落步。

纠正：落脚方向为向左后方。

（2）右虚步时两脚距离过小，甚至两脚左右呈交错状。

纠正：虚步时，两脚横向距离不超过10厘米。

攻防含义：此动作攻防兼备。当对方剑刺我右腿时，我右腿向左上步闪开，顺势用截剑阻挡来剑或截其持剑手腕。

### 二、左弓步刺

（1）退步提剑：右手持剑向体前提起，高与胸平，剑尖指向左前方约30度；左剑指落于右腕部；同时右脚向后退一步，目视剑尖（图7-37）。

（2）转体撤剑：重心右移，身体右转；同时右手持剑随转体经面前向后抽，手心翻转向外；左手剑指仍附于右腕部，随剑一起回撤，目视剑尖（图7-38）。

图7-37

图7-38

（3）收脚收剑：身体左转，左脚收至右脚内侧（脚尖不点地）；同时，右手持剑随转体向下卷收于右腰侧；左剑指亦随之翻转收至腹前，两掌心均向上，眼经右前方转向看左前方（图7-39）。

（4）弓步平刺：左脚向左前方迈出，脚跟着地，随之重心前移成左弓步，同时上体左转，右手持剑从右腰间向左前方刺出，手心向上，力注剑尖；左剑指向左、向上绕至左上方，手心斜向上，臂要撑圆，眼看剑尖（图7-40、图7-41）。

图7-39

图7-40

图7-41

**动作要点：**（1）右手剑回领时，前臂要先外旋再内旋。（2）刺剑时从腰部刺出，方向是斜偏30度左右。

易犯错误：

（1）上下肢动作配合不协调。

纠正：应清楚分解的步骤是撤步前送剑，随即向回抽带，收脚时是卷收剑，上步弓步时是前刺剑。

（2）回抽、下卷、前刺剑动作不圆活连贯。

纠正：应让其将这几个动作的连贯过程在转腰的带动下完成。

攻防含义：此动作攻防兼备。对方向我头、颈、肩、胸刺击，我用领剑化解来剑，随即用刺剑刺击敌胸、颈。

### 三、转身斜带

（1）扣脚收剑：重心后移，左脚尖内扣，上体右转；同时右手持剑屈臂后收，横置胸前，手心向上，左剑指落在右腕部，目视剑尖（图7-42）。

（2）提脚转体：重心移至左腿上，柄提起，贴在左小腿内侧；剑向左前方伸送，眼看剑尖（图7-43）。

图7-42

图7-43

（3）弓步右带：身体向右后转身，右脚向右前方迈出，成右弓步；同时右手持剑随转体翻腕，手心向下、向右平带（剑尖略高），力在小指侧剑刃；左剑指仍附于右腕部，眼看剑尖（图7-44、图7-45）。

图 7-44

图 7-45

动作要点：（1）提收右脚时，不要做成独立步。（2）右腿开步成弓步要与身体右后转的动作一致，应平稳、协调。

易犯错误：

（1）身体转动不到位。

纠正：左脚内扣程度需到位。

（2）转身带剑时重心不稳。

纠正：要多练习单脚的原地转动。

攻防含义：此动作属防守性剑法。当对方剑刺我胸部时，我用斜带化开来剑。

### 四、缩身斜带

（1）提脚收剑：左脚提起收至右脚内侧（脚尖不点地）；同时右手持剑微收，左剑指仍附于右腕部，目视前方（图7-46）。

（2）撤步送剑：左脚撤步仍落于原位；右手持剑向前伸送；左剑指屈腕经左肋反插，向身后穿出，眼看剑尖（图7-47）。

（3）丁步左带：重心移向左腿，右脚随之收到左脚内侧，脚尖点地成丁步；同时右手翻掌手心向上，并将剑向左平带（剑尖略高），力在剑刃；左剑指向上、向前绕行划弧落于右腕部，目视剑尖（图7-48）。

图 7-46

图7-47

图7-48

动作要点：（1）身体重心右移时，剑自然前送一下。（2）收脚带剑时，要保持上体正直，臀部不要外突。

易犯错误：

（1）左手剑指没有反插穿击。

纠正：左小臂内旋屈腕，才能做出反插动作。

（2）剑收带时离身体过近。

纠正：两臂应稍撑起。

攻防含义：此动作属防守性剑法。当对方剑刺我胸、肋时，我用缩身斜带化开来剑。

**五、提膝捧剑**

（1）虚步分手：右脚后退一步，重心后移，左脚微后撤，脚尖着地成虚步；同时两手向前伸送，再向两侧分开，手心都向下，剑斜置于身体右侧，剑尖向前，眼看前方（图7-49、图7-50）。

图7-49

图7-50

233

（2）提膝捧剑：左脚略向前垫步，右膝向前提起成独立步；同时右手持剑翻转向体前划弧摆送，左剑指变掌捧托在右手背下面，两臂微屈；剑在胸前，剑身直向前方，剑尖略高，眼看前方（图7-51、图7-52）。

图 7-51　　　　　　　　　　　　　　　图 7-52

动作要点：（1）虚步分剑和提膝捧剑两动作要连贯不停。（2）独立步左腿要蹬直，右腿提膝，脚尖下垂，上体保持自然。

易犯错误：

（1）虚步分手时，剑尖位置不对。

纠正：应将剑尖放于体前中线附近。

（2）独立步时，右膝提的高度不够。

纠正：应练习髋关节柔韧性和腹肌及大腿股四头肌力量。

攻防含义：此动作属防守性剑法。当对方用剑刺我胸时，我用捧剑阻挡来剑，用提膝阻挡对方踢击。

六、 跳步平刺

（1）落脚收剑：右脚前落，脚跟着地，两手捧剑微向下、向后收至腹前，眼看前方（图7-53）。

（2）捧剑前刺：重心移至右腿，蹬腿送髋，左脚离地；同时两手捧剑向前伸刺，眼看前方（图7-54）。

图 7-53　　　　　　　　　　　　　　　图 7-54

（3）跳步分剑：右脚蹬地，左脚随即前跨一步，踏实，右脚在左脚将落地时迅速向左小腿内侧收拢；同时两手分撤至身体两侧，手心都向下，左手变剑指，眼看前方（图7-55）。

（4）弓步平刺：右脚向前上步，重心前移成右弓步，同时右手持剑向前平刺（手心向上）；左剑指绕举至额头左上方，手心斜向上，目视剑尖（图7-56、图7-57）。

图 7-55

图 7-56

图 7-57

动作要点：（1）左脚落地要与两手回收动作一致。（2）向前跳步宜远不宜高，动作轻柔、灵活。

易犯错误：

（1）跳步落地的瞬间不平稳自然。

纠正：应多练徒手跳的动作。

（2）最后弓步刺剑时右肩前顺过大，出现扭胯。

纠正：应控制住右肩及腰胯。

攻防含义：此动作属进攻性剑法。追刺退走之敌，双手、单手连刺，先刺背，紧接刺颈。

### 七、左虚步撩

（1）收脚绕剑：重心后移，上体左转，右脚收至左脚前，脚尖点地；同时，右手持剑随转体向上、向后划弧，剑把落至左腰间，剑尖斜向上，左剑指落于右腕部，目视左侧（图7-58）。

（2）垫步绕剑：上体微右转，右脚向前垫步，脚尖外撇；同时右手持剑向下绕至腹前，剑身斜置于身体左侧；左剑指仍附于右腕部，随右腕绕转，眼平视前方（图7-59）。

图 7-58

图 7-59

（3）虚步左撩：上体继续右转，重心前移至右腿，左脚随即前进一步，脚尖着地，成左虚步；同时右手持剑立剑向前撩出，手心向外，停于右额前，剑尖略低；左剑指仍附于右腕部，眼看剑尖（图 7-60）。

动作要点：（1）初练时，可分解为收脚绕剑、虚步撩剑两个动作，但练习完整动作时，撩剑路线必须划一个整圆。（2）撩剑时，要贴近身体呈立圆。

图 7-60

易犯错误：

（1）撩剑动作不圆活。

纠正：应强调剑的运行要随身体的转动协调自然。

（2）撩剑和定式的步型没有配合上。

纠正：应强调撩剑和步型定式同时完成。

攻防含义：此动作攻防兼备。对方刺我左腿，我用剑向下撩挡，随即撩击对方手腕或裆部。

## 八、右弓步撩

（1）转体绕剑：身体右转，同时右手持剑向后划圆回绕，剑身竖立在身体右侧，手心向外，左剑指随剑绕行收于右肩前，目视剑尖（图 7-61）。

（2）垫步绕剑：身体微左转，左脚向前垫步，脚尖外撇；同时右手持剑微向下绕，剑把落至右胯旁，手心向外，剑尖朝后；左剑指落至左腹前，手心向上，眼随剑走（图 7-62）。

图 7-61

图 7-62

（3）弓步右撩：身体继续左转，右脚前进一步，重心前移成右弓步；同时右手持剑，剑由下向前反手立剑撩出，手心向外，高与肩平，剑尖略低；左剑指继续向上绕至额左上方，手心斜向上，目视前方（图 7-63）。

动作要点：（1）转体抢绕和弓步撩剑要连贯完整。（2）剑向后绕行时，眼神和身体随着向后转。

易犯错误：

同"左虚步撩"。

攻防含义：此动作攻防兼备。向下撩可撩挡对方刺腿之剑，向上撩可撩击对方手腕和裆部。

图 7-63

## 第三节　三十二式太极剑第三段

### 一、转身回抽

（1）转体收剑：身体左转，左腿屈膝，重心左移，右脚尖内扣；同时右臂屈肘将剑收到体前，与肩同高，剑身平直，剑尖向右，左剑指落于右腕上，目视剑尖（图 7-64）。

（2）弓步劈剑：身体继续左转，左脚尖稍外撇，右腿自然蹬直成弓步；同时右手持剑向左前方劈下，目视剑尖（图 7-65）。

图 7-64

图 7-65

（3）后坐抽剑：身体重心移向右腿，右膝弯曲；同时右手持剑抽至右胯侧，左剑指附于右腕部随右手后收，眼看右下方（图 7-66）。

（4）虚步前指：上体稍向左转，左脚撤半步，成左虚步；同时右手抽至右胯后，剑斜置于身体右侧，剑尖略低；左剑指经胸前下须处向前指出，高与眼齐，目视剑指（图 7-67）。

图 7-66

图 7-67

动作要点：（1）做第一动转体收剑时，要先扣右脚，再稍展开左脚，右臂先收回至胸再向左劈。（2）收剑时，用拇指、食指和虎口合力握剑，其余三指松握，剑身才能成水平。（3）虚步方向和剑指的方向一致。

易犯错误：

（1）上下动作配合不协调。

纠正：清楚三个分解动作要连贯顺畅。

（2）虚步抽收剑时直着收回。

纠正：应向下、向后弧线回抽剑。

攻防含义：此动作攻防兼备。抽剑主要用于抽挡对方刺裆、腹之剑，亦可抽割对方手腕。

## 二、并步平刺

（1）垫步转体：左脚略向左移，身体左转；同时左剑指内旋并向左划弧，眼看前方（图7-68）。

（2）并步平刺：右脚向左脚并步，同时右手持剑外旋翻转，经腰间向前平刺；左剑指收经腰间翻转变掌捧托在右手下，手心向上，目视前方（图7-69）。

图 7-68

图 7-69

动作要点：（1）刺剑时，两臂稍屈，不要伸直。（2）刺剑与并步一致，身体自然直立。

易犯错误：

（1）剑平直刺击。

纠正：臂应外旋螺旋形平刺。

（2）直立时挺胸，动作发僵。

纠正：要求身体自然，不能出现挺胸、收腹。

攻防含义：此动作属进攻性剑法。主要用于刺击对方胸、喉、头。

## 三、左弓步拦

（1）转体绕剑：右脚尖外撇，左脚跟外展，身体右转，两腿屈蹲；右手持剑，手心转朝外，随转体由前向上、向右绕转，左手变剑指附于右腕部，随右手绕转，眼看右后方。

（2）上步绕剑：左脚向左前上方上步，脚跟着地；右手持剑继续向后绕转，左剑指翻转收于腹前（图7-70）。

（3）弓步拦剑：身体左转，重心前移，成左弓步；同时右手持剑由右后方向下、向左前上方拦架，力在剑刃，剑与头平，剑尖略低，右臂外旋，手心斜向内；同时左剑指向左上绕举于额左上方，目视剑尖（图7-71、图7-72）。

图 7-70

图 7-71

图 7-72

动作要点：（1）右手持剑向后绕转时小臂内旋，手心翻转向外，剑身斜立。（2）身体应随剑先向右转再向左转，左手剑指随右手绕行，到右上方再分开。

易犯错误：

（1）身体重心过度前送，形成"抢步"现象。

纠正：做弓步时，左脚迈出，要脚跟先着地，此时身体重心仍在右腿，身体重心逐渐前移，右腿自然蹬直，左脚掌踏实成左弓步。

（2）动作散乱不协调。

纠正：在腰的带动下，右剑的上拦、左剑指的绕环和左腿的前弓要协调一致。

攻防含义：本势属防守性剑法。当对方刺我头、颈、胸等时，我用拦剑拦挡来剑。

## 四、右弓步拦

（1）撤脚绕剑：身体重心略向后移，左脚尖外撇，身体微左转；同时右手持剑上举，开始向左后方回绕，目视右手（图 7-73）。

（2）收脚绕剑：身体继续左转，右脚收至左脚内侧（脚尖不点地）；同时右手持剑在身体左侧向上、向后、向下划立圆绕至左肋前，剑身贴近身体；左剑指落于右腕部，眼随剑向左后看（图 7-74）。

图 7-73

图 7-74

（3）弓步拦剑：身体向右转，右脚向右前方迈出一步，重心前移成右弓步；同时右手持剑经下划弧向前上方拦出，手心向外，高与头平，剑尖略低，剑身斜向内；左剑指附于右腕部，目视前方（图7-75、图7-76）。

动作要点：（1）动作要连贯（同"左弓步拦"）。（2）剑要走一大圈，眼随剑行。

易犯错误：同"左弓步拦"。

攻防含义：本势属防守性剑法。当对方刺我头、颈时，我用拦剑拦挡敌剑。

图 7-75

图 7-76

### 五、左弓步拦

（1）撤脚绕剑：重心略后移，右脚尖外撇，身体微右转；同时右手持剑上举，开始向右后方回绕；左剑指仍附于右腕部，目视前方（图7-77）。

（2）收脚绕剑：身体继续右转，左脚收至右脚内侧（脚尖不点地）；同时右手持剑在身体右侧向上、向后、向下划立圆绕至右胯旁，剑身斜立在身体右侧；左剑指绕至右胸前；眼随剑走，转看右后方（图7-78）。

图 7-77

图 7-78

（3）弓步拦剑：身体左转，左脚向左前方迈出一步，重心前移成左弓步；同时右手持剑挥臂划弧向前上方拦出，手心斜向内，高与头平，剑尖略低，剑身斜向内；左剑指经腰间向左、向上划弧，停于额左上方，手心斜向上，眼看前方（图7-79、图7-80）。

　　动作要点及易犯错误：同P239"左弓步拦"。

　　攻防含义：本势属防守性剑法。当对方刺我头、颈、胸等时，我用拦剑拦挡来剑。

图 7-79

图 7-80

六、　进步反刺

　　（1）上步收剑：右脚向前上步，脚尖外撇，上体微右转；同时右手向下屈腕收剑，剑把落在胸前，剑尖转向下，左剑指落于右腕部，眼看剑尖。

　　（2）转体后刺：身体继续右转，两腿交叉屈膝半蹲，重心略偏于前腿，左脚跟离地，成半盘姿势；右手持剑向后立剑平刺，手心向体前；左剑指向前指出，手心向下，两臂伸平，目视剑尖（图7-81、图7-82）。

图 7-81

图 7-82

（3）弓步反刺：剑尖上挑，上体左转，左脚前进一步成左弓步；同时右臂屈收，经头侧向前反手立剑刺出，手心向外，与头同高，剑尖略低；左剑指收于右腕部，目视剑尖（图7-83至图7-85）。

图 7-83

图 7-84

动作要点：（1）弓步反刺时，上体前俯不可太过。（2）半坐盘时，注意转体屈膝，右脚要横落，上体保持正直。（3）做弓步反刺剑动作时，注意松腰胯。

图 7-85

易犯错误：

（1）剑向后穿伸时触地。

纠正：应注意右肘要屈，右手后三指放松，使剑尖能挑起。

（2）做成侧弓步反刺。

纠正：主要是面部方向不对，应向东看，上体保持正直。

攻防含义：此动作攻防兼备。当对方从我右侧刺我右肋时，我用挑剑挑开，用反刺剑刺击我左侧对方头、颈部。

七、反身回劈

（1）转体收剑：右腿屈膝，身体重心移至右腿，左脚尖内扣，上体右转；剑同时收至面前，剑指仍附于右腕部，目视剑尖。

（2）提脚举剑：上体继续右转，重心再移至左腿，右脚提起收至左小腿内侧，同时右手持剑上举，左剑指落至腹前，目视左前方（图7-86、图7-87）。

图 7-86

图 7-87

（3）弓步回劈：右脚向右前方迈出，重心前移成右弓步；同时右手持剑随转体向右前方劈下；左剑指绕至左额上方，手心斜向上，目视剑尖（图7-88、图7-89）。

图 7-88

图 7-89

动作要点：（1）劈剑、转体和迈右脚成弓步要协调一致。（2）弓步劈剑方向偏斜约30度左右。

易犯错误：

（1）弓步回劈方向不对。

纠正：劈剑的方向应为正向偏侧。

（2）劈剑过早。

纠正：右脚落步脚跟着地时，随着重心前移边成弓步边劈剑。

攻防含义：此动作攻防兼备。可直接劈击我右后侧之敌，亦可劈挡刺我头颈之剑或劈击对方持剑之手腕。

## 八、虚步点剑

（1）落指收脚：左脚收至右脚内侧（脚尖不点地）；同时剑指落到右臂内侧，目视剑尖（图7-90）。

（2）转体举剑：上体左转，左脚向起式方向上步，脚尖外撇洞时右臂外旋，划弧上举，剑尖指向体后；左剑指经体前落至腹前，手心向上，眼看起式方向（图7-91）。

图7-90

图7-91

（3）虚步点剑：右脚上步落在左脚前，脚尖点地，成右虚步；同时右手持剑向前下方点出，展臂提腕，力注剑尖；左剑指经左侧向上绕行，在体前与右手相合，附于腕部，目视剑尖（图7-92、图7-93）。

图7-92

图7-93

动作要点：（1）点剑时腕部上提，才能力达剑尖。（2）点剑与右脚虚步要协调一致，上体保持正直。

易犯错误：

（1）点剑时，剑尖下垂，点不上力。

纠正：应活握剑把，使右腕能上提，并注意伸臂。

（2）点剑方向不对。

纠正：点剑方向与右虚步方向一致。

攻防含义：此势属进攻性剑法。可用于直接进攻，点击对方头、手腕、裆部等。

## 第四节　三十二式太极剑第四段

### 一、独立平托

（1）插步绕剑：右脚向左脚后插步，脚前掌着地，两腿屈膝半蹲；同时右手外旋持剑在体前由右向上、向左绕环，剑把落在左腰前，手心向里，剑身置于身体左侧，剑尖斜向左上方；左剑指附于右腕随右手环绕，目视剑尖（图7-94、图7-95）。

图7-94

图7-95

（2）提膝托剑：以两脚掌为轴碾地，使身体转向正西，随之左膝提起成右独立步；同时右手持剑绕经体前向上托架，剑身平，稍高于头，左剑指附于右臂内侧，眼看前方（图7-96、图7-97）。

图 7-96

图 7-97

动作要点：（1）撤步转体时，要以两脚前掌碾动。（2）提膝和托剑动作要一致，右腿站直，保持身体平衡。

易犯错误：

（1）转体时上体前俯。

纠正：上体应保持自然正直。

（2）动作不连贯，上下肢不协调。

纠正：可多加练习各动作连贯性。

攻防含义：此势属防守性剑法。当对方剑向我头上劈来时，我用平托架挡其剑；提膝可护裆和阻挡其腿击。

### 二、弓步挂劈

（1）转体挂剑：左脚向前横落，身体左转，两腿交义成半盘坐势；同时右手持剑经体左侧剑尖向后勾挂，左剑指附于右腕部，目视剑尖（图7-98）。

（2）弓步劈剑：身体右转，右脚前进一步，重心前移成右弓步；同时，右手持剑翻腕上举向前劈下，剑身要平，与肩同高；左剑指经左后方绕至头左上方，目视前方（图7-99、图7-100）。

图 7-98

图 7-99　　　　　　　　　　　　　　　图 7-100

动作要点：（1）身体先左转再右转，眼随剑的运行而动。（2）挂劈时，剑随身体转动划侧立圆。

易犯错误：

（1）挂剑时离身体远。

纠正：挂时向后贴近左腿。

（2）挂剑以肩为轴，成了抡劈动作。

纠正：应先屈右腕部再屈肘，挂剑动作便可做出来。

攻防含义：此动作攻防兼备。当对方剑刺向我腿时，我用挂剑挂挡，随即进右步劈击其头、肩部。

### 三、虚步抡劈

（1）转体抡剑：身体右转，右脚尖外撇，右腿屈弓，左脚跟离地成叉步；同时右手持剑经身体右侧向下、向后反手抡摆，左剑指落于右肩前，手心向下，眼看剑尖（图7-101）。

（2）上步举剑：身体左转，左脚向前一步，脚尖外撇；同时右手持剑翻臂抡举至头侧上方，左剑指落经腹前翻转划弧侧举，目视前方（图7-102）。

图 7-101　　　　　　　　　　　　　　图 7-102

（3）虚步劈剑：右脚上步，脚尖着地成右虚步，同时右手持剑向前下抢劈，剑尖与膝同高，剑与右臂成一条斜线；左剑指向上划圆再落于右前臂内侧，眼看前下方（图7-103）。

图7-103

动作要点：（1）此势的叉步抢剑、虚步劈剑两个分解动作完成要连贯，不能停顿。（2）抢劈时，沿身体右侧划立圆，下劈剑定势时剑身与右臂成一条直线。

易犯错误：

（1）向后反手抢绕时，剑尖触地。

纠正：持剑的臂肘应稍屈，剑尖稍向外斜一点。

（2）劈剑做成点剑动作。

纠正：劈剑时应用臂的力量，与点剑截然不同。

攻防含义：此动作攻防兼备。当对方剑刺我右腿时，我用抢剑抢挡，随即用劈剑劈击其头、肩或手腕。

**四、撤步反击**

（1）提脚合剑：上体微右转，右脚提起收至左小腿内侧；同时右臂外旋，手心斜向上，同左剑指一起略向回收，目视剑尖（图7-104）。

（2）撤步击剑：身体重心先移向左腿，右脚向右后方撤一步成左弓步，随之重心右移，上体右转，左脚跟外展，左腿自然蹬直成右侧弓步（横裆步）；同时，右手向右后上方反击，力在剑刃前端，剑尖斜向上，高与头平；左剑指向左下方分开，高与腰平，手心向下，目视剑尖（图7-105、图7-106）。

图7-104

图7-105

图7-106

**动作要点：** （1）先后撤右脚，再蹬左脚。两手分开要与弓腿、转体动作一致。（2）注意撤步与击剑方向。

**易犯错误：**

（1）成侧弓步时胯部歪扭。

纠正：左脚跟外展需充分。

（2）击剑动作无力。

纠正：用腰的转动发力。

**攻防含义：** 此动作攻防兼备。当对方从右侧向我劈刺时，我迅速向右转身用击剑挡其剑或击其手腕或头部。

**五、进步平刺**

（1）提脚横剑：身体先微向左转，重心左移，右脚里扣；同时持剑右手向左摆剑，横于体前，剑尖向左；左手剑指在身体左侧，手心向外，然后身体再向右转，左脚提起，收于小腿内侧；同时右手持剑先向左摆，再翻掌向右领带，将剑横置于右胸前，剑尖向左；左剑指向上绕经面前落在右肩前，手心向下，目视左前方（图7-107、图7-108）。

图7-107　　　　　　　　　　　　图7-108

（2）垫步收剑：身体左转，左脚向前落步，脚尖外撇；同时右手持剑向下卷裹，收于腰侧；左剑指亦随之翻转落于腹前，目视前方（图7-109）。

（3）弓步平刺：右脚上步，重心前移成右弓步；同时右手持剑向前刺出，高与胸平，手心向上，左剑指向左、向上绕至头侧上方，目视剑尖（图7-110）。

图 7-109

图 7-110

动作要点：（1）左腿提起要靠近右腿后再转身落步。（2）反穿剑指与转腰进步要协调配合。

易犯错误：

右手剑的卷裹和左手剑指反手插与身体的转动不协调连贯。

纠正：右手卷裹时，小臂要外旋；左手插时，臂要内旋。

攻防含义：此势属进攻性剑法。用进步靠近敌方，用刺剑刺向敌胸部或喉部。

### 六、丁步回抽

身体重心后移，右脚撤至左脚内侧，脚尖点地成右丁步；同时右手持剑屈肘回抽，手心向内，置于左腹旁；剑身侧立，剑尖斜向上，左剑指落于剑把之上；目视剑尖（图 7-111）。

动作要点：右脚回收与剑的回抽要协调一致，上体保持正直。

易犯错误：

步型易做成半虚步或半丁步。

纠正：丁步时，右脚要贴近左脚。

攻防含义：此势属防守性剑法。当对方剑刺向我胸部时，我用抽剑抽割其剑，将其来剑挡开或化解。

图 7-111

七、旋转平抹

（1）摆步横剑：右脚向前落步，脚尖外摆，上体稍右转；同时右手翻掌向下，剑身横置胸前，左剑指附于右腕部，目视剑尖（图7-112）。

（2）扣步抹剑：上体继续右转，左脚向右脚前扣步，两脚尖相对成八字形；同时右手持剑随转体由左向右平抹；剑指仍附于右腕部，目视剑身（图7-113）。

图 7-112

图 7-113

（3）虚步分剑：以左脚掌为轴向右后转身，右脚随转体后撤一步，重心后移，左脚脚尖点地成左虚步；右手持剑在转体撤步时继续平抹，左剑指仍附于右腕部；在变虚步时，两手左右分开，置于胯旁，手心都向下，剑身斜置于身体右侧，剑尖位于体前，身体转向起式方向，目视前方（图7-114、图7-115）。

图 7-114

图 7-115

动作要点：（1）转身移步时身体要平稳，速度均匀完成转体360度。（2）摆步和扣步的脚均应落在中线附近，步幅不超过肩宽。

易犯错误：

（1）转身出现上下起伏，不平稳。

纠正：摆步和扣步的上下姿势要一致。

（2）转身时出现俯身低头。

纠正：要强调上体正直。

攻防含义：此势攻防兼备。当对方刺我胸部时，我可用旋转抹剑抹挡来剑。旋转抹剑可抹杀应对自己周边一圈之敌。

## 八、弓步直刺

上体微向右转，左脚提起，重心前移，左脚向前落步成左弓步；同时右手持剑收经腰间，立剑向前刺出，高与胸平；左剑指附于右腕部，目视前方（图7-116、图7-117）。

图7-116

图7-117

动作要点：弓步、刺剑动作要一致。

易犯错误：

（1）剑从肋旁刺出。

纠正：应将剑从腰间刺出。

（2）前刺剑时耸肩。

纠正：刺剑要松肩、垂肘。

攻防含义：此势属进攻性剑法。直接用剑攻击对方胸部。

## 九、收式

（1）后坐接剑：重心后移，上体右转，同时右手持剑屈臂后引至右侧，手心向内；左剑指随右手屈臂回收，并变掌附于剑柄，准备接剑，目视剑柄（图7-118）。

（2）上步收式：身体左转，重心前移，右脚向前跟步，与左脚平行成开立步；同时左手接剑上举，经体前垂落于身体左侧；右手变成剑指向下、向后划弧上举，再向前、向下落于身右侧，目视前方（图7-119、图7-120）。

图 7-118

图 7-119

图 7-120

（3）并步还原：左脚向右脚并拢，还原成预备式姿势（图7-121）。

**动作要点：**（1）换手握剑动作要自然。（2）右手剑指划弧下落与右脚跟进半步要协调一致。

**易犯错误：**

（1）后坐接剑时，上体向右倾斜。

纠正：上体正直，身体重心压在右腿上。

（2）收式接剑的左手和变剑指的右手直接落下。

纠正：成弧形下落。

图 7-121

# 第八章

# 四十二式太极剑

## 第一节　四十二式太极剑第一段

　　预备式：两脚并拢，脚尖朝前；畅胸舒背；身体直立，两臂自然垂于身体两侧，右手成剑指，手心朝里；左手持剑，手心朝后；剑身竖直贴靠在左臂后面，剑尖朝上，目视前方（图8-1）。

### 一、起式

　　（1）开步持剑：左脚提起向左迈半步，与肩同宽；身体重心在两腿中间，同时两臂微屈略内旋，两手距身体约10厘米，目视前方（图8-2）。

　　（2）转身举臂：两臂自然伸直向左前方摆举至与肩平，手心朝下，目视左前方（图8-3）。

　　（3）收脚屈臂：上体略右转，随转体右手剑指右摆，至右前方后屈肘向下划弧至腹前，手心朝上；左手持剑，右摆后屈肘置于体前，腕同肩高，手心朝下；两手心相对；同时重心左移，左腿屈膝半蹲，右脚收提至左脚内侧（脚不触地），目视右前方（图8-4）。

　　（4）弓步摆举：右脚向右前方约45度上步，随身体重心前移成右弓步；同时右手剑指经左臂下向前上方摆举，

图8-1

臂微屈，腕同肩高，手心斜朝上；左手持剑附于右前臂内侧（剑柄在右前臂上方），手心朝下，目视右前方（图8-5）。

（5）伸指跟脚：身体重心移向右腿，左脚跟至右脚内侧后方，脚尖点地；同时右手剑指向右前方伸送；左手持剑屈肘置于右胸前，手心朝下，目视剑指前方（图8-6）。

（6）弓步前指：重心左移，右脚尖内扣，身体左转约90度，左脚向左前方上步，成左弓步；同时左手持剑经膝前向左划弧搂至左胯旁，臂微屈，手心朝后，剑身竖直，剑尖朝上；右手剑指屈肘经右耳旁向前指出，手心斜朝前，指尖朝上，腕同肩高，目视前方（图8-7）。

图8-2

图8-3

图8-4

图8-5

图8-6

图8-7

动作要点：（1）两手摆举转换要与重心移动协调配合，上体要保持中正安舒，不可左、右摇摆或前俯后仰。（2）两肩要松沉，两臂不可僵直。

易犯错误：

（1）动作僵直。

纠正：注意身体的左右转动与上肢动作配合，这样才能达到协调、柔和连贯的要求。

（2）上体前倾。

纠正：强调上体正直；成弓步时要松腰沉胯。

攻防含义：对方剑向我左腰部刺来；我则左手持剑，以剑身搂挡其剑，并上步近身，以剑指点击对方喉部（图8-8）。

### 二、并步点剑

（1）弓步穿剑：重心前移，右脚经左脚内侧向右前方约45度上步，随身体重心前移成右弓步；同时左手持剑经胸前向前穿出至右腕上方（剑柄贴靠右腕）（图8-9）。

（2）收脚收手：重心前移，左脚收提至右脚内侧；同时两手分别向左、右两侧摆举，屈肘向下划弧置于胯旁，手心均朝下，目视前方（图8-10）。

（3）转身上步：身体左转，左脚向左前方约45度上步，脚跟先着地，目视左前方（图8-11）。

图8-8

图8-9

图8-10

图8-11

（4）弓步合手：身体重心前移成左弓步；同时两手侧分摆举，略高于肩后向前划弧于体前相合，左手在外，高与胸齐，手心朝外，臂呈弧形；剑身贴靠左前臂，剑尖斜朝后，右手虎口对剑柄准备接剑，目视前方（图8-12）。

（5）并步点剑：身体重心前移，右脚向左脚并步，屈膝半蹲；同时右手接握剑柄，随以腕关节为轴，使剑尖由身体左后方向上经前划弧，至腕与胸高时，提腕使剑尖向前下方点剑；左手变剑指附于右腕内侧，目视剑尖方向（图8-13）。

图 8-12                                          图 8-13

动作要点：（1）两手侧分摆举划弧与成弓步要协调一致，两臂不要僵挺。（2）劲注剑尖。

易犯错误：

（1）右手接剑时动作停顿。

纠正：右手接剑时动作要自然，勿停顿。

（2）点剑时耸肩、拱背。

纠正：点剑时，两肩要保持松沉，上体正直，不可耸肩、拱背或突臀。

攻防含义：对方持剑向我小腿刺来，我以剑点击对方腕部还击（图 8-14）。

图 8-14

### 三、弓步斜削

（1）撤步沉腕：身体重心移至左腿，右脚跟提起；同时右手握剑、沉腕、变手心朝上，使剑尖划一小弧指向左下方；左手剑指屈肘附于右前臂内侧，手心朝右，指尖朝上，目视剑尖方向（图8-15）。

（2）弓步斜削：右脚向右后方后撤步，脚跟着地，随身体重心右移，身体右转约90度，右腿屈膝，左脚跟外展成右弓步；同时右手握剑随转体向右上方斜削，腕同肩高；左手剑指左摆置于胯旁，手心斜朝下，指尖朝前，目视剑尖方向（图8-16）。

图8-15

图8-16

动作要点：（1）削剑时要与转腰、弓步协调一致，以腰带臂，力达剑刃前端。（2）上体中正，神态自然。

易犯错误：

（1）削剑时手腕过高或过低。

纠正：右手握剑随转体向右上方斜削，腕同肩高。

（2）削剑时左手剑指手心朝外。

纠正：左手剑指左摆置于胯旁，手心斜朝下，指尖朝前。

攻防含义：对方持剑从我右后方刺我头部，我以剑前端拇指侧刃从其剑下，斜削其颈部（图8-17）。

图8-17

## 四、提膝劈剑

（1）后移摆剑：左腿屈膝，身体重心后移，上体随之略向右转，右脚尖翘起外摆；同时右手握剑屈肘向右、向后划弧至体右后方，手心朝上，腕略高于腰；左手剑指向右、向前划弧摆至右肩前，手心斜朝下，目随视剑尖（图8-18）。

（2）独立劈剑：身体略向左转，重心前移，右脚掌踏实，右腿自然直立；左腿屈膝提起成右独立步；同时右手握剑向前劈出，剑、臂平直；左手剑指经下向左划弧摆举至与肩平，手心朝外，指尖朝前，目视剑尖（图8-19）。

图8-18

图8-19

动作要点：（1）身体左、右转动要与两臂动作协调一致。（2）提膝独立要与劈剑协调一致。（3）劲贯剑身下刃。

易犯错误：

（1）后坐摆剑时，上体后仰。

纠正：重心后移时，要收臀收腹，屈髋，上体要保持正直舒松。

（2）劈剑时，剑比手臂低，不平直。

纠正：劈剑时，剑、臂要平直。

攻防含义：对方持剑刺我头部，我以剑身带化开其来剑（图8-20），随即立剑劈击对方头部（图8-21）。

图8-20　　　　　　　　　　　　　图8-21

## 五、左弓步拦

（1）落步圈剑：右腿屈膝半蹲，上体略左转，左脚向左落地，脚跟着地；同时右手握剑以腕关节为轴，顺时针划一圆弧；左手剑指附手右前臂内侧，手心朝下，目视剑尖方向（图8-22）。

（2）左弓步拦：身体左转约90度，随重心前移，左脚踏实，右脚跟外展成左弓步；同时右手握剑，随转体经下向左前方划弧拦出，手心斜朝上，腕同胸高；左手剑指向下、向上划弧，臂呈弧形举于头前上方，手心斜朝上，目视剑尖方向（图8-23）。

图8-22　　　　　　　　　　　　　图8-23

动作要点：（1）身体转动与剑绕环要协调一致。（2）弓步时上体不可前俯。

易犯错误：

（1）弓步时，膝盖的投影点超过脚尖。

纠正：弓步时，小腿要和地面垂直。

（2）左弓步拦时，手臂位置不对。

纠正：臂呈弧形举于头前上方，手心斜朝上。

攻防含义：对方持剑刺我左侧下部，我以剑中部挡其来剑（图8-24）。

图8-24

---

六、左虚步撩

（1）上步收剑：右腿屈膝，重心稍后移，左脚尖翘起并稍外展，上体左转；继而，随重心前移左脚踏实，上体略右转，右脚向右前方上步，脚跟着地；同时右手握剑随转体屈肘向上，向左划弧至左胯旁，手心朝里，剑尖斜朝后上方；左手剑指下落附于右腕部，目视剑尖方向（图8-25、图8-26）。

（2）虚步撩剑：身体右转，右脚尖外展，随重心前移落地踏实，右腿屈膝半蹲，左脚向左前方上步成左虚步；同时右手握剑，剑刃领先，经后向下、向左前上方立圆撩架至头前上方，臂微屈，手心朝外，剑尖略低于手；左手剑指附于右腕部，目视左前方（图8-27至图8-31）。

图 8-25　　　　　　　　　　　　图 8-26

图 8-27　　　　　　　图 8-28　　　　　　　图 8-29

图 8-30　　　　　　　　　　　　图 8-31

动作要点：（1）剑向左后绕环要与身体转换一致。（2）向前撩剑要与迈左步协调一致，整个动作要连贯圆活。

易犯错误：

（1）撩剑没有成立圆。

纠正：右手握剑，剑刃领先，经后向下、向左前上方立圆撩架至头前上方。

（2）动作停顿不连贯。

纠正：整个动作要连贯圆活。

攻防含义：对方持剑刺我右腰部，我右转上步闪身后，提腕，以剑小指侧刃由下向上撩击对方腕部（图8-32）。

图 8-32

### 七、右弓步撩

（1）转身上步：身体略向右转，左脚向左上步；同时右手握剑向上、向右划弧至右后方，腕稍低于肩，臂微屈，剑尖朝右上方；左手剑指屈肘落于右肩前，手心斜朝下，目视剑尖方向（图8-33）。

（2）右弓步撩：身体左转，随重心移至左腿，左脚尖落地踏实，继而右脚向前上步，随重心前移成右弓步；同时右手握剑经下向前立剑撩出，腕同肩高，手心斜向上，剑尖斜向下；左手剑指向下、向左上方划弧，臂呈弧形举于头前上方，手心斜朝上，目视剑尖方向（图8-34至图8-38）。

图 8-33          图 8-34          图 8-35

图 8-36

图 8-37

图 8-38

动作要点：（1）撩剑时剑贴身体立圆撩出，幅度宜大，且要做到势动神随。（2）上步时重心要平稳，勿起伏。

易犯错误：

（1）撩剑时没有成立圆。

纠正：在做撩剑时，强调剑要沿身体纵轴，近身由后下向前运行，经常这样练习，撩剑就呈立圆了。

（2）眼神不对。

纠正：眼随剑走，目视剑尖方向。

攻防含义：对方持剑刺我左肋，我进步左转身避开其剑，随即以剑小指侧刃由下向上撩击对方腕部（图 8-39、图 8-40）。

图 8-39

图 8-40

八、提膝捧剑

（1）转身平带：左腿屈膝半蹲，重心后移，身体略向左转；同时右手握剑随转体向左平带，手心朝上，腕同胸高，剑尖朝前；左手剑指屈肘下落附于右腕部，手心朝下；目视剑尖方向（图8-41）。

（2）撤步带剑：身体略向右转，右脚向后撤步，随重心后移成左虚步；同时右手握剑随转体手心转向下，使剑经体前向右平带至右胯旁，剑尖朝前；左手剑指向下、向左划弧至左胯旁，手心朝下；目视剑尖方向（图8-42、图8-43）。

图8-41　　　　　　　　　图8-42　　　　　　　　　图8-43

（3）独立捧剑：左脚向前活步，随重心前移，左腿自然直立，右腿屈膝提起成左独立步；同时两手心翻转朝上随提膝由两侧向胸前相合，左手剑指捧托在右手背下，与胸同高；剑尖朝前，略高于腕，目视前方（图8-44、图8-45）。

图8-44　　　　　　　　　　　　　　　图8-45

动作要点：（1）左、右转体带剑要协调连贯。（2）捧剑与提膝协调一致。

易犯错误：

（1）提膝时膝盖过低。

纠正：提膝时膝不得低于腰部。

（2）捧剑时手过低。

纠正：左手剑指捧托在右手背下，与胸同高。

攻防含义：对方持剑刺我胸部，我剑由下捧起，托起对方的剑，将刺剑化开（图8-46）。

图8-46

## 九、蹬脚前刺

左腿直立，右脚以脚跟为力点，勾脚向前蹬出；同时两手捧剑略回引再向前平刺，目视剑尖方向（图8-47至图8-49）。

图8-47

图8-48

图8-49

动作要点：（1）蹬脚时身体不可前俯或挺腹，脚高不得低于腰部。（2）剑向前平刺时两臂要保持松沉。

易犯错误：

（1）蹬脚与平刺剑不协调。

纠正：左腿微屈时，同时捧剑回收，在蹬腿同时平刺剑，这样就协调了。

（2）蹬脚时没有勾脚尖。

纠正：右脚以脚跟为力点，勾脚向前蹬出。

攻防含义：对方持剑刺我胸部，我剑压对方的剑，再刺对方的喉部（图8-50、图8-51）。

图8-50 　　　　　　　　　　　　　　图8-51

## 十、跳步平刺

（1）落脚前刺：右脚向前落步，左脚抬起，同时两手捧剑随右脚落步向前平刺，目视剑尖方向（图8-52、图8-53）。

图8-52 　　　　　　　　　　　　　　图8-53

（2）跃步撤剑：随身体重心前移右脚蹬地向前跳步，左脚前摆落地踏实，腿微屈；

右脚在左脚将落地时迅速向左脚内侧靠拢（脚不着地）；左脚落地时两手腕部内旋，同时撤回置于两胯旁，手心均朝下，目视前方（图8-54、图8-55）。

（3）弓步平刺：右脚向前上步成右弓步；同时右手握剑经腰部向前平刺，手心朝上，腕同胸高，劲注剑尖；左手剑指经左向上、向前划弧，举于头上方，臂呈弧形，手心斜朝上，目视剑尖方向（图8-56）。

图8-54        图8-55        图8-56

动作要点：（1）右脚落步与前刺、左跳步与两手回抽要协调一致。（2）左脚落地后右脚有刹那间暂停，再进步平刺。

易犯错误：

（1）跳步站不稳。

纠正：跃步时，以前脚掌先着地，再柔和地过渡到脚跟着地。右脚蹬地后，应迅速收于左踝内侧，使重心全部在支撑脚上即可站稳。

（2）弓步平刺时手心朝左。

纠正：右手握剑经腰部向前平刺，腕同胸高，手心朝上，劲注剑尖。

攻防含义：我持剑刺击对方喉部，对方低头闪身向我胸部刺来，我跳步近身以剑压化对方之剑，再乘机上步刺击对方的胸部（图8-57至图8-60）。

图8-57              图8-58

图 8-59 图 8-60

**十一、转身下刺**

（1）后移平带：左腿屈膝，重心后移；右腿自然伸直，脚尖上翘；同时右手握剑向左、向右平带，屈肘收至胸前，手心朝上；左手剑指屈肘置于胸前，剑身平贴于左前臂下，两手心斜相对，目视左前方（图 8-61、图 8-62）。

图 8-61 图 8-62

（2）扣脚转体：右脚尖内扣落地，重心移至右腿；继而以右脚掌为轴左后转约 270 度，左腿屈膝提起收至右脚内侧（不着地）；两手仍合手胸前，目视左前方（图 8-63）。

（3）弓步下刺：左脚向左前方落步成左弓步；同时右手握剑向左前下方平剑刺出，手心朝上；左手剑指向左、向上划弧，臂呈弧形举于头前上方，手心斜朝上，目视剑尖方向（图 8-64）。

图 8-63 图 8-64

动作要点：（1）转身时要平稳自然，不可低头弯腰。（2）弓步与刺剑要协调一致。

易犯错误：

（1）转身时低头弯腰。

纠正：转身时上体保持正直、舒松，竖颈。

（2）重心不稳。

纠正：支撑腿微屈，降低重心。

攻防含义：对方从后面持剑刺我腰部，我转身以剑格开对方的剑，再刺对方的腿部（图8-65至图8-67）。

图8-65

图8-66

图8-67

# 第二节　四十二式太极剑第二段

## 一、弓步平斩

（1）收脚沉腕：重心前移，右脚收提于左脚内侧（脚不触地）；同时右手握剑，沉腕，手心斜朝上；左手剑指屈肘向前附于右前臂上，目视剑尖（图8-68）。

（2）弓步平斩：右脚向右后方撤步，左脚碾步内扣成右横裆步，身体右转约90度；同时右手握剑向右平斩；左手剑指向左分展侧举，略低于胸，手心朝左，指尖朝前，目视剑尖（图8-69、图8-70）。

图8-68

图8-69

图8-70

动作要点：（1）肩、肘松活，以腰带臂。（2）眼随剑走，运剑沉稳不断。

易犯错误：

（1）收脚沉腕时没有沉腕。

纠正：收脚的同时右手握剑，沉腕，手心斜朝上。

（2）弓步平斩时左手过高。

纠正：左手剑指向左分展侧举，略低于胸，手心朝左，指尖朝前。

攻防含义：对方持剑向我右腰部刺来，我右后转身，以剑拇指侧刃斩对方腰部（图8-71、图8-72）。

图8-71

图8-72

## 二、弓步崩剑

（1）转身带剑：重心左移，身体略左转；随转体右手握剑，以剑柄领先，屈肘向右带剑至面前，手心朝后；左手剑指弧形左摆至左胯旁，手心朝下，指尖朝前，目视剑身（图8-73至图8-75）。

图8-73

图8-74

图8-75

（2）叉步格带：重心右移，左腿经右脚后向右插步成叉步；同时右手握剑略向左带后内旋翻、手心朝下、向右格带，腕有胸高，手臂自然伸直，剑尖朝前，与肩同高；左手剑指向左摆举，腕同肩高，手心朝外，指尖朝前，目视右侧（图8-76）。

（3）提膝捧剑：重心移至左腿，右腿屈膝提起；同时两前臂向内划弧合于腹前，手心朝上，剑尖朝前；左手剑指捧托于右手背下，目视前方（图8-7、图8-78）。

图8-76　　　　　　　　　　图8-77　　　　　　　　　　图8-78

（4）弓步崩剑：右脚向右落步成右弓步，上体略右转；同时右手握剑右摆崩剑，劲贯剑身前端，腕同肩高，剑尖高于腕，臂微屈，手心朝上；左手剑指向左分展，停于胯旁，手心朝下，目视剑尖（图8-79、图8-80）。

图8-79　　　　　　　　　　　　图8-80

动作要点：（1）捧剑与提膝、崩剑与弓步要协调一致。（2）崩剑为发劲动作，要转腰、沉胯，发劲松弹。（3）动作要连贯。

易犯错误：

（1）弓步崩剑用不上劲。

纠正：在左脚蹬地转体成右弓步时，胯关节要松沉，然后再向右转胯。转腰的同时发劲崩剑。这样蹬地转胯，转腰发劲，多次重复练习，逐渐就能练好发劲动作。

（2）崩剑时用劲僵直。

纠正：崩剑发劲时，右臂要微屈，手腕要放松，手握剑要松活；这样腰部发出的松弹劲传到手腕上、剑上，剑就能崩出弹劲。

攻防含义：对方持剑向我右腰侧或下部刺来，我右转身闪开其剑，左脚蹬地转腰发劲，以剑拇指侧刃崩击对方颈部或头部（图8-81至图8-83）。

图8-81

图8-82

图8-83

## 三、歇步压剑

（1）插步提腕：身体左转，重心移至左腿；右脚向左脚后插步，脚前掌着地；同时右手握剑经上向左划弧，变手心朝下；左手剑指举至胸高，目视右手（图8-84至图8-86）。

（2）歇步压剑：两腿屈膝下蹲成歇步；同时右手握剑向下压剑，距地面约10厘米，臂微屈，腕同膝高；左手剑指向上划弧，臂呈弧形举于头左后上方，手心斜朝上，目视剑尖（图8-87）。

图8-84

图8-85

图 8-86

图 8-87

动作要点：（1）压剑时，肩、肘松沉，不可僵直。（2）剑身距地面约 10 厘米。

易犯错误：

（1）动作生硬。

纠正：在插步提腕时，要展胸送肩，使躯干体现出舒展的身法。同时右手握剑上提，腕要松活。歇步压剑时要轻柔、敏捷，既要充分体现剑法清楚，又要表现剑术起落矫健之美。

（2）歇步压剑时左手位置过低。

纠正：左手剑指向上划弧，臂呈弧形举于头左后上方，手心斜朝上。

攻防含义：对方持剑从我左前刺我腰下部，我转身用剑下压对方刺来的剑（图 8-88、图 8-89）。

图 8-88

图 8-89

## 四、进步绞剑

（1）虚步上提：身体略右转，两腿蹬伸，左腿屈膝，右脚向前上步成右虚步；同时右手握剑虎口朝前上方立剑上提，腕同肩高，剑尖略低于腕；左手剑指经上弧形前摆，附于右前臂内侧，手心朝下，目视前下方（图 8-90、图 8-91）。

图 8-90　　　　　　　　　　　　　　图 8-91

（2）上步绞剑：右脚向前上步，重心前移；同时右手握剑绞剑；左手剑指向下、向左划弧侧举，腕略高于肩，手心朝外，指尖朝前，臂呈弧形，目视剑尖方向（图 8-92、图 8-93）。

图 8-92　　　　　　　　　　　　　　图 8-93

（3）上步绞剑：左脚向前上步，重心前移；同时右手握剑再次绞剑；左手剑指动作不变，目视剑尖（图 8-94）。

（4）弓步合臂：右脚向前上步成右弓步；同时右手握剑继续绞剑后前送；左手剑指经上向前附于右前臂上，手心朝下，目视剑尖（图 8-95、图 8-96）。

图 8-94　　　　　　　　图 8-95　　　　　　　　图 8-96

动作要点：（1）上步时两腿屈膝，要轻灵平稳，不可忽高忽低。（2）上一步，绞一剑，共上三步，上步与绞剑要协调一致，剑尖运转呈螺旋形。（3）绞剑时，握剑的手，腕要松活，绞剑要平稳、连贯。

易犯错误：

（1）上步起伏不平稳。

纠正：上步时两膝微屈，都保持一定屈度，使身体重心保持在一个水平线上就平稳。

（2）绞剑与下肢不协调。

纠正：右虚步提剑后，右脚活步踏实的同时，右手剑绞一圈，这样上下肢动作就协调了。

攻防含义：对方持剑向我腕部刺来，我手腕下沉避开，随即剑向右以剑尖刺对方腕部，这样一攻一防，形成了绞剑动作（图8-97至图8-99）。

图8-97　　　　　　　　图8-98　　　　　　　　图8-99

**五、提膝上刺**

（1）屈蹲回带：重心后移，上体略左转，左腿屈膝半蹲，右膝微屈；同时右手握剑屈肘回抽带至左腹前，手心朝上，剑身平直，剑尖朝右；左手剑指附于剑柄上，目视剑尖方向（图8-100、图8-101）。

图8-100　　　　　　　　　　　　图8-101

（2）独立上刺：重心前移，身体略右转，右腿自然直立，左腿屈膝提起成右独立式；同时右手握剑向前上方刺出，手心朝上，左手剑指附于右前臂内侧，目视剑尖（图8-102、图8-103）。

图 8-102

图 8-103

**动作要点：**（1）提膝与刺剑要协调一致。（2）提膝不得低于腰部，上体要保持端正自然。

**易犯错误：**

（1）独立站不稳。

纠正：独立时，支撑腿微屈控制身体重心，上刺剑与提膝独立动作要同时，这样上下、左右用力对称，就容易掌握重心，使支撑腿平衡站稳。

（2）独立上刺时手心朝左。

纠正：独立上刺时右手握剑向前上方刺出，手心朝上。

**攻防含义：**对方持剑向我胸部刺来，我持剑从右绕于对方剑上，贴其剑下压回带化开后，我再近其身用剑刺对方头部（图8-104、图8-105）。

图 8-104

图 8-105

### 六、虚步下截

（1）落步带剑：右腿屈膝半蹲；左脚向左落步，脚跟着地，上体略左转；同时右手握剑随转体屈肘外旋向左上方带剑，手心朝里，腕同头高，剑尖朝右；左手剑指经下向左划弧至左胯旁，手心斜朝下，目视右侧（图8-106）。

（2）虚步下截：随重心左移，左脚踏实，屈膝半蹲，上体右转，右脚向左移半步，脚尖点地成右虚步；同时右手握剑随转体略向左带后，向右下方截剑至右胯旁，剑尖朝左前，与膝同高，劲贯剑身下刃；左手剑指向上，臂呈弧形举于头左上方，手心斜朝上，目视右侧（图8-107至图8-109）。

动作要点：（1）虚步与截剑要协调一致。（2）截剑时右臂不可僵直。

图 8-106

图 8-107

图 8-108

图 8-109

易犯错误：

（1）动作僵硬不协调。

纠正：动作的开始要转腰引进，当对方刺来时，我即右转腰，活步与剑下截要协调一致，这样完成动作就既柔慢又协调。

（2）虚步下截时剑尖过高。

纠正：向右下方截剑至右胯旁，剑尖朝左前，与膝同高，劲贯剑身下刃。

**攻防含义**：对方持剑向我右腿刺来，我右脚向左上步闪开后，随即用剑截击对方腕部（图8-110、图8-111）。

图8-110　　　　　　　　　　　　　　图8-111

**七、右左平带**

（1）提膝送剑：左膝微屈，右腿屈膝提起，脚尖下垂；同时右手握剑立刃向前伸送至与胸高，臂自然伸直，剑尖略低于手；左手剑指经上向前附于右前臂内侧，目视剑尖（图8-112）。

（2）弓步右带：右脚向右前方落步，上体略右转成右弓步；同时右手握剑前伸，手心转向下后屈肘向右带剑至右肋前，剑尖朝前；左手剑指仍附于右前臂内侧，目视剑尖（图8-113、图8-114）。

图8-112　　　　　　　　图8-113　　　　　　　　图8-114

（3）收脚前伸：重心移至右腿，右手握剑前伸，同时左脚收至右踝内侧，脚不触地，目视前方（图8-115）。

（4）弓步左带：随重心前移，左脚向左前方上步成左弓步；同时右手握剑前臂外旋，至手心朝上后微屈肘向左带剑至左肋前，剑尖朝前；左手剑指经下向左，臂呈弧形举于左头上方，手心斜朝上，目视前方（图8-116、图8-117）。

图8-115　　　　　　　　　　　　图8-116　　　　　　　　　　　图8-117

动作要点：（1）弓步与带剑要协调一致。（2）不可前俯上体或突臀。

易犯错误：

（1）上步与左右平带不协调。

纠正：右平带时，落右脚与右手内旋要同时，移重心成右弓步与右手握剑向右后方平带要同时。然后收脚与剑向前伸要同时，上左脚与右手外旋要同时，移重心成左弓步与向左后平带剑要同时，以上的上下肢动作同时完成，整个动作就协调。

（2）弓步右带和弓步左带时，剑尖朝左或者朝右。

纠正：弓步右带和弓步左带时，剑尖均朝前。

攻防含义：对方持剑向我右胸部刺来，我剑前伸贴其剑，向右后平带化开。对方剑向我左胸刺来，我剑前伸贴其剑，上步向左后平带化开（图8-118、图8-119）。

图8-118　　　　　　　　　　　　　　图8-119

## 八、弓步劈剑

（1）叉步下截：随重心前移，右脚摆步向前，屈膝半蹲；左腿自然伸直，脚跟提起，上体右转；同时右手握剑向右后方下截；左手剑指屈肘向下附于右肩前，手心斜朝下，目视剑尖（图8-120至图8-122）。

图8-120　　　　　　　　图8-121　　　　　　　　图8-122

（2）弓步劈剑：上体左转，左脚向前上步成左弓步；同时右手握剑经上向前劈剑，与肩同高，剑尖略高于腕；左手剑指经下向左上方划弧，臂呈弧形举于头上方，手心斜朝外，目视前方（图8-123至图8-125）。

图8-123　　　　　　　　图8-124　　　　　　　　图8-125

**动作要点：**（1）上右步与回身截剑要协调一致，弓步与劈剑要协调一致。（2）整个动作要连贯完成。

**易犯错误：**

（1）叉步下截时上步过小。

纠正：叉步下截时，上步要大，拧腰，上体要稍前倾。

（2）弓步与劈剑不协调。

纠正：弓步劈剑时，右手剑先外旋翻后，上弓步与劈剑要协调一致。

**攻防含义：**对方持剑向我右前刺来，我上左弓步闪身，持剑劈击对方头部（图8-126、图8-127）。

图 8-126

图 8-127

## 九、丁步托剑

（1）提膝截剑：随重心前移，右腿屈膝上提成独立式；上体右转并微前倾；同时右手握剑向右后方截剑；左手剑指屈肘摆至右肩前，手心朝右后，目视剑尖（图 8-128、图 8-129）。

图 8-128

图 8-129

（2）丁步托剑：右脚向前落步，屈膝半蹲，左脚跟步至右脚内侧，脚尖点地成左丁步；同时右手握剑向前、屈肘向上托剑，剑尖朝右；左手剑指附于右腕内侧，手心朝前，目视右侧（图 8-130、图 8-131）。

图 8-130

图 8-131

动作要点：（1）提膝与回身下截剑、丁步与托剑要协调一致。（2）剑上托时劲贯剑身上刃。（3）整个动作要连贯。

易犯错误：

（1）托剑方法不对。

纠正：右手握剑柄外旋，剑身平直与地面平行由下向上托起，不能做成撩剑。

（2）上体不正，塌腰撅臀。

纠正：丁步托剑时要敛臀，上体要正直，这样才能姿势正确，身剑协调。

攻防含义：对方持剑向我头部劈来，我急上步进身避开，并横剑由下向上，以剑身后部小指侧刃托截其臂或腕（图8-132、图8-133）。

图 8-132

图 8-133

## 十、分脚后点

（1）上步转身：左脚向左前方上步，脚尖内扣，膝微屈，上体右转约90度；随后以右脚前掌为轴脚跟内转，膝微屈；右手握剑使剑尖向右、向下划弧至腕下与肩同高，手心斜朝上，剑尖斜向下，左手剑指仍附右腕，目视剑尖（图8-134）。

（2）裆步穿剑：右脚向后撤步，腿自然伸直，左脚以跟为轴，脚尖内扣碾步，屈膝半蹲，身体右转约90度；同时右手握剑，剑尖领先，经下向后划弧穿至腹前，手心朝外，剑尖朝右，稍低于腕；左手剑指仍附于右腕，目视剑尖方向（图8-135）。

图 8-134

图 8-135

（3）弓步穿刺：随重心前移，右腿屈膝前顶成右弓步；上体略右转；同时右手握剑沿右腿内侧向前穿刺，与肩同高；左手剑指向左后方划弧摆举，与肩同高，手心朝外，目视剑尖（图8-136）。

（4）并步带剑：随重心前移，左脚向右脚并步，两腿屈膝半蹲，上体略左转；同时右手握剑，剑柄领先，向上、向左划弧带剑至左胯旁，手心朝内，剑尖朝左上方；左手剑指向上，在头上方与右手相合后，屈肘下落附于右腕内侧，目视左侧（图8-137、图8-138）。

图8-136　　　　　　　　　　图8-137　　　　　　　　　　图8-138

（5）提膝提剑：左腿自然伸直；右腿屈膝提起，脚尖自然下垂；上体右转（约90度）；同时右手握剑使剑尖在体左侧立圆划弧至后下方时，以剑柄领先，前臂内旋上提举至头前上方，手心朝右，剑尖朝前下方；左手剑指外旋，向前下方伸出至右脚踝内侧前方，手心朝前上方，目视剑尖方向（图8-139、图8-140）。

（6）分脚后点：右脚向前摆踢成分脚；同时上体略向右拧转，随转体右手握剑经上向右后方点剑，腕同肩高；左手剑指向左上方举，臂呈弧形举于头上方，手心斜朝上，目视剑尖（图8-141）。

图8-139　　　　　　　　　　图8-140　　　　　　　　　　图8-141

动作要点：（1）提膝与提剑、分脚与后点剑要协调一致。（2）整个动作要连贯圆活，一气呵成。

易犯错误：

（1）上体后仰。

纠正：分脚后点时要求上体正直。

（2）分脚与点剑不协调。

纠正：要求分脚与点剑要同时完成。

攻防含义：对方持剑向我身后刺来，我向侧后挥剑点击对方头部（图8-142、图8-143）。

图 8-142

图 8-143

# 第三节 四十二式太极剑第三段

## 一、仆步穿剑（右）

（1）弓步摆举：左腿屈膝半蹲，右腿屈膝向后落步成左弓步；同时上体左转，随转体右手握剑弧形向体前摆举，腕同胸高，手心朝上，剑身平直，剑尖朝前；左手剑指向下，屈肘附于右前臂内侧，手心朝下，目视剑尖（图8-144）。

（2）横弓步斩剑：随身体重心后移，两脚以脚掌为轴碾步，身体右转（约90度）成右横弓步；同时右手握剑屈肘经胸前向右摆举斩剑，臂微屈，手心朝上，剑尖略高于腕；左手剑指向左分展侧举，与腰同高，臂微屈，手心朝外，目视剑尖（图8-145）。

图 8-144

图 8-145

（3）横弓步平带：重心左移，成左横弓步；上体略左转；同时右手握剑屈臂上举，带至头前上方，手心朝内，剑身平直，剑尖朝右；左手剑指向上摆举，附于右腕内侧，臂呈弧形，手心朝前，目视剑尖方向（图8-146）。

（4）仆步落剑：左腿屈膝全蹲成右仆步，上体略右转；同时右手握剑向下置于裆前，手心朝外，使剑立剑落至右腿内侧，剑尖朝右；左手剑指仍附右腕，目视剑尖方向（图8-147）。

（5）弓步穿剑：随重心右移，右脚尖外展，左脚尖内扣碾步成右弓步；同时身体右转约90度，随转体右手握剑沿右腿内侧向前立剑穿出，腕同胸高，臂自然伸直，手心朝左；左手剑指仍附于右腕内侧，目视前方（图8-148）。

图8-146        图8-147        图8-148

动作要点：（1）身体重心左右转换要平稳，上体切忌摇晃。（2）动作时，以身带臂、使剑，动作连贯圆活。

易犯错误：

（1）脚的动作乱，变化不清。

纠正：讲清上下肢动作的配合，如作横弓步斩剑时，左脚尖要内扣；弓步刺剑要右脚尖先外摆，左脚尖再内扣，这样脚下清楚，脚就不会乱动。

（2）横弓步平带时剑身过高。

纠正：横弓步平带时右手握剑屈臂上举、带至头前上方，手心朝内，剑身平直，剑尖朝右。

攻防含义：对方持剑向我胸部刺来，我向左闪身，同时以剑贴着对方剑向左带化解，接着左仆步剑下落，闪开对方剑后立即重心前移接近对方，以剑刺对方胸部（图8-149至图8-152）。

图8-149              图8-150

图 8-151

图 8-152

## 二、蹬脚架剑(左)

（1）转身带剑：右脚尖外展，身体略右转；同时右手持剑向右上方带剑至头前上方（腕距右额约 10 厘米），手心朝外，剑尖朝前；左手剑指屈肘附于右前臂内侧，手心朝右；目视剑尖方向（图 8-153、图 8-154）。

图 8-153

图 8-154

（2）提膝带剑：右腿自然直立，左脚经右脚踝内侧屈膝提起，脚尖自然下垂；同时右手握剑略向右带，目视剑尖方向（图 8-155）。

（3）蹬脚架剑：左脚以脚跟为力点向左侧蹬脚；同时右手握剑上架，臂微屈；左手剑指向左侧指出，臂自然伸直，腕同肩高，手心朝前，指尖朝上，目视剑指方向（图 8-156）。

图 8-155

图 8-156

动作要点：（1）剑指、剑尖、蹬脚均朝同一方向。（2）蹬脚与架剑、剑指动作要协调一致。（3）右腿独立要站稳。（4）蹬脚高度不得低于腰部。

易犯错误：

（1）动作不协调。

纠正：要求上架剑与蹬脚、剑指侧指动作要同时。

（2）站不稳。

纠正：剑上架时要稍用力向上撑架，这样就容易掌握平衡，站得稳。

攻防含义：对方持剑向我头部刺来，我向右转身，同时以剑贴着对方剑向右、向上带架化开，随即用左脚蹬对方腹部或胸部（图8-157、图8-158）。

图 8-157

图 8-158

### 三、提膝点剑

左腿屈膝成右独立步，上体略右转；同时右手握剑经上向右前下方点剑，剑尖与膝同高；左手剑指屈肘右摆，附于右前臂内侧，手心朝下，目视剑尖方向（图8-159）。

动作要点：

（1）左腿屈膝扣脚与点剑要协调一致。

（2）右腿站立要稳。

易犯错误：

（1）点剑时上体倾斜。

纠正：点剑时，要求上体正直、舒松自然。

（2）屈膝、点剑与剑指附于右前臂内侧，动作不协调。

纠正：屈膝、点剑与剑指附于右前臂内侧，三个动作要同时完成，这样就协调一致了。

图 8-159

攻防含义：对方持剑从右侧俯身以剑击我右腿，我挥剑由上向右前下点击对方头部或腕部（图8-160）。

图 8-160

### 四、仆步横扫（左）

（1）仆步落剑：右腿屈膝全蹲，左脚向左后方落步成左仆步；上体略左转；同时左手剑指屈肘内旋，经左肋前向后反插至左腿外侧，手心斜朝外；右手握剑沉腕下落至右膝前上方，手心朝上，目视剑尖（图8-161、图8-162）。

图 8-161　　　　　　　　图 8-162

（2）仆步横扫：随身体重心左移，身体左转约90度，左腿屈膝，脚尖外展，右脚跟外展碾步成左弓步；同时右手握剑，向左平扫，腕同腰高，手心朝上，臂微屈，剑尖朝前下方略低于腕；左手剑指经左向上，臂呈弧形举于头上方，手心朝上，目视剑尖（图8-163、图8-164）。

图 8-163　　　　　　　　图 8-164

动作要点：（1）由仆步转换成弓步时，不要前倾上体或突臀。（2）仆步横扫时，剑尖朝前下方略低于腕。

易犯错误：

（1）上体前倾。

纠正：仆步落剑时，强调上体正直，不要前倾。

（2）易突臀。

纠正：成弓步时，髋关节要下沉、敛臀，这样臀就不易突起。

攻防含义：对方持剑向我头部击来，我仆步下势闪开其剑，并进身以剑横扫对方的腿部（图8-165、图8-166）。

图 8-165　　　　　　　　　　　　　　图 8-166

### 五、弓步下截（右、左）

（1）跟脚拨剑：身体重心前移，右脚跟至左脚内侧（脚不触地）；同时右手握剑内旋划弧拨剑，腕同腰高，手心朝下，剑尖朝左前下方；左手剑指屈肘下落附于右腕内侧，手心朝下，目视剑尖（图8-167）。

（2）弓步截剑：右脚向右前方上步成右弓步，上体略右转；同时右手握剑向右前方划弧截剑，臂微屈，腕同胸高，虎口朝下，剑尖朝前下方；左手剑指仍附右腕，目视剑尖（图8-168至图8-170）。

图 8-167　　　　　图 8-168　　　　　图 8-169　　　　　图 8-170

（3）跟脚拨剑：身体重心移至右腿；左脚跟至右脚内侧（脚不触地），上体右转；同时右手握剑外旋划弧拨剑至右胯旁，手心朝上，剑尖朝右前下方；左手剑指仍附于右腕内侧，手心朝下，目视剑尖（图8-171、图8-172）。

图8-171

图8-172

（4）弓步截剑：身体重心左移，左脚向左前方上步，右脚跟外展成左弓步，上体左转（约45度）；同时右手握剑向左划弧截剑至身体左前方，臂微屈，腕同胸高，手心朝上；剑尖朝前下方；左手剑指向左前上方划弧摆举，臂呈弧形举于头前上方，手心朝外，目视剑尖（图8-173、图8-174）。

图8-173

图8-174

动作要点：（1）划弧拨剑，以腕为轴，手腕松活，剑尖形成一小圆弧。（2）截剑时以身带剑，身随步转。（3）整个动作要柔和连贯，眼随剑走。

易犯错误：

（1）跟脚拨剑时塌腰突臀。

纠正：跟脚拨剑时要松胯敛臀，不要将臀部留在后面，形成塌腰突臀。

（2）弓步截剑时上体前倾。

纠正：弓步截剑时要松腰沉胯，上体正直，不要前倾。

攻防含义：对方持剑向我腹部刺来，我右手握剑提腕，剑身贴对方来剑向左（右）划弧拨开后，上步近身以剑截对方腿部（图8-175至图8-177）。

图 8-175　　　　　　　　　图 8-176　　　　　　　　　图 8-177

## 六、弓步下刺

（1）震脚回带：身体重心前移，右脚在左脚后震脚，屈膝半蹲；左脚跟提起，上体略右转；同时右手握剑屈肘回带至右肋前，手心朝上，剑尖朝前，略低于手；左手剑指先前伸；复随右手回带屈肘附于右腕内侧，手心朝下，目视剑尖（图8-178、图8-179）。

图 8-178　　　　　　　　　　　　图 8-179

（2）弓步卜刺：随身体重心前移，左脚向左前方上步成左弓步，上体略左转；同时右手握剑向左前下方刺出，腕同腰高，手心朝上；左手剑指仍附于右腕内侧，手心朝下，目视剑尖（图8-180、图8-181）。

图 8-180　　　　　　　　　　　　图 8-181

动作要点：（1）震脚与两手相合，屈肘回带、刺剑与弓步均要协调一致。（2）刺剑时先转腰回带蓄劲，继而以转腰沉胯带剑下刺，力注剑尖。（3）发劲要松弹。

易犯错误：

（1）震脚回带时，塌腰突臀。

纠正：震脚回带时，要敛臀，上体自然竖直。

（2）下刺剑时，上体过于前倾。

纠正：下刺剑时，要敛臀沉胯，上体随转腰发劲，可微前倾，不要过于前俯。

攻防含义：对方持剑向我胸（腹）部刺来，我剑则贴压其剑，向右带化解，后上步近身，下刺对方腿部（图 8-182 至图 8-185）。

图 8-182

图 8-183

图 8-184

图 8-185

## 七、右左云抹

（1）跟脚带剑：随身体重心前移，右脚跟至左脚内侧（脚不触地），身体略左转；同时右手握剑沉腕略向左带，腕同腰高，臂微屈，手心朝上，剑尖略低于手；左手剑指略向左带后经胸前向右划弧至右臂上方，手心朝右，目视剑尖（图 8-186、图 -187）。

（2）弓步削剑：右脚向右上步成右横引步，上体右转；同时右手握剑向右上方划弧削剑，臂微屈；左手剑指向左划弧分展举于左前方，与胸同高，手心朝外，目视剑尖（图 8-188）。

图 8-186　　　　　　　　　　图 8-187　　　　　　　　　　图 8-188

（3）盖步云剑：上体略右转，身体重心右移；继而上体略左转，左脚向右盖步，膝微屈；右脚在左脚即将落地时，蹬地、屈膝后举于左小腿后，脚尖下垂（离地面地约10厘米）；同时右手握剑在面前逆时针划弧云剑，摆至体前，腕同胸高，臂微屈，手心朝下，剑尖朝左前方；左手剑指与右手在胸前相合，附于右腕内侧，手心朝下，目视剑尖（图8-189、图8-190）。

（4）弓步抹剑：右脚向右上步成右弓步，上体右转；同时右手握剑向右抹剑至右前方，手心朝下；左手剑指仍附于右腕内侧，目视剑尖方向（图8-191）。

图 8-189　　　　　　　　　　图 8-190　　　　　　　　　　图 8-191

（5）跟脚带剑：身体重心右移，左脚跟至右脚内侧（脚不触地），身体略右转；同时右手握剑略屈肘右带，腕同腰高，剑尖朝左前；左手剑指仍附于右腕内侧，目视剑尖方向（图8-192）。

（6）弓步抹带：左脚向左上步成左弓步，上体左转；同时右手握剑向前伸送后向左抹带，腕同胸高，手心朝下，剑尖朝前；左手剑指经前向左划弧摆举至体左侧，手心朝外，目视剑尖（图8-193）。

（7）盖步云剑：身体重心左移，右脚向左盖步；右脚将落地时，左脚蹬地，屈膝后举于右小腿后，脚尖下垂（离地约10厘米）；上体略右转；同时右手握剑在面前顺时针

划圆云剑，摆至体前，腕同胸高，手心朝上，剑尖朝右前方；左手剑指在云剑时向右与右手相合，附于右腕内侧，手心朝下，目视剑尖（图8-194）。

图 8-192

图 8-193

图 8-194

（8）弓步抹剑：左脚向左上步成左弓步，上体略左转；同时右手握剑向左抹剑，手心朝上；左手剑指向左划弧后，臂呈弧形举于头前上方，目视剑尖（图8-195、图8-196）。

图 8-195

图 8-196

动作要点：（1）盖步时，步法要轻灵。（2）云剑时，要以身带剑，使剑运行连贯圆活，身剑要协调。（3）右、左云抹要连贯完成。

易犯错误：

（1）盖步云剑僵硬不协调。

纠正：盖步云剑时，要以身带剑，盖步与云剑要同时完成，这样动作就协调轻柔。

（2）弓步抹剑时虚实不明。

纠正：成弓步前，一定要脚跟先着地，呈前腿虚后腿实，然后重心前移成弓步，并且重心前移与剑向左（右）抹带要协同一致，这样动作虚实清楚，身剑协调。

攻防含义：对方持剑向我喉部刺来，我剑贴其剑向右（左）带化开后，我即盖步近身，同时云剑绕至对方的右（左）侧，抹斩对方腰部或肋部（图8-197至图8-199）。

图 8-197

图 8-198

图 8-199

## 八、右弓步劈

（1）跟脚带剑：身体重心前移，右脚跟至左脚内侧（脚不触地），身体略左转；同时右手握剑，剑刃领先，经下向左后方划弧至左腹前，臂微屈，手心斜朝上，剑尖朝左后下，与胯同高；左手剑指屈肘向下落于右前臂上，手心朝外，目视剑尖（图 8-200）。

（2）右弓步劈：右脚向右上步成右弓步，上体略右转；同时右手握剑经上向右划弧劈剑，腕同胸高，剑臂一线；左手剑指经下向左划弧，臂呈弧形举于头左上方，手心朝外，目视剑尖（图 8-201、图 8-202）。

图 8-200

图 8-201

图 8-202

动作要点：（1）弓步与劈剑要协调一致。（2）速度要缓慢均匀，动作要连贯圆活，劲贯剑身。

易犯错误：

（1）劈剑时剑身过低。

纠正：右手握剑经上向右划弧劈剑，腕同胸高，剑臂一线。

（2）劈剑时上体前倾。

纠正：右脚向右上步成右弓步，上体略右转，劈剑时上体正直。

攻防含义：对方持剑向我左腿部刺来，我剑向下、向左后带化其剑，然后我上步欺身以剑劈对方头部（图 8-203、图 8-204）。

图 8-203

图 8-204

## 九、后举腿架剑

（1）盖步挂剑：身体重心前移，左脚摆步向前，屈膝半蹲；右脚跟提起，上体略左转；同时右手握剑向左挂剑，腕同腰高，剑尖朝左；左手剑指屈肘下落附于右前臂上，手心朝外，目视左下方（图 8-205、图 8-206）。

（2）后举腿架剑：左腿直立，右腿屈膝，后举小腿，脚面展平同臀高，上体略左转；同时右手握剑上架（离头部约 10 厘米）；剑尖朝左；左手剑指经面前向左摆举，臂微屈，指尖朝上，目视剑指（图 8-207、图 8-208）。

图 8-205

图 8-206

图 8-207

图 8-208

动作要点：（1）左手剑指与剑尖为同一方向。（2）右腿后举与举剑上架、剑指动作要协调一致。（3）此式为平衡动作，独立要稳。

易犯错误：

（1）剑上架与后举腿不协调导致站不稳。

纠正：右手剑上架、左剑指侧举与右腿后举，三个动作要同时完成，这样用力均衡，动作协调一致，支撑腿就站得稳。

（2）架剑低于头部。

纠正：右手握剑上架，剑高于头，离头部约 10 厘米。

攻防含义：对方持剑向我头部劈来，我以剑上架挡开劈来的剑，同时后举腿，以脚撩踢对方腹部或裆部（图 8-209、图 8-210）。

图 8-209

图 8-210

## 十、丁步点剑

（1）落脚摆举：左腿屈膝，身体略右转；右脚向右落步，脚跟着地，腿自然伸直；同时右手握剑略向右摆举，使剑尖向上，高于右腕，目视左前方（图 8-211）。

（2）丁步点剑：重心右移，身体右转，右脚踏实，屈膝半蹲，左脚跟至右脚内侧，脚尖点地成左丁步；同时右手握剑向右点击，腕同胸高；左手剑指经体前向右划弧屈肘附于右腕内侧，目视剑尖（图 8-212）。

图 8-211

图 8-212

动作要点：（1）丁步与点剑要协调一致。（2）点剑时力注剑锋。

易犯错误：

（1）点剑做成劈剑。

纠正：点剑时，右手握剑要松活，腕要上提，剑尖要下点到低于腕部，剑身斜向下，此为点剑。如果同样剑由上向下运行，剑、臂成一斜线，此为劈剑。注意两种剑法要区分开，剑法要正确。

（2）丁步没有脚尖点地，做成了并步。

纠正：左脚跟至右脚内侧，脚尖点地成左丁步。

攻防含义：对方持剑向我左腰侧刺来，我右转身闪开，并近身跟脚以剑尖点击对方腕部（图8-213）。

图 8-213

### 十一、马步推剑

（1）撤步收剑：左脚向左后方撤步，右腿屈膝，随身体重心后移，以脚掌擦地撤半步，脚跟提起，腿微屈，上体向右拧转；同时右手握剑，虎口朝上，屈肘收至右肋下，剑身竖直，剑尖朝上；左手剑指附于右腕，手心朝下，目视右侧（图8-214）。

（2）马步推剑：左脚蹬地，随身体重心前移，右脚向右前方上步，脚尖内扣，左脚跟滑半步，两腿屈膝半蹲成马步；上体左转；同时右手握剑向右前方立剑平推，腕同胸高，剑尖朝上，力贯剑身前刃；左手剑指经胸前向左推举，手心朝外，指尖朝前，与肩同高，目视右侧（图8-215）。

图 8-214

图 8-215

动作要点：（1）马步与推剑要协调一致。（2）要以腰带剑，先转腰收剑，再转腰推剑，从腰中发力，这样才能做到劲力顺达。

易犯错误：

（1）推剑用不上劲。

纠正：撤步挂剑时，上体一定要向右拧转；上步成马步同时，借转胯、顺腰之势将剑推出，这样推剑才有劲力。

（2）推剑时剑身歪斜。

纠正：推剑时要右手握剑向右前方立剑平推，腕同胸高，剑尖朝上，力贯剑身前刃。

攻防含义：对方持剑向我胸部刺来，我撤步右转身，剑竖起贴着对方剑向右挂带，然后顺其剑抢步进身，以剑身推割对方握剑的手（图8-216、图8-217）。

图 8-216

图 8-217

## 第四节　四十二式太极剑第四段

### 一、独立上托

（1）插步举剑：身体重心左移，右脚向左插步，身体右转；同时右手握剑以腕为轴，外旋翻转手腕，使剑尖经下向后、向上在体右侧立圆划弧至头部右侧，剑尖朝右上方，虎口仍朝上，腕同胸高；左手剑指略向前摆举，目视右前方（图8-218、图8-219）。

图 8-218

图 8-219

（2）转身摆举：随身体重心后移，两腿屈膝下蹲，并以左脚跟、右脚掌为轴碾步，身体右后转约180度；同时右手握剑前臂内旋，剑柄领先向下、向右后方划弧摆举至右膝前上方，剑尖朝前；左手剑指屈肘向右附于右腕内侧，手心朝下，目视剑尖（图8-220、图8-221）。

图 8-220　　　　　　　　　　　　　　　图 8-221

（3）独立上托：上体略右转，右腿自然直立，左腿屈膝提起呈右独立势；同时右手握剑臂内旋向上托举停于右额上方（约10厘米），剑身平直，剑尖朝左；左手剑指屈肘附于右前臂内侧，手心向外，目视左侧（图8-222、图8-223）。

动作要点：（1）此式为平衡动作，提膝呈右独立势时要站稳。（2）插步转体时，上体不要过于前俯和突臀。

图 8-222　　　　　　　　　　　　　　　图 8-223

易犯错误：

（1）插步转体时，上体前倾和突臀。

纠正：插步转体时，要求上体正直、敛臀。

（2）提膝与向上托剑动作不协调。

纠正：独立上托时，提膝与举剑上托要同时完成，这样动作协调易平衡。

攻防含义：对方持剑向我头部劈来，我直身独立，以剑贴着对方剑向上托架（图8-224）。

图 8-224

## 二、挂剑前点

（1）落步挂剑：左脚向左摆步，随身体重心前移，右脚跟提起，上体略左转；同时右手握剑向左下方划弧挂剑，手心朝内；左手剑指屈肘附于右上臂内侧，手心朝外，目视剑尖方向（图8-225、图8-226）。

（2）上步举剑：随身体重心前移，右脚摆步向前，上体略右转；同时右手握剑经上向前划弧，前臂外旋，手心朝上，剑尖朝前，低于右腕；左手剑指仍附于右前臂内侧，手心朝右，目视剑尖方向（图8-227）。

图 8-225

图 8-226

图 8-227

（3）转身穿挂：随身体重心前移，右脚踏实，左脚跟提起，上体略右转；同时右手握剑向右划弧穿挂剑，手心朝外；左手剑指向上，臂呈弧形举于头左上方，手心朝左，目视剑尖方向（图8-228）。

（4）上步举剑：随身体重心前移，左脚摆步向前，脚跟着地，身体略左转；同时右手握剑向右伸举，手心朝上，腕同腰高，剑尖朝右下方；左手剑指下落至与肩同高，手心朝外，目视剑指方向（图8-229）。

（5）虚步点剑：随身体重心前移，左脚踏实，屈膝半蹲，右脚向右前方上步成右虚步；上体左转约90度；同时右手握剑经上向右前下方点剑；左手剑指经下向左划弧，臂呈弧形举至头左上方，手心朝外，目视剑尖（图8-230、图8-231）。

动作要点：（1）左右挂剑时，动作要连贯圆活，贴近身体，立圆挂剑。（2）虚步与点剑要协调一致。

图 8-228

图 8-229

图 8-230

图 8-231

**易犯错误：**

（1）挂剑不呈立圆。

纠正：挂剑时要使剑贴近身体由前向后运行，握剑的手腕要向内扣（左挂）或向外翻腕上翘（右挂），这样挂剑就立抡成圆了。

（2）虚步与点剑动作脱节。

纠正：上步成右虚步与剑下点要同时完成，这样就不会出现动作前后衔接不协调。

**攻防含义：**对方持剑向我腿部刺来，我以剑向左（右）挂带化开，并上步近其身，以剑点击对方头部或腕部（图 8-232、图 8-233）。

图 8-232

图 8-233

三、歇步崩剑

（1）叉步带剑：右脚跟内扣踏实，屈膝半蹲；左脚跟提起，身体重心前移，上体右转；同时右手握剑翘腕向后带剑至右胯旁，手心朝内，剑尖朝左上方，略低于肩；左手剑指屈肘下落附于右腕上，手心朝下，目视右前下方（图8-234）。

（2）弓步反撩：身体重心略左移，右腿屈膝；左脚向左上步成右弓步，上体略右转；同时右手握剑经下向右划弧反撩，腕同胸高，手心朝后，剑尖朝右；左手剑指经下向左划弧摆举至与肩平，目视剑尖（图8-235至图8-237）。

图 8-234　　　　图 8-235　　　　　图 8-236　　　　　　图 8-237

（3）歇步崩剑：重心后移，右脚向左脚后撤步成歇步；身体略右转；同时右手握剑，变虎口朝上后沉腕崩剑，腕同腰高；左手剑指向上，臂呈弧形举于头左上方，手心斜朝上，目视右前方（图8-238至图8-240）。

图 8-238　　　　　　图 8-239　　　　　　图 8-240

动作要点：（1）沉腕崩剑，劲贯剑身。（2）歇步与崩剑要协调一致。

易犯错误：

（1）崩剑动作不协调。

纠正：崩剑要做得好，一定要松腕使虎口向上，然后松肩沉腕，剑尖上崩，劲贯剑尖上锋。

（2）崩剑时左手剑指过低。

纠正：左手剑指向上，臂呈弧形举于头左上方，手心斜朝上。

攻防含义：对方持剑向我右胸部刺来，我向右转身闪开其剑，并歇步沉腕以剑尖崩击对方握剑的腕部（图8-241、图8-242）。

图 8-241 　　　　　　　　　　　　　　图 8-242

#### 四、弓步反刺

（1）提膝侧举：右脚踏实，右腿伸起直立，左腿屈膝提起脚尖下垂；上体稍左倾；同时右手握剑屈肘侧举，腕低于胸，使剑身斜置于右肩上方，手心朝前，剑尖朝左上方；左手剑指下落，与肩同高，目视右前方（图8-243、图8-244）。

（2）弓步探刺：左脚向左落步，成左弓步，上体略向左倾；同时右手握剑向前上方探刺；左手剑指向右与右臂在体前相合，附于右前臂内侧，目视剑尖（图8-245、图8-246）。

图 8-243 　　　　图 8-244 　　　　图 8-245 　　　　图 8-246

动作要点：（1）动作要舒展。（2）弓步与探刺要协调一致。

易犯错误：

（1）弓步探刺时虚实不明，形成了长拳类剑术风格。

纠正：在左脚下落时，一定要脚跟先着地，身体重心应控制在右支撑腿上；然后在身体重心前移成左弓步的同时剑向左前探刺，这样动作既缓慢又虚实分明。

（2）弓步探刺时上体正直。

纠正：弓步探刺时，左脚向左落步，成左弓步，上体略向左倾。

攻防含义：对方持剑向我右侧刺来，我侧身带剑化开，随即上步近身反刺对方头部（图8-247、图8-248）。

图 8-247

图 8-248

### 五、转身下刺

（1）扣脚带剑：随身体重心后移，身体右转，左脚尖内扣；同时右手握剑屈肘回带至左肩前，手心朝内，剑尖朝右；左手剑指附于右腕内侧；手心朝外，目视右侧（图8-249、图8-250）。

（2）提膝挂剑：身体重心左移，右脚屈膝提起，脚尖下垂；以左脚掌为轴碾步，身体右转；同时右手握剑向右摆至右肩前，使剑尖向下划弧至右膝外侧，手心朝后，剑尖斜朝下；左手剑指仍附于右腕上，目视剑尖（图8-251）。

（3）弓步下刺：随身体右转约180度，左脚跟向左碾动，右脚向右后方落步成右弓步；同时右手握剑向前下方刺出，腕同腰高，手心朝上；左手剑指附于右腕上，手心朝下，目视剑尖（图8-252）。

图 8-249

图 8-250

图 8-251

图 8-252

动作要点：（1）动作要连续圆活，上体不要过于前倾。（2）弓步与刺剑要协调一致。

易犯错误：

（1）脚的动作不清楚，虚实不明。

纠正：随身体右转约180度，左脚跟向左碾动，右脚向右后方落步，然后重心前移成右弓步，同时剑向前下方刺出，这样动作交代清楚，虚实分明，上下协调。

（2）转身时重心不稳。

纠正：转身时身体重心放在支撑腿上。

攻防含义：对方持剑向我右腿刺来，我提起右腿闪开其剑，接着右后转身，上步近身，以剑刺击对方膝部或小腿部（图8-253至图8-255）。

| 图 8-253 | 图 8-254 | 图 8-255 |

### 六、提膝提剑

（1）转身带剑：身体重心后移，上体左转；左脚尖外摆，屈膝半蹲，右腿自然伸直；同时右手握剑，以剑柄领先，屈臂外旋，向左上方带剑（距头部约20厘米），手心朝内，剑尖朝右；左手剑指附于前臂内侧，手心朝外，目视剑尖（图8-256）。

（2）横裆步带剑：身体重心右移，右腿屈膝，左腿自然伸直，左脚跟外转，上体略右转；同时右手握剑，剑柄领先，前臂内旋，手心朝下，经腹前摆至右胸前（约30厘米），使剑尖经上向右前划弧，剑尖低于腕；左手剑指附于右腕内侧，手心朝外，目视剑尖（图8-257、图8-258）。

（3）独立提剑：左腿屈膝提起成右独立步；上体略右转并稍前倾；同时右手握剑，剑柄领先，向右上划弧提剑，臂呈弧形举于右前方，腕同额高，虎口斜朝下，剑尖置于左膝外侧；左手剑指经腹前向左划弧摆举，与腰同高，手心朝外，目视左前下方（图8-259）。

| 图 8-256 | 图 8-257 | 图 8-258 | 图 8-259 |

**动作要点：** （1）提膝成右独立步时要站稳。（2）提膝与提剑要协调一致。

**易犯错误：**

（1）转身带剑时剑尖朝上。

纠正：右手握剑，以剑柄领先，屈臂外旋，向左上方带剑（距头部约 20 厘米），手心朝内，剑尖朝右。

（2）独立提剑时左手过高。

纠正：左手剑指经腹前向左划弧摆举，与腰同高，手心朝外。

**攻防含义：** 对方持剑从左后方向我左腿刺来，我提起左腿闪开后，持剑经上划弧绕至对方右侧，由下向上提剑，截割对方腕部（图 8-260、图 8-261）。

| 图 8-260 | 图 8-261 |

**七、行步穿剑**

（1）落步穿剑：右腿屈膝。左脚向左落步，脚跟着地，上体左转；同时右手握剑，手心转向上，剑尖领先，经左肋下向左、向前穿剑，腕与腰同高，剑尖朝前左手剑指向右上方划弧摆举至右肩前，手心朝下，目视剑尖（图 8-262）。

（2）摆步穿剑：随身体重心前移，左脚踏实，膝微屈，右脚向右摆步，上体右转；

同时右手握剑，剑尖领先，向前、向右划弧穿剑，腕与胸同高，剑尖朝右；左手剑指经胸前向左分展侧举，臂呈弧形，手心朝外，目视剑尖（图8-263）。

图8-262

图8-263

（3）扣步穿剑：随身体重心前移，左脚向右扣步，上体略右转；两手动作不变。依次右、左脚再各上一步（图8-264至图8-269）。

图8-264

图8-265

图8-266

图8-267

图8-268

图8-269

动作要点：（1）穿剑时，要拧腰、沉胯。（2）行步时，两腿要屈膝，重心平稳。

易犯错误：

（1）行步时步幅过小，原地转圈。

纠正：行步时共走五步，轨迹呈一个圆形。

（2）行步时快时慢。

纠正：行步时扣步、摆步要匀速连贯。

攻防含义：对方持剑向我胸部刺来，我向左落步闪身，同时剑穿至对方右侧，以剑尖挂穿其握剑手的腕部（图8-270、图8-271）。

图8-270　　　　　　　　　　图8-271

## 八、摆腿架剑

（1）独立摆剑：右手握剑，前臂内旋经面前使剑尖在头前方逆时针划弧，屈肘向左摆至左肋前，剑尖朝左上方；当右手握剑左摆至面前时，右脚外摆腿，下落至水平时屈收小腿；左手剑指向上，在面前与右手相合，屈肘附于右腕内侧，手心朝下，目视前方（图8-272至图8-274）。

图8-272　　　　　　　图8-273　　　　　　　图8-274

（2）落脚抹剑：左腿屈膝，右脚向右前方落步，身体略右转；同时右手握剑经前向右划弧抹剑，腕与胸同高，手心朝下，剑尖朝左；左手剑指附于右前臂内侧，手心朝下，目视剑身前端（图8-275、图8-276）。

（3）弓步架剑：右腿屈膝半蹲，左脚跟外展成右弓步，上体略左转；同时右手握剑上举架剑，剑尖朝前；左手剑指随右手上举后经面前向前指出，指尖朝上，与鼻同高，目视剑指方向（图8-277）。

动作要点：（1）外摆腿不得低于胸，并要与剑和剑指紧密配合。（2）弓步与抹剑上架要协调一致。

图8-275　　　　　　　　图8-276　　　　　　　　图8-277

易犯错误：

（1）落脚成右弓步架剑时虚实变化不明确。

纠正：右脚下落时，脚跟先着地，左腿屈膝支撑重心，然后再重心右移成右弓步架剑。不要一落脚即成右弓步，缺少太极的虚实变化。

（2）弓步架剑时，剑与剑指不在同一方向。

纠正：弓步架剑时，剑与剑指为同一方向。

攻防含义：对方持剑向我迎头劈来，我向右落步闪开，以剑举架起对方的剑（图8-278、图8-279）。

图8-278　　　　　　　　　　　　图8-279

## 九、弓步直刺

（1）收脚收剑：身体重心移至右腿，左脚收提至右脚内侧（脚不触地）；同时右手握剑经右向下收至右胯旁，虎口朝前，剑尖朝前；左手剑指经左向下收至左胯旁，手心朝下，指尖朝前，目视左前下方（图8-280）。

（2）弓步直刺：左脚向前上步成左弓步；上体略左转；同时右手握剑立刃向前平刺；左手剑指在胸前与右手相合，附于右腕内侧后向前伸送，手心斜向下，目视前方（图8-281、图8-282）。

图8-280　　　　　　　　　图8-281　　　　　　　　　图8-282

动作要点：（1）上体要自然直立，不要挺腹、突臀。（2）弓步与刺剑要协调一致。

易犯错误：

（1）上步时塌腰、突臀。

纠正：上步时要敛臀，上体要保持舒松正直。

（2）弓步刺剑不协调。

纠正：上步时脚跟先着地，重心前移成弓步的同时向前刺剑。这样既虚实分明，又动作协调。

攻防含义：对方持剑迎面而来，我迅速上步近身，以剑刺向对方的胸部（图8-283）。

图8-283

## 十、收式

（1）转身回带：身体重心后移，右腿屈膝，上体右转；同时右手握剑屈肘向右回带至右胸前；左手剑指仍附腕随之右移，两手心相对（准备接剑），剑身微贴在左前臂外侧，目视前下方（图8-284）。

（2）上步左摆：上体左转，重心前移，右脚上步成平行步；同时左剑指变掌接剑（反握），随经腹前向左摆置于左胯旁，手心朝后，剑身竖直，剑尖朝上；右手变剑指经下向右后方划弧，随屈肘举至右耳侧，手心朝内，指尖朝上，与头同高，目视前方（图8-285、图286）。

图 8-284

图 8-285

图 8-286

（3）落手站立：两腿自然伸直；同时右手剑指经胸前向下落于身体右侧；然后左脚向右脚并拢，身体自然站立，两臂垂于体侧，目视前方（图 8-287、图 8-288）。

图 8-287

图 8-288

**动作要点：**（1）动作要连贯、圆活、缓慢。（2）并步自然站立时，全身放松，深呼气，神气归元。

**易犯错误：**

（1）动作不连贯。

纠正：各分动作之间，不要停顿，要连贯、协调。

（2）最后并步时脚尖没有并拢。

纠正：上步左摆时，右脚上步成平行步，两脚尖要正对前方；落手站立时，左脚向右脚并拢，脚尖要并拢。

附　录

国际武术套路竞赛规则

 第一节　裁判员

第一条　裁判员组成

1. 执行裁判员

1.1　总裁判长 1 人，副总裁判长 1～2 人。

1.2　有难度项目：裁判长 1 人，A 组评分裁判员 3 人，B 组评分裁判员 5 人，C 组评分裁判员 3 人，套路检查员 1 人，共 13 人组成。

1.3　无难度项目、对练、集体项目：裁判长 1 人，A 组评分裁判员 3 人，B 组评分裁判员 5 人，套路检查员 1 人，共 10 人组成。

1.4　编排记录长 1 人。

1.5　检录长 1 人。

2. 辅助裁判员

2.1　编排记录员 3～5 人。

2.2　检录员 3～6 人。

2.3　计时员 1～2 人。

2.4　计分员 2～3 人。

2.5　宣告员 1～2 人。

2.6　放音员 1～2 人。

2.7 仲裁摄像员2～4人。

2.8 电子计分系统人员2～4人。

* 在没有电子计分系统的情况下，必须设置计时员和计分员。

第二条 裁判员职责

1. 总裁判长

1.1 组织领导裁判工作，保证规则和规程的执行。

1.2 解释规则和规程，但无权修改规则和规程。

1.3 在比赛过程中，根据比赛需要可调动裁判员工作；裁判员发生严重错误时，有权处理。

1.4 对运动员或教练员在赛场上无理纠缠，有权给予警告；对不听劝告者，有权建议国际武术联合会技术委员会严肃处理，直到取消比赛成绩。

1.5 审核并宣布比赛成绩，做好裁判工作总结。

2. 副总裁判长

2.1 协助总裁判长工作。

2.2 在总裁判长缺席时，由一名副总裁判长代行其职责。

3. 裁判长

3.1 组织裁判培训，实施裁判工作。

3.2 执行对运动员套路完成时间不足或超出规定以及编排的扣分，执行对运动员完成创新难度的加分。

3.3 评分裁判员发生严重的评判错误时，可向总裁判长建议给予相应的处理。

4. 评分裁判员

4.1 参加裁判培训，做好准备工作。

4.2 执行规则，独立评分，并做详细记录。

4.3 A组评分裁判员执行运动员整套动作质量的评分。

4.4 B组评分裁判员执行运动员整套演练水平的评分。

4.5 C组评分裁判员执行运动员整套难度的评分。

5. 套路检查员

5.1 熟练掌握规则、规程和规定套路。

5.2 执行对运动员演练的套路与编排要求一致性的检查。

6. 编排记录长

6.1 负责编排记录工作，确保竞赛数据的准确性。

6.2 组织审核报名数据，编排秩序册。

6.3 组织抽签，确定运动员比赛顺序。

6.4 准备竞赛表格，审核比赛成绩，排列名次。

6.5 组织电子计分系统人员做好工作准备和临场操作。

6.6 根据要求编排成绩册。

7. 检录长

7.1 组织安排检录工作，确保比赛按时进行。

7.2 组织参加颁奖仪式运动员的检录工作。

8. 编排记录员

8.1 根据编排记录长分配的任务进行工作。

9. 检录员

9.1 根据检录长分配的任务进行工作。

10. 计时员

10.1 记录运动员完成整个套路的时间。

11. 计分员

11.1 记录每位裁判员的评判结果，核算最后得分。

12. 宣告员

12.1 介绍规程、规则和武术套路运动知识，及时做好临场宣告。

13. 放音员

13.1 维护音、视频播放设备，确保设备正常运行。

13.2 收集、备份运动员（队）的比赛音乐，为运动员（队）播放比赛音乐。

14. 仲裁摄像员

14.1 对全部竞赛项目进行现场不间断摄像。

14.2 管理全部录像，存档保留。

## 第二节　仲裁委员会

**第三条　仲裁委员会组成**

由主任、副主任、委员共 3 人、5 人或 7 人组成。

**第四条　仲裁委员会职责**

1. 接受运动队的申诉，并及时做出裁决。

2. 仲裁人员不参加与本人所在会员协会有牵连问题的讨论与表决。

3. 表决投票相同时，仲裁委员会主任有最终决定权。

4. 仲裁委员会的裁决为最终裁决。

## 第三节　竞赛通则

第五条　竞赛类型

1. 按形式分类

1.1 个人赛。

1.2 团体赛。

1.3 个人及团体赛。

2. 按年龄分类

2.1 成年赛。

2.2 青少年赛。

2.3 儿童赛。

第六条　竞赛项目

1. 自选项目

1.1 自选拳术：长拳、南拳、太极拳。

1.2 自选器械：剑术、刀术、南刀、太极剑、枪术、棍术、南棍。

2. 规定项目

2.1 规定拳术

2.2 规定器械

3. 对练

3.1 徒手对练、器械对练、徒手与器械对练

4. 集体项目

第七条　竞赛年龄分组

1. 成年组：18 岁（含 18 岁）以上。

2. 青年组：15 ～ 17 岁。

3. 少年组：12 ～ 14 岁。

4. 儿童组：11 岁（含 11 岁）以下。

第八条　确定比赛顺序

在仲裁委员会和总裁判长的监督下，抽签确定比赛顺序。比赛如有预、决赛，决赛的比赛顺序，按运动员预赛名次由低到高确定。如预赛排名相同，则抽签确定比赛顺序。

第九条　检录

第一次检录时间为赛前 30 分钟，第二次检录时间为赛前 20 分钟，最后一次检录时间为赛前 10 分钟。

第十条 礼仪

运动员听到上场点名、完成比赛套路及现场成绩宣告时，应向裁判长行抱拳礼。

第十一条 计时

运动员由静止姿势开始动作，计时开始；当运动员完成全套动作后并步直立，计时结束。

第十二条 示分

运动员的比赛结果，公开示分。

第十三条 弃权

运动员不按时参加检录与比赛，按弃权论处。

第十四条 申诉

1. 内容与范围

1.1 内容

裁判员对运动员难度、套路编排和套路完成时间的评判。

1.2 范围

仅限于教练或领队对本队运动员的比赛结果。

2. 程序及要求

2.1 程序

运动队如果对本队运动员的评判结果有异议，必须在该运动员比赛结束后15分钟内，由该队领队或教练员向仲裁委员会以书面形式提出申诉，同时缴付200美元申诉费。

2.2 要求

参赛队在整个比赛中总共有两次申诉的机会，一次申诉仅限一项内容。

3. 处理

3.1 仲裁委员会根据申诉内容立刻复议并作出仲裁结论，仲裁委员会的裁决为最终裁决。

3.2 参加复议的仲裁人员必须超过半数，表决时超过半数以上人员做出的决定才有效。如申诉理由成立，改变裁判结果，退回申诉费；如申诉理由不成立，则维持原判，不退申诉费。

3.3 各队必须服从仲裁委员会的最终裁决，如果因不服裁决而无理纠缠，将视情节轻重，按照国际武联的有关规定进行严肃处理。

3.4 仲裁结果应及时报赛事组织委员会备案，同时书面通知提出申诉的运动队。

第十五条 创新难度申报

1. 创新原则

必须符合武术运动的本质属性和运动规律，必须是自选项目"动作难度内容、等级、

分值与编码表"中未出现的 B 级（含 B 级）以上的动作难度。跳跃、跌扑类创新动作难度必须含连接难度。

2. 申报程序

每次比赛每个套路限报一个创新动作难度（含连接难度）。申报协会必须以书面形式配以技术图解和本人演练的视频片断，在赛前 50 天报至国际武术联合会技术委员会（以到达邮戳为准）。

3. 鉴定机构

由国际武术联合会技术委员会聘请有关专家 5～7 人组成"武术套路创新技术鉴定委员会"，负责难度鉴定工作。

4. 鉴定程序

武术套路创新技术鉴定委员会依据创新原则鉴定后（须三分之二以上的委员投票通过），确定创新动作难度的命名、等级、加分分值、动作错误内容及扣分标准与编码，并及时通知申报协会。赛前还应以书面形式通知仲裁委员会和裁判员。

第十六条　兴奋剂检测

根据《奥林匹克宪章》的规定和国际奥林匹克委员会的有关要求，进行兴奋剂检测。

第十七条　名次评定

1. 个人单项（含对练）名次

按比赛成绩高低排列名次，得分最高者为第一名，次高者为第二名，依次类推。

2. 个人全能名次

按各单项成绩总和的高低排列名次，得分最高者为第一名，次高者为第二名，依次类推。

3. 集体项目名次

按比赛成绩高低排列名次，得分最高者为第一名，次高者为第二名，依次类推。

4. 团体名次

根据规程关于团体名次的确定办法进行评定。

5. 得分相同的处理

5.1 有难度项目得分相同时，按以下顺序评定：

●难度应得分高者列前。

●完成难度（包括动作难度和连接难度）等级高者列前。

●完成高等级难度（包括动作难度和连接难度）数量多者列前。

●演练水平应得分高者列前。

●演练水平分中的低无效分高者列前。

●如仍相同，名次并列。

●比赛如有预赛和决赛，决赛名次相同时，按预赛名次前者列前。

5.2 无难度项目、对练和集体项目得分相同时，按以下顺序评定：

●演练水平应得分高者列前。

●演练水平分中的低无效分高者列前。

●如仍相同，名次并列。

●比赛如有预赛和决赛，决赛名次相同时，按预赛名次前者列前。

5.3 个人全能得分相同时，按以下顺序评定：

●单项第一名多者列前。

●单项第二名多者列前，依次类推。

●如所有单项名次和数量均相同，名次并列。

5.4 团体总分相同时，按以下顺序评定：

●全队获单项第一名多者列前。

●全队获单项第二名多者列前，依此类推。

●如全队获得单项名次和数量均相同，名次并列。

**第十八条 套路完成时间**

1. 长拳、南拳、剑术、刀术、枪术、棍术、南刀、南棍套路：成年不少于 1 分 20 秒钟；青少年（含儿童）不少于 1 分 10 秒钟。

2. 太极拳、太极剑自选套路和太极剑规定套路：为 3 ～ 4 分钟；太极拳规定套路：为 5 ～ 6 分钟。

3. 对练套路：不少于 50 秒钟。

4. 集体项目：为 3 ～ 4 分钟。

**第十九条 比赛服装**

1. 裁判员统一着装，佩戴裁判员技术等级胸牌。

2. 运动员穿武术比赛服装，佩戴号码布。

**第二十条 比赛设备与器械**

1. 比赛设备

1.1 使用符合国际武术联合会技术标准与要求的比赛设备。

2. 比赛器械

2.1 使用国际武术联合会认证的比赛器械。

2.2 比赛器械要求

2.2.1 刀／剑：左手持剑或抱刀，剑尖或刀尖不低于运动员本人耳上端，刀彩自然下垂的长度不短于 30 厘米。

2.2.2 南刀刀尖在运动员左手抱刀时不低于本人下颌骨。

2.2.3 棍、南棍：长度不短于运动员本人身高。

2.2.4 枪的长度不短于运动员本人并步直立直臂上举时从脚底至中指尖的长度，枪缨长度不短于 20 厘米且不得太稀疏。

第二十一条　比赛音乐

1. 规程要求配乐的项目必须在音乐伴奏下进行比赛，音乐自备。

第二十二条　比赛场地

1. 使用国际武术联合会认证的比赛场地。

2. 个人项目的比赛场地为长 14 米、宽 8 米，其周围至少有 2 米宽的安全区。

3. 集体项目的比赛场地为长 16 米、宽 14 米，其周围至少有 1 米宽的安全区。

4. 比赛场地四周内沿应标明 5 厘米宽的白色边线。

5. 比赛场地上方无障碍空间高度不低于 8 米。

6. 相邻两个比赛场地之间的距离不少于 6 米。

7. 比赛场地可高出地面 0.6 ～ 1 米。

8. 比赛场地内的灯光照度应符合高清电视转播要求，通常不低于 1000 勒克斯。

## 第四节　评分方法与标准

第二十三条　有难度项目的评分方法与标准

1. 评分方法

1.1 各项目比赛的满分为 10.000 分（不含创新难度加分），其中动作质量的分值为 5.00 分、演练水平的分值为 3.000 分、难度的分值为 2.00 分（包括动作难度分值 1.40 分和连接难度分值 0.60 分）。

1.2 A 组评分裁判员根据运动员演练时出现的动作错误和其他错误进行扣分。

1.3 B 组评分裁判员根据运动员整套动作的演练评定等级分。

1.4 C 组评分裁判员根据运动员现场难度的完成情况进行评定。

1.5 套路检查员对运动员演练的套路与编排要求的一致性进行检查。

2. 评分标准

2.1 动作质量

动作与规格要求不符，每出现一次扣 0.10 分；其他错误每出现一次扣 0.10 ～ 0.30 分。

2.2 演练水平

演练水平等级的评分标准：按劲力、协调、节奏、编排、风格、配乐的评分标准分为 3 档 9 级，其中 3.00 ～ 2.51 分为好，2.50 ～ 1.91 分为一般，1.90 ～ 1.01 分为不好。

2.3 难度

2.3.1 动作难度

完成一个 A 级动作难度计 0.20 分，完成一个 B 级动作难度计 0.30 分，完成一个 C 级动作难度计 0.40 分。动作难度的累计分如超过 1.40 分，按 1.40 分计算。

每个动作难度的分值只计算一次。作降分处理的动作难度，只能编排在最后一个（或一组）难度中。动作难度不符合要求，不计算动作难度分。

2.3.2 连接难度

完成一个 A 级连接难度计 0.10 分，完成一个 B 级连接难度计 0.15 分，完成一个 C 级连接难度计 0.20 分，完成一个 D 级连接难度计 0.25 分。连接难度的累计分如超过 0.60 分，按 0.6 分计算。

每个连接难度的分值只计算一次。作降分处理的连接难度，只能编排在最后一组难度中。连接难度不符合要求，不计算连接难度分。

2.3.3 创新难度加分

完成一个创新的 B 级动作难度（含连接难度）加 0.10 分，完成一个创新的 C 级动作难度（含连接难度）加 0.15 分，完成一个创新的超 C 级动作难度（含连接难度）加 0.20 分。

比赛中没有完成创新难度，不予加分。

2.3.4 有难度项目套路难度分值按比赛套路的实际难度分值计算。

2.4 编排

套路与编排要求不符，每出现一次扣 0.10 ～ 0.20 分。

第二十四条 无难度项目（含对练和集体项目）评分方法与标准

1. 评分方法

1.1 各项目比赛的满分为 10.00 分，其中动作质量的分值为 5.00 分、演练水平的分值为 5.00 分。

1.2 A 组评分裁判员根据运动员演练时出现的动作错误和其他错误进行扣分。

1.3 B 组评分裁判员根据运动员整套动作的演练评定等级分。

1.4 套路检查员对运动员（队）演练的套路与编排要求的一致性进行检查。

2. 评分标准

2.1 动作质量

动作与规格要求不符，每出现一次扣 0.10 分；其他错误每出现一次扣 0.10 ～ 0.30 分。

2.2 演练水平

演练水平等级的评分标准：按劲力、协调、节奏、风格、配乐的评分标准分为 3 档 9 级，其中 5.00 ～ 4.21 分为好、4.20 ～ 3.01 分为一般、3.00 ～ 1.51 分为不好。

2.3 编排

套路与编排要求不符，每出现一次扣 0.10 ～ 0.20 分。

第二十五条 对所示分数的要求

B 组评分裁判员所示分数精确到小数点后两位数；演练最终得分精确到小数点后三位数，小数点三位数之后的数字无效。

第二十六条 应得分的确定

1. 有难度项目运动员应得分的确定

动作质量应得分、演练水平应得分和难度应得分之和，即为运动员的应得分。

1.1 动作质量应得分的确定

A组3名评分裁判员中至少2名对运动员演练时出现的不符合规格要求的动作或其他错误内容同时确认时，按照其扣分标准进行扣分，累计所扣分数为动作质量应扣分。动作质量分值减去动作质量应扣分，为动作质量应得分。

1.2 演练水平应得分的确定

B组5名评分裁判员对运动员整套动作的演练评定等级分，中间三个分数的平均值为演练水平应得分。演练水平应得分取到小数点后三位数，小数点三位数之后的数字无效。

1.3 难度应得分的确定

C组3名评分裁判员中至少2名对运动员完成的动作难度或连接难度同时确认时，按照其难度分值进行加分，累计所加分数为难度应得分。

2. 无难度项目、对练和集体项目运动员应得分的确定

动作质量应得分和演练水平应得分之和，即为运动员（队）的应得分。

2.1 动作质量应得分的确定

A组3名评分裁判员中至少2名对运动员（队）演练时出现的不符合规格要求的动作或其他错误内容同时确认时，按照其扣分标准进行扣分，累计所扣分数为动作质量应扣分。

动作质量分值减去动作质量应扣分，为动作质量应得分。

2.2 演练水平应得分的确定

B组5名评分裁判员对运动员（队）整套动作的演练评定等级分，中间三个分数的平均值为演练水平应得分。演练水平应得分取到小数点后三位数，小数点三位数之后的数字无效。

第二十七条 裁判长的扣分与加分

1. 裁判长的扣分

1.1 完成套路时间不足或超出规定时间的扣分

1.1.1 长拳、南拳、剑术、刀术、枪术、棍术、南刀、南棍、对练

运动员演练套路不足规定时间在2秒钟以内（含2秒钟）扣0.10分，在2秒钟以上至4秒钟以内（含4秒钟）扣0.20分，依次类推。

1.1.2 太极拳、太极剑和集体项目

运动员（队）演练套路时间不足或超出规定时间在5秒钟以内（含5秒钟）扣0.10分，在5秒钟以上至10秒钟以内者（含10秒钟）扣0.20分，依此类推。

1.2 编排的扣分

套路与编排要求不符，按照编排的扣分标准予以扣分。

2. 创新难度的加分

运动员在比赛中完成了申报的创新难度，按照创新难度加分标准予以加分。

3. 重做的处理

由于某种不可预见的客观原因（诸如场馆停电、电子计分系统故障等），致使比赛开始后暂时中断或运动员无法继续演练比赛套路时，视具体情况，经裁判长允许后可重做一次，不予扣分。重做也可安排在该项最后一名上场。

第二十八条　最后得分的确定

1. 有难度项目

裁判长从运动员的应得分中减去"裁判长的扣分"，加上"创新难度的加分"，为运动员的最后得分。

2. 无难度项目、对练和集体项目

裁判长从运动员（队）的应得分中减去"裁判长的扣分"，为运动员（队）的最后得分。

# 第五节　自选套路内容的规定

第二十九条　自选套路内容规定的范围

自选套路规定的内容不包括难度动作和连接动作。

第三十条　长拳、刀术、剑术、枪术、棍术自选套路内容的规定

1. 长拳：至少包括拳、掌、勾三种手型，三种拳法，两种掌法，一种进攻性肘法，弓步、马步、仆步、虚步、歇步五种步型，直摆、屈伸、扫转三种腿法，一种持久性平衡。

2. 剑术：至少包括刺剑、挂剑、撩剑、点剑、劈剑、崩剑、截剑、剪腕花八种剑法（其中必须有完整的左右挂剑接背后穿挂剑），弓步、仆步、虚步三种步型，一种持久性平衡。

3. 刀术：至少包括缠头、裹脑、劈刀、扎刀、斩刀、挂刀、云刀、背花刀八种刀法（其中必须有完整的缠头、裹脑刀），弓步、仆步、虚步三种步型。

4. 枪术：至少包括拦枪、拿枪、扎枪、穿枪、崩枪、点枪、舞花枪、挑把八种枪法（其中必须有连续 3 个一次性完成的拦、拿、扎枪），弓步、仆步、虚步三种步型。

5. 棍术：至少包括平抡棍、劈棍、云棍、崩棍、绞棍、戳棍、舞花棍、提撩花棍八种棍法（其中必须有连续 3 个一次性完成的双手提撩花棍），弓步、仆步、虚步三种步型。

第三十一条　南拳、南刀、南棍自选套路内容的规定

1. 南拳：至少包括虎爪一种手型，挂盖拳、抛拳两种拳法，滚桥一种桥法，弓步、马步、仆步、虚步、蝶步、骑龙步六种步型，麒麟步一种步法，横钉腿一种腿法。

2. 南刀：至少包括缠头、裹脑、劈刀、抹刀、格刀、截刀、扫刀、剪腕花刀八种刀法，弓步、马步、虚步、骑龙步四种步型。

3. 南棍：至少包括劈棍、崩棍、绞棍、滚压棍、格棍、击棍、顶棍、抛棍八种棍法，弓步、马步、虚步、骑龙步四种步型。

**第三十二条　太极拳、太极剑自选套路内容的规定**

1. 太极拳：至少包括揽雀尾、左右野马分鬃、左右搂膝拗步、云手、左右穿梭、掩手肱捶、左右倒卷肱、搬拦捶八种动作，弓步、仆步、虚步三种步型，两种腿法。

2. 太极剑：至少包括刺剑、左右挂剑、撩剑、点剑、劈剑、截剑、抹剑、绞剑八种剑法，弓步、仆步、虚步三种步型。

**第三十三条　对练套路内容的规定**

1. 徒手对练：至少包括三种拳法、两种掌法、五种腿法和两种跌法。
2. 器械对练：至少包括六种器械方法、两种腿法和一种跌法。
3. 徒手与器械对练：至少包括三种拳法、四种器械方法和两种跌法。

**第三十四条　集体项目内容的规定**

1. 内容：至少包括五种手法或器械方法、五种步型、四种不同类型的腿法和三种跳跃。
2. 队形：至少包括五种不同图案的队形变化。

## 第六节　比赛服装的款式及规格

**第三十五条　长拳、刀术、剑术、枪术、棍术、对练项目比赛服装的款式及规格**

1. 立领、短袖（长袖均为灯笼袖，袖口为紧口）上衣。男子的上衣为对襟有七对直襻，女子的上衣为半开对襟有三对直襻，周身有 1 厘米的边。
2. 灯笼裤，松紧腰，横、立裆要适宜。
3. 软腰巾或硬腰带。

**第三十六条　南拳、南刀、南棍项目比赛服装的款式及规格**

1. 无领、对襟上衣。男子的上衣为无袖，女子的上衣为短袖，均有七对直襻，周身有 1 厘米的边。
2. 灯笼裤，松紧腰，横、立裆要适宜。
3. 软腰巾或硬腰带。

**第三十七条　太极拳、太极剑项目比赛服装的款式及规格**

1. 立领、对襟、长袖上衣。上衣有七对直襻，灯笼袖，袖口为紧口。上衣底边位置不超过本人直臂下垂时中指指尖，周身有 1 厘米的边。
2. 灯笼裤，松紧腰，横、立裆要适宜。

第三十八条 信仰伊斯兰教女运动员的比赛服装要求

对于具有伊斯兰信仰的女运动员，国际武联允许这些运动员按照以下标准穿着伊斯兰式比赛服装。这些运动员必须穿着以下规定的伊斯兰式比赛服装，并且不得有选择性地单独穿戴其中一部分，包括以下内容：

● 短袖套圈下面的长袖上衣（适用于竞赛者需要穿短袖上衣的所有场合）、头巾（适合所有活动）。

● 长袖上衣和头巾将是相同的颜色。

● 颜色应与套路服装的整体颜色或其允许的修剪颜色相同。如果出现任何由于伊斯兰式比赛服装干扰运动员的运动或表现，和／或缠绕和落地，那么相关的扣分将根据"国际武术套路比赛的裁判法"执行。

● 如果具有伊斯兰教信仰的运动员服装不符合上述规定，现场上诉委员会有权拒绝其参加此次活动。

第三十九条 其他

各款式比赛服装面料、颜色可任选，可在规定的服装款式上附加图案。

# 第七节 竞赛礼仪

第四十条 敬礼

1. 抱拳礼

并步站立，左掌右拳在胸前相抱，左指根线与右拳棱相齐，高与胸齐，拳、掌与胸部的距离为 20 ～ 30 厘米。

2. 抱刀礼

并步站立，左手抱刀，屈臂抬起使刀横于胸前，刀刃向上；右手成掌，掌心附于左手拇指第一指节上，高与胸齐，两手与胸部的距离为 20 ～ 30 厘米。

3. 持剑礼

并步站立，左手持剑，屈臂抬起使剑身贴前臂外侧斜横于胸前；右手成掌，掌外沿附于左手食指根节，高与胸齐，两手与胸部的距离为 20 ～ 30 厘米。

4. 持枪（棍）礼

并步站立，右手持枪（棍）靠把端约三分之一处，屈臂置于胸前，枪（棍）身直立；左手成掌，掌外沿附于右手拇指第二指节上，两手与胸部的距离为 20 — 30 厘米。

5. 持双器械礼

运动员若持双器械，应将器械交一手持握，行抱刀礼或持剑礼、持枪（棍）礼；若不能一手持握器械，则应两手持械面向裁判长立正行注目礼。

### 第四十一条 其他礼节

当检录员检查器械或裁判长要求检查器械时，若是短器械，运动员应将器械尖朝下，竖直递上；若是长器械，运动员则应将器械梢（尖）朝上，竖直递上。

其他器械参照以上各种礼仪执行。

# 第八节 比赛场地布局与临场裁判员坐席

### 第四十二条 比赛场地布局

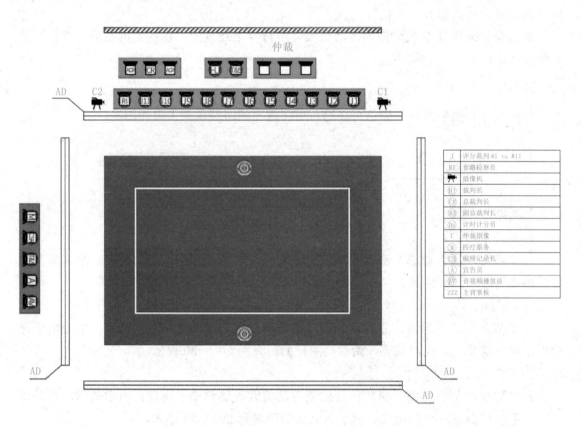

### 第四十三条 临场裁判员坐席

1. 临场裁判员座位

1.1 J1 ～ J12 为评分裁判员和套路检查员座位，裁判员之间间隔 50 厘米。J1、J5、J9 为 A 组评分裁判员座位，J2、J4、J6、J8、J10 为 B 组评分裁判员座位，J3、J7、J11 为 C 组评分裁判员座位，J12 为套路检查员座位。

1.2 HJ 为裁判长座位，T&S 为电子计分系统人员座位。

1.3 CR 为总裁判长座位，ACR 为副总裁判长座位。

328

1.4 进行对练、集体项目、自选项目和规定项目的比赛时，评分裁判员由 8 人组成，根据需要设套路检查员 1 人，裁判员之间间隔 50 厘米。J1、J3、J5、J7、J9 为 B 组评分裁判员座位，J2、J4、J6 为 A 组评分裁判员座位，J8 为套路检查员座位。无电子计分系统时，裁判长座位两侧分别为计时员座位和计分员座位。

2. 裁判台

2.1 一块竞赛场地

裁判台分前后两排布局，两排前后相距 120 厘米至 150 厘米，后排高出前排 40 厘米。

2.2 两块（多块）竞赛场地

仲裁组将列座于两块（多块）竞赛场地之间。

# 参考文献

[1] 旷文华 . 太极拳"八法五步"教程 [M]. 北京：民主与建设出版社，2021.

[2] 张自山 . 杨式太极拳竞赛套路分解教学：40 式 [M]. 合肥：安徽科学技术出版社，2017.

[3] 宋玉鹏 . 杨式太极拳国家标准竞赛套路 40 式 [M]. 成都：成都时代出版社，2012.

[4] 奚桂忠 . 杨式太极拳教程 [M]. 北京：北京体育大学出版社，2015.

[5] 李德印 . 太极剑入门 [M]. 北京：人民体育出版社，1993.

[6] 李德印，董志蕙 . 三十二式太极剑教与学 [M]. 北京：北京体育大学出版社，1997.

[7] 陈占奎，等 . 32 式太极剑及其防身应用 [M]. 北京：北京体育大学出版社，2001.

[8] 李德印 . 四十二式太极拳竞赛套路 [M]. 北京：北京体育大学出版社，2008.

[9] 何瑞虹，李巧玲，左娟，等 . 24 式太极拳及其防身应用 [M]. 北京：北京体育大学出版社，2001.

[10] 李飞 . 42 式太极拳、剑 [M]. 北京：北京体育大学出版社，1993.

[11] 门惠丰 . 42 式太极拳、剑（附竞赛规则）[M]. 北京：北京体育大学出版社，1993.

[12] 余千春 . 高校体育俱乐部 [M]. 天津：天津科学技术出版社，2021.

[13] 王中才 . 太极拳实战法 [M]. 北京：北京体育大学出版社，2012.

[14] 中华人民共和国国家体育运动委员会运动司 . 简化太极拳 [M]. 北京：人民体育出版社，1973.

[15] 童红云 . 中华太极拳国家标准竞赛套路 24 式 [M]. 成都：成都时代出版社，2009.

[16] 全国武术馆（校）教材编写组 . 拳械竞赛套路 [M]. 北京：北京体育大学出版社，1997.

[17] 国际武术联合会 . 武术套路竞赛规则与裁判法（节选）[S]. 2019.

[18] 国际武术联合会 . 传统武术竞赛规则与裁判法（试行）[S]. 2019.

[19] 邱丕相 . 中国武术史 [M]. 北京：高等教育出版社，2008.

[20] 国家体委武术研究院 . 中国武术史 [M]. 北京：人民体育出版社，1997.